謡曲『石橋』の総合的研究

雨宮久美 著
AMEMIYA KUMI

勉誠出版

西大寺「文殊菩薩騎獅像及四侍者像」（重文）（中敦志撮影）

巻頭言

能には謡曲という戯曲の側面がある。言葉の上からみれば、謡曲は枕詞・掛詞・縁語・付合などの修辞を巧みに用い、美しい韻律を伴って書かれている。謡曲を題材の面で考えてみると、和歌・連歌・漢詩・物語など多様なジャンルに想を得ている。物語でいえば、『源氏物語』や『伊勢物語』を題材とした謡曲がある。『源氏物語』の関係では、『葵上』・『玉鬘』・『浮舟』など、『伊勢物語』の関係では『雲林院』・『杜若』・『井筒』などを挙げることができる。それらの作品は、原典ばかりでなく例えば『源氏小鏡』などの梗概書や冷泉家流の古注釈など受容史の中で生まれた書物も背景にして成立している。それら中世期の注釈書の独自な世界からは、この時代の知のあり方を考えてみることもできるだろう。

本書の研究対象である『石橋《しゃっきょう》』には、『和漢朗詠集』からの詩句の引用があるが、朗詠集本文ばかりでなく朗詠注の影響も指摘できる。謡曲は中世の時代に成立したので神仏というこの時代に特徴的な宗教文化とも深い関わりを持っている。『石橋』は、文殊菩薩の聖地五台山を舞台にしているので、日中の仏教交流史が背景に踏まえられている。さらに、獅子や牡丹など中国から渡来した芸能・文化もこの作品の成立と深く関わっている。『石橋』は、詞章こそ短い作品であるものの、謡曲作者が中国の仏教や古典をどのように理解していたかなど、文化受容を一例としていくつかの興味深い問題を考えることができる。

本書の著者は、西欧の哲学や思想を学んできた学徒である。同時に若いときから日本の古典芸能にも親しんできた。華道や日本舞踊である。稽古を積み重ねていく中でしだいにそれら古典芸能の背景にある精神的基盤にも関心が向かっていったのだと思う。本書が日本文学の研究法とは違ったアプローチになっているのは、本書の著者のこのような経歴からきたものである。学位審査に関わった一人として、求められて一文を草した。

小田切 文洋

謡曲『石橋』の総合的研究　目次

目次

目次

目　次

謡曲『石橋』の総合的研究

凡例

一、歴史的文献の送りがな、反復記号は、現在通行の表記に改め、旧字体は新字体に直した。
一、人名や地名など固有名詞の表記については、今日通行の表記と異なった場合でも底本の通りとした。
一、振り仮名は、原則として底本にあるものを採用した。ただし、必要に応じて読み仮名を加えた場合もある。
一、引用文中の記号については読みやすいよう、適宜変更した。
一、引用中の省略箇所については、これを（中略）の形で表記した。
一、参考文献の刊行年は、西暦で統一した。

序章

寛正六（一四六五）年三月九日、政所執事代・蜷川親元はこの日の日記に、音阿弥が時の将軍、足利義政の前で数曲の謡曲作品を披露した旨記している。その上演演目の一覧の中に『志ゝ』という作品が挙げられている。(1)これが今日、謡曲『石橋』についての最古の言及である可能性がある。(2)室町時代の確かな上演記録に『朝倉亭御成記』(3)（『群書類従　武家部』）が知られる。

作者は、元雅とも世阿弥ともされるが、(4)確定していない。本研究では、この、当初おそらく『志ゝ』と呼ばれ、後に『石橋』という名で定着した作品を取り上げ、多方面に亘る史料・典拠に当たりながら、この作品をその成り立ちの相の下から浮き彫りにしてゆく。

論証にあたり、本研究では、「石橋」・「獅子」・「寂照」等、本作品の指標となるいくつかのモチーフを考証する。これらモチーフ群に関して、未詳の作者が作品の当時の受容者――そこには一般大衆から武家公家の最高位まで含まれる――と共有していたであろう知識水準や文化的背景が再構成できるならばよいのだが、それは不可能である。しかし、各モチーフについてその文化史的背景を考証し、謡曲『石橋』が制作され受容された時点で当時の様々な人々がそれらについて持ち得た漠たる観念や知識の基底部を窺うよすがとすることはできるであろう。これを通じて、室町時代の文化的特徴の一端が明らかにできれば本研究の目的は達せられたことになる。室町時代の文化全般の考証は、もちろん、広範囲に及ぶ研究は今後の成果に俟たねばならない。

具体的には、本研究では、『石橋』の構成要素を取り出し、第一章以下これら構成要素を各個解説してゆく。これらは、不詳の作者の知識や経験、また信仰に支えられ、作品中に採り入れられ、表象されたものである。一般に能作者の知識は、整然とした体系的なものではなく、信仰や伝承などが多層的に混交した世界から成り立っていたであろう。そもそも能は、もともとは猿楽と呼ばれ、民衆的な娯楽の場から生まれたものである。猿楽の演者と観客――貴賤いずれも――との間には共通した文化的土壌があったはずである。作者は、観客として想定される諸階級のそれぞれの知識水準を前提として作品を制作したはずである。両者の間には知や信仰の一種の〈共有世界〉とでも謂うべきものの存在が前提とされなければならないということである。能作者の持っていた、雑然としながらも活力のある知識世界の広がりを考えてゆくことは、能の成りたちを考える上でも重要である。

本研究は、『石橋』という一作品について、作品の背景にある能作者の知識世界と伝承や雑信仰の多様な層がどのように融合して作品化されていったのか、という根本的な問題をめぐる議論の地盤を提供しようとするものである。

鍵となる言葉は、「寂照法師（大江定基）」・「清涼山」・「五台山文殊菩薩信仰」・「樵夫」もしくは「老翁、または童子」・「石橋」・「獅子舞」・「獅子と牡丹」である。これらの言葉を手がかりに、作品世界の背景にある文化史的な位相について考察してゆく。

以下、各章の構成と内容を概観する。

第一章　ワキ「寂昭法師」の人物像——大江定基（寂照）に関する史実と説話

寂照の人物像を明らかにしてゆく。まず寂照のたどった人生を客観的に捉えるため、寂照関連の史料を検討する。こうした作業を通して得られる寂照の人物像は、後年の「三呉道俗以帰嚮」（『楊文公談苑』）とあるような高僧のイメージとはかなり異なる。この落差のなかから、寂照説話の形成過程と説話化（伝説化）の心意を考えてゆく。『石橋』においては、高僧の寂照でも石橋のかかる谷のあまりの深さを前にして思わず足がすくむ。その時、橋の向こうにある「文殊浄土」の至り難さが一瞬現出する。寂照の石橋説話から聖なるものの顕現という劇的構造を読み取ることができる。

第二章　聖地清涼山

『石橋』の舞台背景として設定されている中国山西省五台山の文殊信仰について検討する。唐の時代、文殊菩薩の住処としての清涼山（五台山）は広く民衆の信仰を集めていた。文殊菩薩の示現など、さまざまな霊験が伝えられている（『広清涼伝』など）。その文殊菩薩信仰の礎を五台山に根づかせた不空三蔵の果たした役割を史実から検証する。さらに五台山を巡礼し、文殊菩薩の霊験を目睹した円仁の日本における文殊信仰の導入に果たした役割を考察する。

第三章　日本への五台山文殊菩薩信仰の将来とその流布

日本では文殊菩薩は、民衆にも馴染みが深い。日本の五台山信仰や文殊信仰の形成に果たした渡海僧らの役割を跡づけることにより、文殊菩薩信仰の日本独自な展開を確認する。日本には、行基を文殊菩薩の化身とするなど、独特な説話が見られる。文殊菩薩信仰が室町時代の能楽師たちにとって親近感のあるものであったからこそ、『石橋』の創作へと繋がることを論じる。

第四章　中国の説話と詩文に見る「童子」と「翁」の形象

前シテとして登場する「樵」を、中国古典詩における樵像の変遷からまず考察してゆく。『石橋』中の「山路日暮れぬる樵歌童笛の声」の詞章は、漢詩句に由来するからである。山中の生活者に過ぎない樵夫が、唐詩以降、隠者の象徴へと変化してゆく。一方、今様や説話に描かれた日本の樵像についても検討する。「樵夫」は、俗なるもの聖なるものとの双方に関わって表象されている。両義的な存在としての樵を日本と中国の古典文献から跡づける。

第五章　中世日本における「童子」と「翁」の形象――聖なるものの象徴として

中国古典に出てくる童子として印象的なものに、爛柯の説話がある。樵の王質が山中で童子たちが囲碁を打つのを見ていたら柯の柄が腐るほど時間が経っていたという話である。しばしば神的な存在として描かれる中国古典の童子像をまず例証する。続いて日本の中世社会で相互に補完的な存在であった「童子」と「老翁」について検討する。日常の生活者と対をなすものとして童子と老翁の存在が表象される。日常性からの飛躍や聖なるものの象徴として童子が捉えられていることを文献に基づいて確認する。

第六章　境界としての橋——彼岸と此岸の架け橋

第四章と第五章で検討した、俗なるものと聖なるものとの相互交渉、その境界を超越し聖性へと飛翔せんとする求道心という劇的な構造は、寂照説話の主題である。二つの相対立する領域を結びつけるものとしては、さらに橋がある。

中国の古典説話も視野に入れながら、日本神話や説話に見る橋を検討し、橋の境界性やその背後にある民俗的な心意を明らかにしてゆく。続いて橋の神事を取り上げ、民間信仰を基にした橋の表象を考える。最後に仏教に現れる橋を検証することで宗教世界と橋との繋がりを考える。求道者としての寂照にとって悟りは遠い目標である。現し身の囚われから解き放たれ浄土へと導かれるのは、頓悟の瞬間の出来事であるが、その超出にはおそらく修行の中でも最も大きな困難が待ちかまえていることであろう。その苦しい試練として前途に立ちふさがるのが石橋である。ここに石橋の宗教的意義がある。

第七章　獅子の舞

日本の獅子舞の源流は、飛鳥時代に日本に伝えられた伎楽だと考えられている。伎楽は、古代インド・チベットの仮面劇で、シルクロードを通って中国の南朝にまず伝えられ、さらに朝鮮半島の百済を通して日本にまで伝えられた。大陸伝来の芸能としては最古のものである。続いて入ってきた舞楽にも「獅子」があり、これは宮廷や寺院の法会の場で演ぜられた。獅子舞の歴史は長く、現在日本各地には民俗芸能の獅子舞が伝えられている。『石橋』の獅子舞を源流から辿りながら日本における獅子の文化を追う。宗教的な獅子舞の対極には歌舞伎舞踊の獅子物がある。

第八章　獅子と牡丹

花の王者である紅白の「牡丹」を一畳台二台に配した舞台に百獣の王「獅子」が壮麗に舞い狂う。これが『石橋』の見せ場である。作者が数多くある花の中から牡丹を選んだのは、「獅子に牡丹」という連想が働いたからである。そのような連想がどのように形成されていったのかを検討する。牡丹も獅子も大陸からもたらされたものであるが、そもそも古代中国で牡丹や獅子はどのように表象されていたのか。中国における牡丹や獅子の文化の日本への伝来と受容の歴史を例証してゆく。

終章

第一章から第八章までの各章の論証を踏まえて、最終的には、謡曲『石橋』が聖と俗との交錯、さらには俗なるものから聖なるものへの昇華を主題とする、精神性の高い作品であることを明らかにする。

以上の研究を以て謡曲『石橋』の物語世界をその歴史的・思想的・宗教的背景の上に位置づけることが、考察の最終目的となる。

註

（1）「親元日記」竹内理三編（『続史料大成』十巻）臨川書店、一九六七年八月、二三〇〜二三一頁。

（2）容易に予測できるように、これには異論がある。例えば、本書が底本とする新編日本古典文学全集本の『石橋』に附された解説では、これが『石橋』を指すかどうかは不明とし、作者も不詳としている。柳瀬千穂「作品研究〈石橋〉試論——趣向と構成について——」（『観世』第七十四巻第十二号、二〇〇七年十二月、所収）は、室町時代に上演がほぼ中絶し長い空白期間が認められること、また前半と後シテの獅子舞との繋がりの不自然さについてこれまで疑問が呈示されてきたことに言及し、「志〻」と『石橋』との同一性を否定的に捉えている先行研究として、表章「能『石橋』の歴史的研究」「能『石橋』の間狂言」『能楽史新考・二』一九八五年三月（初出一九六五年八月）、天野文雄「獅子の舞と獅子舞」『観世』第四十八巻第四号、檜書店、一九八一年四月、香西精「『石橋』――作者と本説」『能謡新考Ⅱ』檜書店、一九七二年九月、を挙げている。

（3）御座敷にて被御覽一御能次第。大夫鷺田。脇三輪。高砂。経政。野の宮。錦木。源氏供養。大夫庭上迄被レ召也。源氏供養。石橋。志賀。道成寺。邯鄲。櫻川。鞍馬天狗。花月。西王母。大夫御縁へ被レ召。

『朝倉亭御成記』（『群書類従第二十二輯武家部』（訂正三版）続群書類従完成会、一九五九年八月、三八一頁。

（4）佐成謙太郎『謡曲大観』第二巻、明治書院、一九三〇年十二月、一三七三頁、参照。

第一章　ワキ「寂昭法師」の人物像

——大江定基（寂照）に関する史実と説話

序

謡曲『石橋』は、ワキ寂昭法師の以下の語りから始まる。

これは大江の定基といはれし寂昭法師にて候。われ入唐渡天し寺仏霊社を拝み廻り候。育王山より初めてかなたこなたを拝み廻り、これはまた清涼山に至りて候。あれに見えて候ふは石橋にてありげに候。向ひは文殊の浄土、人を待ち詳しく尋ね、この橋を渡らばやと存じ候(1)

（右の引用中に見られる「寂昭」は、歴史的人物としては一般に「寂照」と表記される。本章では、以下、作品『石橋』のワキを「寂昭」、歴史上実在した人物を「寂照」と表記する。ただし、他の文献からの引用については引用文のままとする。）

本章においてワキ寂昭（大江定基）（応和二（九六二）年？～長元七（一〇三四）年）が、歴史上どのような人物であったのかを述べる。

ワキの寂昭法師は史実では、出家前の俗姓を大江定基といい、「平安時代の貴族」であった。寂照は、その事績が後世に伝えられた著名な僧の一人である。謡曲『石橋』の成立と関わりながら寂照を取り上げるということは、とりもなおさず、謡曲作者が持っていたであろう寂照像を再構成することである。その際検討すべき文献は、文学、歴史、仏教の分野に亘る。したがって、本章の目的は、これら諸分野の文献において叙述されている寂照（大江定基）を総合的に検証した上で、謡曲『石橋』が創作された時点において、寂照法師がいかなる人物として世間一般で認められていたかを、可能な限り再構成することにある。

図１　『石橋』寂昭法師（ワキ：福王和幸、牛窓雅之撮影）

以下、第一節では歴史的人物としての寂照の出自とライフコースのおおよそを述べ、第二節においては寂照作とされる和歌を概観する。次いで、第三節では『今昔物語集』『宇治拾遺物語』『十訓抄』『三国伝記』等の説話集に現れる寂照を採り上げ、第四節では寂照法師と清涼山との関係について論じる。

第一節　歴史的人物としての寂照（大江定基）

（一）系　譜

大江氏は、代々学者を輩出する家柄で、漢詩・和歌の分野で名を知られた人物も多い(2)。例えば、大江定基は、平安中期を代表する名儒であった大江匡衡とは従兄弟の間柄になる。ではより詳しく定基の出自を、室町時代初期の洞院公定編の『尊卑分脈』の大江氏系図に尋ねてみよう(3)。ここからは、大江氏が平城天皇を祖とすることがわかる。平城天皇の皇子阿保親王（六歌仙の一人として名高い在原業平の父でもある）の子の備中守権介従正六位上本主から、大江の家系が始まる。

本主の子が、参議右大弁従三位の音人である。音人は、清和天皇の侍読を勤めたほか、『弘帝範』三巻や『群籍要覧』四十巻を著すなど学問に精通していたという(4)。

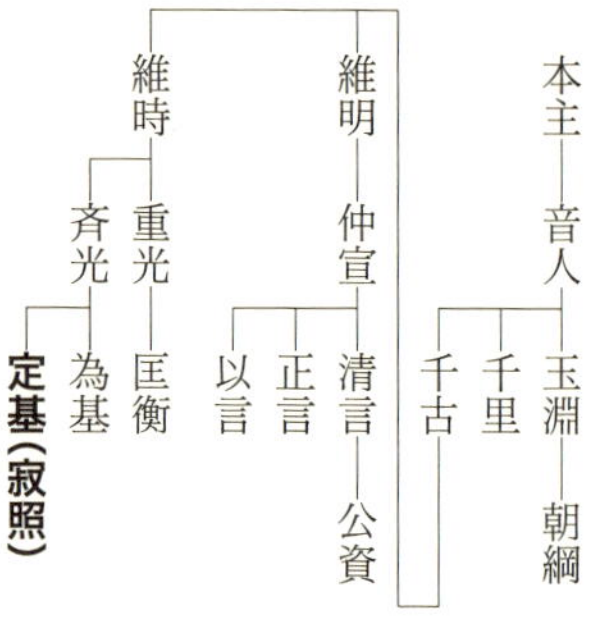

音人の子は、七人いる。長男である中務少輔・造酒正・右少弁・従五位下の公幹、日向守・少納言・従四位下玉淵、兵部大丞千里、宗淵、染淵、千秋、七番目に寂照の曽祖父である伊与権守・式部少輔・式部権大輔・従四位上の千古となる。

千古の子は、三人。長男は右衛門権佐・左右馬頭・従五位上維明。次男は維望。三男の近江美濃備前等守・式部少輔・大学頭・文章博士・東宮学士・式部大輔左京大夫・中納言・従三位・贈従二位維時が、寂照の祖父である。

維時は博覧強記で経史に通じていた（『続古事談』巻第二臣節「蔵人維時の聡敏の

事」に、遷都以後の諸家の主の名や売買された年月、人の忌日などをよく暗じていたと伝える)。維時の子息は二人あり、長男は右京大夫・式部大輔・従四位上重光、次男は伊勢近江摂津等守・民部権大輔・同少輔・式部大輔・東宮学士・参議・左大弁・正三位大学頭で寂照の父親斉光である。

寂照の兄弟は、兄が摂津守・文章博士為基であり、弟に近江摂津守・近江掾・右衛門権少輔尊基がいる。

定基に関しては、大江氏系図において、「参河守、徳明（明経）博士、図書頭、従五下、後拾遺詞花新古今等作者、寛和二六出家、法名寂照、長保五年八月廿五入唐号円通大師」[5]と記されている。

『尊卑分脈』を概観すると、祖父維時が父斉光よりも重んぜられたように見える。しかし、父親は早くに他界してしまい祖父よりも十九年も短命であった点を考慮するならば、祖父よりも明らかに出世が早い[6]。

さらに寂照の兄弟は三人いるが、長男の為基の経歴は寂照のそれと類似した部分があり、時に二人は混同されることもある。定基は明経博士、為基は文章博士に任ぜられ両者家学を嗣ぐとともに、二人とも三河守となり、その後に出家した。定基は、寛和二（九八六）年六月に出家し、叡山横川の源信の弟子となっている[7]。

以下は史料による裏づけのないエピソードになるが、直系の子孫は途絶えたとされている寂照には、実は、名前不詳の息子がいたという物語がある。西岡虎之助が「入宋僧寂照に就いての研究」[8]で指摘しているように、『今昔物語集』巻第十九「参河守大江定基出家語第二」には、宋に渡る前に叡山で僧侶になっているわが子を訪問する場面があるのだ。

寂照心ニ、「震旦ニ渡テ止事無キ聖跡ヲ礼セム」ト思テ、心付テ、既ニ渡ラムと為ルニ、子ニ□ト云フ僧比叡ノ山ニ有リ。寂照震旦ニ渡ナムト為ル事ヲ暇申サムガ為メニ、比叡ノ山ニ登テ、根本中堂ニ参リ、日吉ニ詣テ返ケリ次ニ、子ノ□ガ房ニ行テ、戸ヲ叩ケバ、戸ヲ開テ、□房ノ延ニ出来ヌ。七月ノ中旬ノ程ノ事ナレバ、月極テ明キニ、寂照、延（＝縁）ニシテ子ノ□ニ値テ云ク、「我レ貴聖跡共ヲ礼セム本意有テ、震旦ニ渡ナムトス」ト、「返リ来ラム事ハ難キ事ナレバ、相見ム事ハ只今夜許也。汝ヂタシカニ此ノ山ニ住シテ行ヒ、学問怠ル事ナク可有シ」ト、泣々ク云フニ、□モ泣々ク事無限シ[9]

ここに出てくる子供は、もしそれが実在したとするならば、出家以前に娶った二人の妻のうちで、最初の妻との間に儲けた子供だったであろう。

以上が大江定基に繋がる大江家の系譜である。定基は、再婚した女性と死別したことが機縁となって出家したが、その経緯については、事実を淡々と記す『百錬抄』などの史料よりも『続本朝往生伝』[10]などの説話の方がいきいきと伝えている。『石橋』の作者が抱いていたであろう寂照像も、説話の中に描き出された寂照が大きなウェイトを占めていたか、もしくは、説話中の寂照像と根を同じくするものであったと想定できる。本章第三節では、説話の中の定基を取り上げるため、そこで出家の経緯について詳しく見ることとする。本節での次の焦点は、出家後の定基（寂照）の事績となる。

（二）記録の中の寂照

公家らの日記やさまざまな記録を編纂し鎌倉時代後期に成立した作者不詳の史書『百錬抄』の「即位前抄記」永延二年四月二十六日条には、「前参河守定基朝臣出家」[11]と伝える。永延二年は西暦九八八年に当たる。虎関師錬（一二七八〜一三四六年）が元亨二（一三二二）年に後醍醐天皇に上程した仏教史書『元亨釈書』の巻第十六・二八「寂昭」には以下のように記されている。

釈寂昭。諫議大夫江斉光之子也。俗名定基。仕官至参州刺史。会失配。以愛厚緩喪。因観九相。深生厭離乃割冠纓投睿山源信之室。早名講学。(12)

大江定基は出家して「寂照」を名乗った。既出の文献からも明らかなように、「寂昭」とも綴られる。寂照は、叡山横川の恵心僧都源信の室に入った。また寂照は、「如意輪寺に住し、寂心をもて師となす」(13)と『続本朝往生伝』(大江匡房撰、一一〇一～一一一一年)にあるように、京都東山にあった如意輪寺で寂心(慶滋保胤)に師事した。定基が寂心に師事したことはその出家名からも窺われるが、寂心は源信とも近い。源信・寂心が阿弥陀浄土信仰の形成に大きな役割を果した僧侶であることに鑑みれば(源信を中心とした念仏結社のために、保胤は「横川首楞厳院二十五三昧起請」をまとめている。『大日本仏教全書』第七十巻などに収める)、寂照が天台浄土教学を修学していたと考えてよい。唐土において寂照は、文殊信仰の中心地である五台山を巡礼している。ここで阿弥陀信仰と文殊信仰の関係について略述しておきたい。

平安時代に入ると、末法思想が次第に強まり、現実社会の不安もあって、浄土信仰が広まっていったことは周知の通りである。浄土信仰は、阿弥陀浄土への往生を願うものであるが、文殊信仰との関わりを略述しておきたい。宋代に入って、奝然や寂照らが五台山巡礼を強く望んだのは、文殊菩薩の慈悲によって罪障消滅をはかり、阿弥陀世界への往生を願う目的があったことが考えられる。もう一つ背景として考えられることは、平安中期になると上層貴族の帰依した仏教が諸仏信仰になっていたことである。藤原道長の好敵手であった藤原実資の造仏信仰を、三橋正が調査しているが、寛仁二（一〇一八）年以降の晩年の傾向として、密教修法の盛行に基づく文殊菩薩・大威徳明王、星辰信仰に基づく尊星王、浄土信仰に基づく阿弥陀如来と、造仏が多様化していることが指摘されている。また、『維摩経』『雑譬喩経』『華厳経』など、諸経に説く文殊菩薩の性格が多様であったことも考えなければならないだろう（孫暁崗『文殊菩薩図像学研究』甘粛人民美術出版社、二〇〇七年一月、一二～一四頁）[14]。これは、『仏説文殊師利涅槃経』には、「此文殊師利法王子、若有人念（中略）即自化身、作貧窮孤独苦悩衆生、至行者前。」（この文殊師利法王子は、もし願う人がいれば、自ら身を変えて、貧窮孤独苦悩の衆生となって、行者の前に現れるだろう）とあるのに基づく。人々は、文殊菩薩の慈悲により、現世の苦しみから救われ罪障の消滅を願ったのである。唐代の五台山には、密教の不空、浄土教の法照、華厳教の澄遠、天台教の志遠などの高僧たちが次々と入山しており、文殊信仰と深く関わっている。各宗派は対立するのではなくゆるやかに結びついていた。五台山文殊信仰が仏教世界で独特な位置を占めていたことは明らかであろう。

僧侶としての寂照について概観しよう。前出の西岡虎之助は、「僧侶としての寂照の生活は在俗当時のそれと等しくあまりに多くは伝へられておらぬ」と指摘している。西岡が例外としてあげているのが、仏教関係を中心に天竺・震旦・本朝三国の説話を集成した『三国伝記』の巻第十一第廿四「三河入道寂照事」と、六十八代後一条天皇から八十代高倉天皇までの一四六年間の歴史を描いた『今鏡』の第九「まことの道（仏道心）」である。説話や物語の寂照は虚実ない交ぜとなっており、史実を問うている本節において取り扱うべきではないかもしれない。以下では、そのうち『三国伝記』中にある一つのエピソードに触れるにとどめる（ただし、これは、寂照が日本国内に残した足跡ではあるが、出来事自体としては入宋後のことである）。

滋賀県東近江市石塔寺町にある天台宗石塔寺の仏塔は、創建が飛鳥時代と推定され、日本最古のものであることが定説となっている。「阿育王塔」という。『三国伝記』のエピソードはこの仏塔に関連している。まず、石塔寺の沿革を確かめておこう。

石塔集落の害山中にあり、阿育王山と号し、天台宗。本尊は聖観音。本堂裏山にある高さ約七・五メートルの石造三重塔（国指定重要文化財）は奈良時代の作とされるが、古くからインドのマウリヤ王朝三代アショーカ王が領内に建立した八万四千の舎利塔の一つと考えられていて（「拾芥抄」「元亨釈書」など）、同塔に対する信仰が当寺の信仰の核心であった。（略）なお三重塔は朝鮮半島の層塔の系譜を引くものとされ、ことに百済定林寺跡塔と類似していることから、天智天皇八年（六六九）百済の人鬼室集斯ら七〇〇人余が蒲生郡に移り住んだこと（「日本書紀」同年是歳条）と関連づけて百済系渡来人の造立とする説がある。一方、近年の研究では高麗時代の長蝦里塔との類似を指摘して一〇世紀以降の創建とする説もある。（略）また「源平盛衰記」巻七（近江石塔寺事）では入末した源信の弟子寂昭（寂照）が五台清凉山で当地のアショーカ王塔の話を聞き、子細を記した書を海に投げ入れ日本に伝えようとした説話を載せ「江州石塔寺記」はこの後段として寛弘三年（一〇〇六）王塔の話が一条天皇の聞き及ぶところとなり、蒲生郡に使者を出し塔を土中より発見したと記す。これらの伝承は早くから都人の知るところであったと思われ、嘉応二年（一一七〇）三月七日平信範は「蒲生西郡石塔」に詣でており（兵範記）、「拾芥抄」にも「毎年大蜂群集行道此塔」とあって、本朝五奇異の一つに「蒲生石塔」を取上げる。三重塔以外にも嚮時代前期以前のものとされる石造層塔が一基残るが、これはアショーカ王塔信仰を背景に造立されたものと考えられる。(15)

『三国伝記』巻第十一第廿四「三河入道寂照事幷阿育王石塔寺事」には以下のように記されている。

> 爰ニ、清涼山ノ僧達、斎日ノ朝ニ当テ清涼ノ池辺ニ至リ、展《ノベ》二座具一ヲ捧ゲ二香呂一ヲ彼ノ池ヲ行道シ礼拝シ給フ。寂照所由ヲ聞ニ、衆僧答テ曰ク、「愛育大王八万四千基ノ石塔ノ内、扶桑国江州蒲生郡渡山ニ一基アリ。其ノ影朝日ニ映ジテ此ノ池ニ移故ニ彼ノ塔ヲ礼スル也ト」答フ。寂照奇異ノ思ヲ成シ、即此ノ事ヲ記録シテ箱ニ収メ、天ニ呪シテ海ニ投タリ。(16)

『三国伝記』巻第十一第廿四「三河入道寂照事幷阿育王石塔寺事」にはまた、寂照の入宋について、「(前略)忽ニ出家シテ寂照法師ト号シ、比叡山楞厳院恵心先徳ノ室ニ入、四教三観ノ翰藻ヲ習ヒ、仏知仏見ノ奥旨ヲ得テ、長保五年ノ秋八月廿五日ニ入唐シ、清涼山ニ到テ大聖文殊ヲ拝シ、彼ノ山ノ麓トニ居タリ(17)」と、年月日をつけて記載している。

寂照入宋については、室町時代、五山僧瑞渓周鳳が編纂した外交資料集『善隣国宝記』「一条院長保二年」条にも記されている。ここには、入宋の目的も言及されている。「釈寂照、入宋、叡山源信作台宗問二十七条、付昭寄南湖知礼法師礼延昭為上客(18)」とあるように、入宋の目的も言及されている。

つまり源信の作成した天台宗の教義上の疑問二十七条の回答を得ることが、寂照入宋の大きな目的であった。(19)同様のことは、後に引用する虎関師錬の著した『元亨釈書』巻第十六においても指摘されている。より古い平安末期成立の史書『扶桑略記』第廿七一條天皇長保五年条には、「八月廿五日。寂照離本朝肥前国。渡海入唐(20)」と事実のみが記載されている。

当時の僧侶の渡航については、それが純然たる求法にとどまらず、特定の任務を帯びた「巡礼」であったことを看過してはならない。木宮泰彦『日華文化交流史』は、文殊菩薩の浄土とされる中国山西省、五台山（清涼山）に詣でた入唐僧として円仁・円覚・恵運・恵蕚・宗叡や入宋僧として奝然・寂昭・成尋を挙げている。このことについて木宮泰彦は、『日華文化交流史』において以下のように述べている。

〔円仁は〕開成五年（八四〇）に天台山を止めて五台山に向ひ、弟子惟暁・惟正・行者丁雄万を従へてこの山に登り、中台より始めて五台山の聖迹を順次に礼拝し、且つ志遠に謁して延暦寺の未決三十条を呈して決釈を求めたことは、彼の入唐求法巡礼行記に詳かである。この他円覚・恵運・恵蕚・宗叡や入宋僧・奝然・寂昭・成尋なども皆な五台山を巡拝してゐる。(21)

右の引用において木宮は、入唐僧と入宋僧とを併記している。この点に関してここで申し添えておくならば、唐の時代に五台山に赴いた僧たちと宋の時代に赴いた僧たちとでは、その目的の置き方が異なっている。入唐僧らがおおむね求法を目的としていたのにたいし、日中間の交流が途絶えていた宋の時代、入宋僧らは一般に罪障消滅・贖罪代行などという特殊な任務も帯びつつ天台山・五台山を目指した。寂照の場合、藤原道長の贖罪代行がその入宋の理由に含まれていた。本書第三章「日本への五台山文殊菩薩信仰の将来とその流布」において、この問題をより詳細に検討する。

小田切文洋『渡宋した天台僧達　日中文化交流史一斑』「第一章　本朝意識と漢家の風への憧れ——寂照」は、各種文献に描かれた、寂照入宋前の法華八講の様子を次のようにまとめている。

寂照入宋に当たって、母のために盛大な法華八講を山城の国山崎の宝寺（宝積寺）にて催したが、それが格好の餞別の場ともなり、聴衆に異常な宗教的熱気をもたらしたことは、『本朝往生伝』『宝物集』『大鏡』などに描くところである。[22]

この時に参集した聴聞は皆涙を流し、この日に五百余人も出家したと『続本朝往生伝』に記されている。[23]

先に名前を挙げた成尋も、寂照と同様に中国で没した僧である。成尋は、『参天台五台山記』を遺し、また宋から六百余りの経典を日本へ送った。その母の日記『成尋阿闍梨母日記』は平安女流文学として名高いものである。息子成尋の渡海の報せを聞き、その昔寂照の渡海をリアリティのない他人事として聞き流したことを思い起こして、以下のように記している。

むかし、十五許なりしほどに、三河の入道といふ人、わたるとて、唐に率てたてまつる縫仏、集まりて人のみしに、「いかなる人ぞ」と人のいひしに、「親を捨ててわたる、あはれ。」など人いひし、何ともおぼえざりし、いまぞ、「親、いかに。」とあはれに。これも、人はさこそはいふらめ、今ぞ身を知るに、いみじう、「いかで」と思ひ出でらるることおほかりけるありさまの、この世に生きてたまへらんにいきあはずは、蓮の上にてぞ。[24]

成尋の母は、寂照入宋の時に十五歳ほどであった。刺繍で仏の像をあしらったものを持ち寄るところに同席していた。成尋の母の記すように、「親を捨ててわたる、あはれ」などと感じた人々がいたことも事実であろう。

成尋の母は息子が入宋するにあたって、寂照の母が味わったであろう悲しみを思いやりながら母親らしい感慨にふけっているのである。

寂照の渡宋時期については、久曽神昇「三河入道寂照」において、「寂照の渡宋の年時は、諸書必ずしも一致していない」(25)と指摘されている。

久曽神は『続本朝往生伝』『元亨釈書』『日本紀略』（一条天皇の条）『百錬抄』（一条天皇の条）『扶桑略記』（一条天皇の条）『尊卑分脈』に記された長保二年、長保四年三月十五日、五年八月廿五日の各条を比較し、次のように結論づけている。寂照は、都を離れ入宋する途中にて恩師である寂心（慶滋保胤）が逝去したという悲報を受け、都に戻り弔いの儀式に参列した後に再出航している。

寂心は長保四年（一〇〇二）に歿したようであり、それ以前に渡宋の志をいだいていたかと思われる。それを知って、源信が長保二年（一〇〇〇）に『台宗問目二十七条』を記して、知礼法師に届けるように寂照に依頼したのであろう。しかしそれが具体化したのは、日本紀略および百錬抄によって、牒状が提出せられた長保四年三月一五日と見るべきである。(26)

実際に船出をした日時はともかく、寂照の渡宋が公的に決定したのは、師寂心没後の長保四年三月十五日とみてよかろう。実際の船出については、次節において、寂照と性空上人、前大納言公任との間の和歌のやりとりを取り上げる際に言及する。

以下、宋における寂照にスポットを当てるが、一部、寂照渡宋の公的な事由や宋における寂照の逸話などについては、先に予告したとおり、第三章「日本への五台山文殊菩薩信仰の将来とその流布」に譲る。宋における寂照の様子については、小田切文洋『渡宋した天台僧達』において詳細に記されている。特に藤原道長と入宋後の寂照とが書簡を交わしていたことについては、次のように述べている。

入宋してからも、宋商人の便船に託するなどして、寂照からの音信は日本に届けられていた。なかでも左大臣藤原道長とは親しく書状を交わし、また寄進を募るために一時帰国させた弟子の念救に託して、当時めずらしい摺本の白氏文集の贈物をしていることは、道長自身の日記（『御堂関白記』大日本古記録本）にも記されているところである。(27)

『元亨釈書』巻第十六の記載を以下に引用する。

長保二年。信作台宗問目二十七条。付昭寄南湖知礼法師。礼延昭為上客。丞相丁晋公欽昭徳義。礼答釈成。昭欲持帰本土。晋公思留之。啗以姑蘇山水之美。昭愛其奇秀止于呉門寺。令其徒送送礼答釈。晋公披襟厚遇。昭有黒水瓶。与晋公以詩曰。提携三五載。日用不曽離。暁井斟残月。寒爐釈砕澌。鄱銀難免侈。薬石易成虧。此器堅還実。寄公応可知。初景徳元年。昭上進無量寿仏像。本朝名刻也。真宗大悦賜紫方袍。賛曰。然昭二師。称于宋地也。見宋諸書焉。二師恐有本乎。如昭師源信。主法智。友晋公。可謂善択焉。瓶詩予得楊文公談苑。昭之緒余。尚又被採文公。況其本乎哉。(28)

寂照は宋で、三司使（財務大臣に相当）の要職を務め後に宰相となった丁謂と親交を結び、また歴代の典章・制度に通暁し、宋の四大類書の『冊府元亀』の編纂者である楊億とも交流を持った。そのことを証しているのが、楊億の談話を黄鑑が筆録した『楊文公談苑』であり、そこには「三司使丁謂見寂照、甚悦之。謂、姑蘇人、為言其山水可見、寂照心愛、因留止呉門寺（略）寂照漸通此方言、持戒律精至、通内外学、三呉道俗以帰嚮」[29]と記している。寂照はその優れた学徳によって蘇州の人たちから敬仰されていたことが分かる。寂照が丁謂の故郷蘇州に止住するようになった理由のうちには、丁謂との交流もあったであろう。

右の引用にある呉門の寺は蘇州にあった寺の意である。一九七四年夏に発見された「普門禅寺碑」や『参天台五台山記』熙寧五年九月五日条によれば、寂照が蘇州で止住していたのは普門院である[30]。

寂照は、景徳元（一〇〇四）年、北宋の第三代真宗皇帝に拝謁し紫衣を賜った。また、前出の『扶桑略記』第廿七に「賜円通大師号」[31]と記載があるとおり、追って「円通大師」の大師号も授けられた。これらの皇帝からの厚遇は、おそらく寂照の人生のハイライトになる。

図２　蘇州の瑞光塔（著者撮影）

『元亨釈書』巻第十六の寂照の伝の前に立項されているのは、奝然であり、次には成尋である。両僧は、寂照と同じく、「清涼山」へ赴いた入宋僧である。奝然は、嵯峨野の清涼寺にある清涼寺式の基となった「釈迦如来立像」と新雕の大蔵経を持ち帰っている。

成尋阿闍梨の『参天台五台山記』煕寧五（一〇六四）年九月五日条には、以下のように寂照の足跡を参拝した旨記されている。当該箇所を藤善真澄訳にて引用する。

庚戌。辰の時、円通大師の影を拝むため、普門院に向かう。蘇州の兵士十人――州の轎である――、四人が轎子持となり、餘の人は前後に在く。全く昨日の如である。衣冠が有る。陳一郎・快宗供奉・聖秀・心賢が共人となり八里を過ぎ、普門院の円通大師の影堂に至る。焼香した。［影堂は］講堂の乾の角にあって荘厳は甚妙しい。前に常燈・常花・常香の台を立て、これに「法印和尚花香」の銘がある。影讃があり、行者に書き取らせた。

普門先住持日本国円通大師真讃　普門の先住持　日本国の円通大師真讃

扶桑海国　有山峻雄　師禳霊粋　挺生厥中

小慕繹氏　早脱塵籠　帰我聖代　愛我真風

一錫破浪　万里乗空　祥符天子　延対弥隆

是身之来　空花可喩　是身之化　水月還同

長天雲散　高巖雪融　謂相非相　稽首円道

治平元年五月初一日（一〇六四）(32)

成尋は、寂照がかつてそこで過ごし死後埋葬されたこの報恩寺の様子を細かに記している。「円通大師が早以に一堂を建立されて後、皇帝が諸堂を造加された。広大な寺である。大師（建立）の仏殿に参で焼香した。住僧が多々いる。円通大師の入滅の年紀を問うと、寺主が答えて云うには「三十年に来ります云々」と。（中略）円通大師の影を拝み、悲涙極まりなく感喜は注き尽せない（ほどすばらしい）[33]」とある。

成尋の記したものから推定するならば寂照が没したのは、一〇三四年前後ということになる。

以上が、各種史料から確認できる限りの大江定基という実在の人物の経歴である。次節においては、歌人としての大江定基（寂照）の作品をみる。

第二節　寂照作とされる和歌などの作品

渡海を前にした寂照の心境を詠んだ和歌が、『玄々集』（一〇四五～一〇四六年頃成立か）、『詞花和歌集』（一一五一年完成奏覧）、『宝物集』（治承年間一一七七～一一八一年成立）に載せられていて、いずれも同一の歌である。さらには、後で触れる三奏本『金葉集』（一一二六・一一二七年頃）では、渡唐をためらっていると人にとがめられ答えた歌として詞書が詳しくなっている。前者の三つの作品は順に私撰集、勅撰集、説話集とそれぞれに性格が違う。まずこれら三つの作品を引用する。

能因撰『玄々集』には「三河入道一首」として、

もろこしに、わたるとて
とゝまらむとゝまらしともおもほえす　いつくもつゐのすみかならねは（四七）[34]

『詞花和歌集』第六別に採られた際には、次のようになっている。

唐へ渡り侍けるを、人々諫めければよめる
留まらむ留まらじとも思ほえずいづくもつゐの住処《すみか》ならねば（二八一）[35]

『宝物集』巻第七では、寂照の渡航前の説話に挿入される形で掲載されている。

（前略）そのころの人「一定渡海はせんずるか」と申しければ、
とゞまらんとゞまらじとも思ほえずいづくもつゐの住かならねば[36]

それぞれの引用箇所において、寂照が具体的にどのような折にこの歌を詠んだのかは、最後に掲げた『宝物集』以外には判然としない。興味深いのは、成立年代が下るに従って、「もろこしに、わたるとて」→「人々諫めければ」→「そのころの人「一定渡海はせんずるか」と申しければ」と、歌の背景が明確になってゆく点である。歌に物語性が付与されていったのであろう。歌そのものに本質的な違いはない。これらの資料の他、後述の『金葉和歌集』中の同歌をも含め、この歌は、寂照に対する人々の惜別の念を前提として、これと対照的な寂照の達観ないし諦観を歌っている。

寂照のこの達観も一つの契機となって「三河入道」の入宋は強い印象を人々に残し、さらにその印象は寂照の人物像と分かちがたく結びつき記憶されていった。その歴史的な証左となるのが、それぞれに性格を異にする前出の三つの作品、『金葉和歌集』を含めれば四つの作品、における同一の歌の載録である。また、当然のことながら、逆にこれらの作品を通じて、寂照渡海の記憶は、歌の韻律にも担われて、広く人々の心に伝えられていったと言えよう。

和歌に関して言えば、たんに寂照（大江定基）自身の和歌のみならず、寂照に宛てて詠まれた和歌も、寂照の人物像の形成に寄与したはずである。以下、寂照をめぐる和歌を概観する。

『続後撰和歌集』巻第十九羇旅には、当時九十歳を超えていた性空上人（延喜一〇（九一〇）年〜寛弘四（一〇〇七）年）が寂照に贈った一首を見いだすことができる。

寂照上人、入唐時つかはしける

ゆめのうちにわかれてのちはながきよのねぶりさめてぞ又はあふべき（一二七九）[37]

また『後拾遺和歌集』巻第八別前大納言公任が寂照に贈った一首は以下の通りである。

寂照法師、入唐せんとて筑紫にまかり下るとて　七月七日船に乗り侍けるにつかはしける

天の川のちの今日だにはるけきをいつとも知らぬ船出かなしな（四九七）[38]

同じ頃、寂照本人が師の源信に宛てて贈った一首が、同じく『後拾遺和歌集』巻第八別にある。

入唐し侍りける道より、源心《ママ》がもとに送り侍りける
そのほどと契れる旅の別れだに逢ふことまれにありとこそ聞け（四九八）[39]

寂照の船出について藤原公任は、一年一度の七夕の逢瀬にかけて、嘆いている。再会のおぼつかない唐土への寂照の旅立ちを悲しんで詠んだ和歌である。性空の和歌も同趣の感慨を詠っているのであろう。この歌の「夢」は字義通りの夢ではなく、現世を夢にたとえて、死後の再会を期しているのである。

他方、旅立つ寂照は、源信に宛てて、その時またと約束した通常の別れでさえ再会は難しいのに、まして海を隔てたこの度の別れは…、と詠っている。上に引いた詞書中に見える「源心」は、無論、源信である。

右に挙げた諸歌では送る側も送られる側も、もはや再会の望みはないものと覚悟している。ここで押さえておきたいのは、寂照が多くの人から別れを惜しまれて宋に渡ったことが、これらの贈答を通じて後の世に伝えられたことである。

また、時代は前後するが、仏門に入信したばかりの時期、寂照は、藤原媓子（円融天皇の中宮）の女房にして歌人であった小大君と関わりを持っている。小大君は寂照より十〜二十歳年上であると推測される。二人の和歌の遣り取りを『小大君集』にみることができる。

惟仲の朝臣やまひにわづらひて三河新発意を呼びて宮の大進統理をやりていはせけるにさらに聞き入れざりけるをしひていひければすこし（惟仲ガ）よろしきを頼みてあか月にと約束し寝ぬるに夜なかばかりに

起きゐて手を洗ひ鐘うちならして仏にもの申す音しければいまやいまやと思ふに音もせずなりにけり弟子を起こしていづちおはしぬるぞと問へば（弟子ハ）驚きてもとむれどなくなりにけりあさましうて書きおきて来ける

長き夜の闇に迷へるわれをおきて雲がくれぬる夜半の月かな（二二）

入道返し、あしたにぞありける

かさなれる深山がくれに住む人は月にたとへん扇だになし（二三）[40]

「長き夜の」この歌は『後拾遺和歌集』（一三二六年）の「釈教歌」に載せられていて、詞書は「わづらひ侍りける比、寂昭上人にあひて戒うけけるに、ほどなくかへりければ」となっていて、小大君に戒を授けてすぐに寂照が帰ってしまったとしている。あらたに仏門に入ったばかりの元三河守[41]が、寂照を指すことは間違いない。久曽神昇の推定によれば、寂照が出家したのは二十九歳前後である。『小大君集』では、病気の惟仲の祈祷を頼みに使を出したが、寂照は使に「あか月に」と空約束したまま姿を隠してしまったので、小大君が恨んだ歌である。寂照の返歌は、『摩訶止観』巻第一の上の「月隠重山、挙扇類之。」を踏まえて詠んだもので、山に月が隠れるには道理があるという原文の意味を捉え返して、全てを捨てて出家した自分には何も言うべきことはないと答えたものである。本書の推定に従えば、愛する人を失っての出家なので、どのような形であっても女性とは関わりたくないと思いも込めたものであろう。

また小大君は、寂照渡宋に関する和歌も詠んでいて、三奏本『金葉和歌集』第六別離にそれをみることができる。

患ふころ、参河入道唐《もろこし》へ罷ると聞きて遣はしける
長き夜の闇に迷へるわれを置きて雲隠れぬる空の月かな（三四一）[42]

右の歌は『小大君集』所収の歌と小異はあるが、同一歌である。詞書に記された贈歌の経緯は違うが、自分を見捨てたことを訴えた歌であることには変わりない。三奏本『金葉和歌集』の別離の部には寂照の歌も採られていて、小大君の歌とは二首を置いて配されている。本章冒頭で検討した『玄々集』『詞花和歌集』『宝物集』所収の歌と同一歌であるが、詞書は詳しくなっている。

参河入道唐へ罷るべしと聞えけるが、又とまりけりと
聞こえければ、人の尋ねたりける返事に遣はしける
留まらん留まらじとも思ほえずいづくも遂の住み処ならねば（三四四）[43]

寂照をめぐる和歌は、大半が渡航にまつわるものである。和歌、ことに寂照の入宋につけて詠まれた寂照以外の人の歌を通じて浮き彫りになる「寂照」は、まずもって強い使命感を持った求道者である[44]。師や友との別離がもたらす愛惜の念を乗り越え、さらには、小大君の歌からも窺われるように、女性の誘いにも心を動かさない。では、このような寂照は説話の中では如何なる人物として描かれているのだろうか。次節では『今昔物語集』等の説話に登場する寂照を検証する。

第三節　『今昔物語集』『三国伝記』『宇治拾遺物語』『十訓抄』等の説話に描かれる寂照像

（一）　寂照法師の出家の経緯

まず、平安時代後期に成立した『今昔物語集』(45)、その巻第十九「参河守大江定基出家語第二」と、鎌倉時代の建保元（一二一三）年～承久三（一二二一）年頃に成立した『宇治拾遺物語』の第四巻・七「三河入道、遁世の事」を取り上げる。これらの物語においては、大江定基が三河国へ赴任する際に妻と別れて後妻と共に下向した旨が叙述されている。この二つの説話には、定基の後妻が若く容姿端麗であったとは記されているが、その名前は記されていない。本妻を京に残し任国に新しい妻を連れて行くことは、『更級日記』に出てくる継母のような例があり（孝標女の実母は京に残った）、それ自体はそれほど珍しいことではなかった。

『今昔物語集』の件の箇所には、以下のように述べられている。

本ヨリ棲ケル妻ノ上ヘニ、若ク盛ニシテ形チ端正也ケル女ニ思ヒ付テ、極テ難去ク思テ有ケルヲ、本ノ妻強ニ此レヲ嫉妬シテ、忽ニ夫婦ノ契ヲ忘レテ相ヒ離ニケリ。然バ、定基此ノ女ヲ妻トシテ過グル間ニ、相具シテ任国ニ下ニケリ。(46)

右の引用に対応する部分は、『宇治拾遺物語』第四巻「七・三河入道、遁世の事」では次のとおりである。

三河入道いまだ俗にてありける折、もとの妻をば去りつつ、若くかたちよき女に思ひつきて、それを妻にて

三河へ率て下りける程に（後略）[47]

さらに定基と愛妻に言及したものには、前出の説話集『三国伝記』と、鎌倉時代から南北朝時代にかけて成立したとされる『源平盛衰記』がある。『三国伝記』巻第十一第二十四「三河入道寂照事」によれば以下のように記されている。

和云、一条ノ院御宇、大江定基ト云人ハ参議左大弁済光卿ノ息男也。定基三河守ニ任ジテ国務ノ間、赤坂ノ力寿ト云遊女ニ狎レテ契深カリケルガ、無常ノ風妙ナル花ノ姿ヲ吹キ、有漏ノ霧美ナル月の容ヲ蔭《カクシ》ヌ。[48]

ここでは、後妻が「赤坂の力寿といふ遊女」[49]とされている点に注目したい。『源平盛衰記』第七「近江石塔寺の事」においても「赤坂の遊君力寿」とある。

大江定基三河守ニ任ジテ、赤坂ノ遊君力寿ニ別テ道心出家シテ、其後大唐国ニ渡、清涼山ニ参タリケレバ、寺僧毎朝ニ池ヲ廻ル事アリ。寂照故ヲ尋レバ、僧答テ曰、「昔仏生国ノ愛育王八万四千基ノ塔ヲ造、十方へ抛給タリシガ、日本国江州石塔寺ニ一基留リ給ヘリ。朝日扶桑国ニ出レバ、石塔ハルカニ影ヲ此池ニ移シ給フ故ニ、彼塔ヲ拝センガ為ニ此池ヲ廻也」トゾ申ケル。寂照上人聞給テ、信心骨ニ入《しみ》、随喜肝ニ銘ジテ、墨ヲ研《すり》筆ヲ染、其子細ヲ注シツヽ、震旦ニシテ大海ニ入タリケルガ、播磨国増井寺へ流寄タリケルモ、角ヤト思知レタリ。[50]

赤坂とは三河の地名である。愛知県豊川市では、この「三河の赤坂の長者の娘である力寿」が後妻であるとする説が現在でも伝承として語り継がれている。

この若い後妻について重要なのは、定基の赴任中に三河の地で病没し、定基がその亡骸と添い寝をしていたというエピソードである。これが定基出家の大きな機縁となった。前出の『宇治拾遺物語』第四巻・七「三河入道、遁世の事」では、引用箇所に続いて次のように記されている。

その女久しく煩ひて、よかりけるかたちも衰へて失せにけるを、悲しさの余りに、とかくもせで夜も昼も語らひ臥して、口を吸ひたりけるに、あさましき香の口より出で来たりけるにぞ疎む心出で来て、泣く泣く葬りてける。それより世は憂き物にこそありけれと思ひなりけるに、三河国に風祭といふ事をしけるに、生贄といふ事に猪を生けながらおろしけるを見て、「この国退きなん」と思ふ心つきてけり。(51)

同じことは『三国伝記』巻第十一第二十四「三河入道寂照事」では仏教説話らしく以下のように美化されている。

彼女息絶眼閇ヌレバ、双シレ枕ヲ面影モ同セシレ席《セキ》ヲ移香も替リ終《ハテ》ヌレ共、色貧ノ愛執不レシテ尽七日ヲ満ジテ野外ニ送ル。恋慕ノ火ハ焼《ヤキ》二哀傷ノ胸一ヲ、別離ノ涙ハ浸《ウルホ》ス二愛著ノ身一ヲ。是ヲ逆縁ノ善知識トシテ、忽ニ出家シテ号シ二寂照法師一ト、比叡山楞厳院恵心先徳ノ室ニ入、四教三観ノ翰藻《カンサウ》ヲ習ヒ、仏知仏見ノ奥旨ヲ得テ、長保五年ノ秋八月廿五日ニ入唐シ、清涼山ニ到テ大聖文殊ヲ拝シ、彼ノ山ノ麓トニ居タリ。円通大師ト云是也。[52]

『三国伝記』の訓読体の硬い叙述に比べ、『今昔物語集』巻十九本朝仏法の「参河守大江定基出家語第二」においてより生々しい叙述を見いだすことができる。

而ル間、此ノ女国ニシテ身ニ重キ病ヲ受テ、久ク悩ミ煩ケルニ、定基心ヲ尽クシテ嘆キ悲ムデ様々ノ祈祷ヲ

図３　力寿碑（豊川市財賀町、著者撮影）

図４　力寿碑の説明（著者撮影）

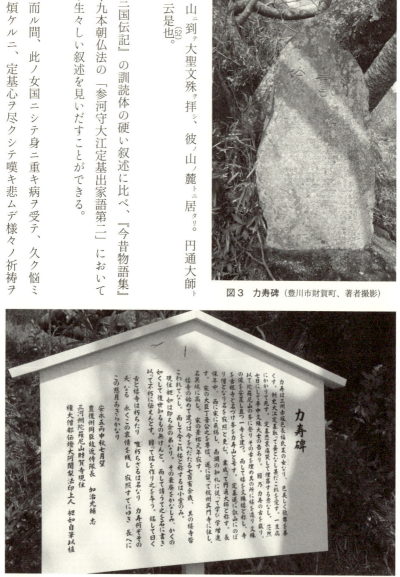

至スト云ヘドモ、其ノ病ノ癒ル事無クシテ、日来ヲ経ルニ随テ、女ノ美麗也シ形モ衰ヘ持行ク。定基此レヲ見ルニ、悲ノ心譬ヘム方無。而ルニ、女遂ニ病重ク成テ死ヌ。其後、定基悲ビ心ニ不堪シテ、久ク葬送スル事無クシテ、抱テ臥タリケルニ、日来ヲ経ルニ、口ヲ吸ケルニ、女ノ口ヨリ奇異キ臭キ香ノ出来タリケルニ、疎ム心出来テ、泣〻ク葬シテケリ。其後定基、「世ハ疎キ物也ケリ」ト思ヒ取テ、忽ニ道心ヲ発シテケリ。(53)

愛妻が重い病を患い他界してしまった後、諦めきれずにずっと寄り添っていたが、悪臭を放つようになりとうとう葬ることを決意したという説話から定基の深い愛情を窺うことができる。

図５　力寿の墓（愛知県豊川市長福寺、著者撮影）

また、『今昔物語集』「参河守大江定基出家語第二」には、先に引用した『宇治拾遺物語』第四巻・七「三河入道、遁世の事」の後半部分の典拠とおぼしい、定基出家の機縁となった話が収録されている。三河国では当時、「風祭」という、猪を生贄にする祭事があり、その習慣に定基が嫌気をさしたとしている。

而ル間、其国ニシテ、国ノ者共風祭ト云事ヲシテ、猪ヲ捕、生ケ乍ラ下シテケルヲ見テ、弥ヨ道心ヲ発シテ、「速ニ此ノ国ヲ去ナム」ト思フ心付テ(54)

それを目の当たりにした定基は、「この国退きなん」・「此ノ国ヲ去ナム」と思うようになった。「風祭」の残酷さを目の当たりにした定基にさらに追い打ちをかけることになったのは、生きたままの雉を殺生して食べたことである。(55)
生きた雉を捕えて、定基のもとにもって来た者がいた。定基は、自らの出家の意思を固めるためにも、雉を生きたまま食べるようにと提案した。生きている雉の毛をむしり、切り裂き、苦痛の声をあげて絶息した鳥を煮たり焼いたりして食べさせた。

守ツクヅクト見聞居テ、目ヨリ大ナル涙ヲ落シテ、音ヲ放テ泣ケルニ、「味ヒ甘シ」ト云ツル者ハ恐レテゾ有ケル。守其ノ日ノ内ニ国府ヲ出テ京ニ上ニケリ。道心堅ク発ニケレバ、髻ヲ切テ法師ト成ニケリ。名ヲ寂照ト云フ。世ニ参河ノ入道ト云フ、此レ也。「吉ミク心ヲ堅メム」ト思テ、此ル希有ノ事共ヲシテ見ケル也ケリ。(56)

このような殺生をする三河国の風習に厭気がさして、その日のうちに国府を出、京に上って法師になった。
『十訓抄』十ノ四十八は定基の人柄を窺わせる、次のようなエピソードを伝える。

三河守定基、志深かりける女の、はかなくなりにければ、世を憂きものに思ひ入りたりけるに、五月の長雨のころ、ことよろしきさまなる女の、いたうやつれたりけるが、鏡を売りて来たりけるを、取りて見るに、包み紙に書けりける、

今日のみと見るに涙のますかがみなれにしかげを人に語るな

これを見るに、涙とどまらず。鏡をば返して、さまざまにあはれみけり。道心をいよいよかためけるは、このことによりてなり。(57)

素性の正しそうな女が鏡を売りに来た説話である。大切な鏡を手放さなければならない女の心情に共感した寂照の人柄を読み取ることができる。この説話の注目すべき点は、「道心をいよいよかためけるは、このことによりてなり」と出家を決意した一因として描かれていることである。

なお、同じく『十訓抄』には、入宋後の寂照と中国仏教との関わりを叙述した部分もある。参考までに以下に引用する。

ある説にいはく、この人は唐土の娥眉山に、寂昭といひける聖の後身なり。師と法門の義を論じて、「われはまされり」と思ひて、入滅したりけるが、その執によりて、往生をとげず、日本に生れたりけるなり。入唐したりければ、娥眉山の寂昭の影に少しも違はざりけり。人、帝に申しけるとなむ。さりければにや、俗にてありける時より、頭光あらはして見えけり。(58)

中国四川省峨眉山は普賢菩薩の霊場であり、そこには「寂照」と同名の聖がかつて存在した。和人寂照をその後身だとする輪廻転生を伝える話である。

（二）寂照法師と文殊菩薩

『今昔物語集』巻第十九「参河守大江定基出家語第二」においては、寂照法師と文殊菩薩とを関連づける記述が見出される。これは、「寂照の弟子でいっしょに中国に渡った念救という僧が帰朝して語り伝えた(59)」ものとされている。以下に寂照法師と文殊菩薩の関係を述べた箇所を挙げる。

亦、寂照五台山ニ詣デ、種々ニ功徳ヲ修ケルニ、湯ヲ涌シテ大衆ニ浴サムトシテ、先大衆僧供ニ着キ並タル程ニ、極テ穢気ナル女ノ、子ヲ抱タル、一ノ犬ヲ具シテ、寂照ガ前ニ出来ヌ。此ノ女瘡テ稀気ナル事無限シ。此レヲ見ル人共穢ガリテ追ヒ嘷ル。寂照此ヲ制シテ女ニ食物ヲ与ヘテ返シ遣ル(60)。

寂照法師が、中国仏教の一大霊地とされている五台山に詣でた時の物語である。この五台山が『石橋』の舞台清涼山に外ならない（清涼山は五台山の別称）。

ここで、文殊菩薩にまつわるイメージについて言及しておく。今日では、文殊菩薩といえば「文殊の知恵」という言葉に表されているように、「知恵・叡智」といった観念と抱き合わせで表象される。サンスクリット語「MaÑjuśri（マンジュシュリー）」の音写「文殊師利」の略で完全な般若＝智慧をそなえた菩薩のことである。これは、『華厳経』において、善財童子が文殊菩薩と出会った後に求法の旅に出、五十三人の善知識者を訪ねていることに端を発している。それとは別に、文殊菩薩は、とりわけ過去において、「貧民救済」に関連づけられることが多い。本書で取り扱うのは、主に、貧民への慈悲を象徴する文殊菩薩である。

以下、『今昔物語集』の寂照説話を追うこととするが、その前に、次のことに言及しておきたい。すなわち、寂照と清涼山の関わりを描くのは『今昔物語集』にとどまらず、本章次節で言及する『十訓抄』十の四十八に描く清涼山での往生、さらには『平家物語』「灌頂巻」に記す建礼門院の大原の庵室の障子に書かれていたという清涼山での寂照の詩もある。これらはいずれも、寂照が文殊菩薩信仰の圏域に立ち入っていることを伝えているわけである。

『今昔物語集』における、寂照と文殊菩薩とを関連づける説話に戻る。子を抱いて犬を連れた穢い女が現れ、大衆はその女を追い返そうとした。慈悲の心を以て寂照法師は食べ物を与えた。この後、女の正体が明らかとなる。

而ルニ、此ノ女ノ云ク、「我ガ身ニ瘡有テ糸難堪ク侘シケレバ、湯浴ムガ為ニ参ツル也。湯ノ切、少シ我レニ浴シ給ヘ」ト。人共此レヲ聞テ喤テ追フ。女被追テ後ノ方ニ逃去テ、窃ニ湯屋ニ入テ、子ヲ抱キ乍ラ、犬ヲ具シテサフメカシテ湯ヲ浴ム。人共此レヲ聞テ、「打追ハム」ト云ヒテ、湯屋ニ入テ見レバ、搔消ツ様ニ失ヌ。其時ニ人々驚キ怪ムデ、出テ見廻セバ、檐ヨリ上様ニ紫ノ雲光リテ昇レリ。人々此レヲ見テ、「此レ、文殊ノ化シテ、女ト成テ来給ヘル也ケリ」ト云ヒテ、泣キ悲ムデ礼拝スト云ヘドモ、甲斐無クテ止ニケリ。(61)

子供を抱え、犬を連れた汚らしく惨めな女が、実は文殊菩薩の化身であったという物語である。身分の低い穢い女といえば端的に卑しさの具現であるが、このような者にも慈悲の心で接するべきだという、民衆教化を目的とした教訓的な物語である。

『今昔物語集』の中には、本章で取り上げた以外に、寂照と文殊菩薩との関係を描く説話がさらに一篇ある。

『今昔物語集』本朝仏法部巻十七「律師清範知文殊化身語第三十八」である。

入道寂照ト云フ人有リ。俗ニテハ大江ノ定基ト云ヒケリ。身ノ才止事無クシテ、公ケニ仕ケル程ニ、道心ヲ発シテ出家セル也。

而ルニ、此ノ入道寂照、彼清範律師ト俗ノ時ヨリ、得意トシテ互ニ隔ツル心無クシテ過ケルニ、清範律師ノ持タリケル念珠ヲ、入道寂照ニ与テケリ。其ノ後、清範律師死テ四五年ヲ経ケル間ニ、入道寂照ハ震旦ニ渡ニケリ。彼清範律師ノ与ヘタリシ念珠ヲ持テ、寂照震旦ノ天皇ノ御許ニ参タリケルニ、四五歳許ナル皇子走リ出タリ。寂照ヲ打見テ宣ハク、「其ノ念珠ハ、未ダ不失ハズシテ持タリケリナ」ト、此ノ国ノ言ニテ有リ。寂照此レヲ聞テ、「奇異也」ト思テ、答テ云ク、「此ハ何ニ仰セ給フ事ゾ」ト。皇子ノ宣ハク、「□有テ其ノ持タル念珠ハ、自ラガ奉リシ念珠ゾカシ」ト。其ノ時ニ、寂照ガ思ハク、「我ガ此ク持タル念珠ハ、清範律師ノ令得タリシ念珠ゾカシ。此ノ御子ハ、然ハ其ノ律師ノ生レ給フ」ト心得テ、「此ハ何ニ此クテハ御マシケルゾ」ト問ヒケレバ、御子ノ宣ハク、「此ノ国ニテ可利益キ者共ノ有レバ、此ク詣来タル也」ト許答テ、走リ返リ入給ヒニケリ。其ノ時ニ、寂照思ハク、「彼ノ律師ヲバ、皆人、「文殊ノ化身ニ在ス」ト云ヒシ。「説教ヲ微妙ニシテ、人ニ道心ヲ令発レバ云フナメリ」ト思ヒシニ、然ハ、実ニ文殊ノ化身ニコソ在マシケレ」思ニ、哀レニ悲クテ涙ヲ流シテゾ、御子ノ入給ヒヌル方ニ向テゾ礼《をが》ミケル。

実ニ此レコソ聞ニ貴ク悲シキ事ノ有レ。此レハ彼ノ律師ノ共ニ震旦ニ行タル人ノ返テ語ルヲ聞テ継テ、語リ伝ヘタルトヤ。(62)

寂照が、清範律師から授かった念珠の不思議な力により宋で輪廻転生した皇子と出会う物語である。この話の中で寂照は、「文殊菩薩の化身」に出会うことができたことに感激している。

文殊菩薩が貧女として現れる化身譚は、『広清涼伝』巻中・八「菩薩が身を化して貧女となるのこと」にも見いだすことができる。

世に伝ふらく昔、貧女あり。斎に遇つて赴集し、南よりして来り、晨《あさ》を凌《をか》して寺にいたる。二子を携へ抱へ、一犬これに随ふ。身に余貲なければ、髪を剪《き》つてもつて施す。いまだ衆の食《じき》にいとまあらず。主僧に告げて曰く、今、食を先にして、遽に他行に就かんと欲すと。僧また許可し、僅に命じてともに饌《くらは》しめ、三倍にしてこれに貽《おく》り、貧女の二子をして、ともに足らしめんとおもふ。女の曰く、犬にもまたまさに与ふべしと。僧は勉強してまた与ふ。女の曰く、われの腹に子あり。さらに食を分つべしと。僧即ち憤然として語つて曰く、汝は僧食《そうじき》を求めて厭《あ》くことなし。もしこれ腹にありともいまだ生れず、いづくんぞ食をもちいんやと。これを叱《しつ》して去らしむ。貧女は訶《か》せられるや即時地を離れ、倏然《しゆくぜん》として身を化して即ち文殊の像となり、犬は獅子となり、児はすなはち善財および于闐王となる。五色の雲気は靄然として空にあまねし。(63)

この話には寂照は登場しないが、貧女、子供、犬の組み合わせなど先に引用した『今昔物語集』の説話と基本的な骨格は同じである。『広清涼伝』に載せる文殊菩薩の化現譚はどのように日本に伝えられたのであろう。

妙済大師延一撰の『広清涼伝』は、成尋によって日本にもたらされている。『参天台五台山記』熙寧十一月二十九日条に「申時、賜紫都維那省順広清涼伝摺本三帖持来、依要文字乞得既了。中心之悦、何事如之、作伝妙済大師延一。今朝拝謁人也」[64]とある通りである。『広清涼伝』は、『古清涼伝』の三倍の記事があり、内容も豊富で、五台山文殊信仰の発展に大きく貢献している（崔正森『五台山仏教史（下）』山西人民出版社、二〇〇〇年七月、四九四〜四九七頁）。第三章で詳しく検証するが、平安時代を通して五台山文殊信仰が広まった。『広清涼伝』に載せる文殊菩薩の化現譚は、人々の五台山への憧れの高まりに十分応えるものであったろう。宋の元祐年間（一〇八六〜一〇九四年）に成立した張商英の著した『続清涼伝』は、五台山の霊異や文殊菩薩の示現譚をさらに集めたものである。

伊藤正義は、謡曲作者の素材源となっている『古今集』や『伊勢物語』古注釈書などの雑多な知識の集積であることを明らかにしている。[65]伊藤の「各曲解題」『謡曲集　上・中・下』（新潮古典集成）新潮社、一九八三年三月〜一九八八年十月や、『謡曲入門』講談社学術文庫、二〇一一年五月を見れば、謡曲の各作品の二次資料も含めて多様な資料が存在することが分かる。直接の書承関係を考えなくても、『今昔物語集』や『広清涼伝』や『続清涼伝』に伝えるような化身譚や霊異譚は、『石橋』作者の知識の前提となっていたと考えてよかろう。さらに、『今昔物語集』や『十訓抄』などの説話集に描かれた寂照像は、『石橋』成立の基盤を理解するためにも重要である。

第四節　寂照法師と清涼山との関係

寂照法師と清涼山の関係については、鎌倉時代中期の説話集『十訓抄』十ノ四十八「臨終の詩」に収録されている寂照の詩が重要である。ここでは、——引用中の「往生をとげる」が「臨終」を意味するならば——寂照がまさに清涼山の麓で死去したことになっているのだ。

出家ののち、寂昭上人とて、入唐しけり。かしこにては、円通大師とぞ申しける。清涼山の麓にて、往生をとげける時、詩を作れりける。

笙歌遥聴孤雲上　笙歌遥かに聴ゆ、孤雲の上

聖衆来迎落日前　聖衆来迎す、落日の前

ただし、この詩、保胤作れりといふ。たづぬべし。(66)

寂照法師が臨終を遂げたのは、実際には清涼山のふもとではなく、杭州であった。(67)

論者は、上記以外に寂照法師と清涼山との関係に言及した資料を見つけることができなかった。なお、この辞世の詩は、謡『実盛』と『誓願寺』にもみることができる。さらに覚一本『平家物語』「灌頂巻」には建礼門院の大原の庵室の障子に仏典の要文とともに寂照の詩も貼られていたとして、「大江の定基法師が、清涼寺にして詠じたりけん、『笙歌　遥聞孤雲上、聖衆来迎落日前』とも書かれたり」(68)と記されている（百二十句本・延度本・長門本なども、ほぼ同じ記載である）。

『平家物語』は鎌倉時代に形成され、例えば謡曲などに本説として取り入れられていった。「大江定基」という人物はすでに伝承中の人物として取り上げるに足る知名度を有していたのだ。

結

謡曲『石橋』のワキ寂照法師（大江定基）に関して、本章では史実と説話との接点を主に概観した。すでに言及したように、清涼山と関わりのある僧侶は、寂照だけではない。奝然、成尋を『石橋』のワキとせずに寂照を選んだのには理由があると仮定し、その理由を考えてみよう。

謡曲の作者は、「清涼山」に詣でた僧侶たちの目的が文殊菩薩の霊場への巡礼であった事実を知っていた。奝然が選ばれなかった理由としては、無事に帰朝したからだと考えることができる。また成尋は、六十歳を超えて入宋し帰朝せずに没したが、自らの仏教への篤い信仰の証を記録として残す為に一日も欠かさず克明に『参天台五台山記』を綴っている。それ故に成尋の人間性に対する印象は、信仰の固い高僧・老僧として確立しており、謡曲のワキとして想像力を働かせる余地の狭い、つまり説話的な魅力の乏しい人物であったと想定できる。

しかし寂照には、人間味のある話が伝わっている。寂照の血族である大江家系は、学者一族であることが史料からも明らかである。智慧を象徴する文殊菩薩との取り合わせは合致する。後世になり歴史的事績が曖昧になってゆくと、逆に説話の世界を通じてのイメージが膨らんでゆく余地が増した。人間味のある寂照の説話的な人間像が形成される中で、出家の動機や文殊菩薩示現の目撃などが印象的な話柄として民間に普及していった。それ故に「石橋」を渡り、「石橋」のかなたにある文殊菩薩の浄土を目指す人物として寂照が選ばれたのであろう。

まさに謡曲『石橋』に見る、卑俗なるものから聖なるものへの飛躍から生まれる浄化作用は、寂照自らが通過した人生の大きな転機とも重なる。寂照は妻がいながらに恋をし、死者に執着をした愛着の深い罪を犯している。力寿と幸福な時間を得たにも拘らず、その力寿に先立たれてしまい苦悩の深淵へと落ちた。出家をすることにより、聖なる世界へと身を投じた寂照にこの世への執着などは一切なかったと考えられる。また、和歌からも読み取れるように寂照は、周囲から惜しまれ引きとめられながらも、自らに与えられた任務を遂行すべく、すべてを断ち切って唐土に向かった。後に円通大師という称号まで与えられた僧侶でありながら動と静、人生の前半と後半とで対照的な生き方をした寂照は、謡曲『石橋』が創作された時代には、すでに聖なるオーラを帯びた伝説上の人物であった。

註

（1）『石橋』小山弘志・佐藤健一郎校註・訳『謡曲集②』（新編日本古典文学全集五十九）小学館、一九九八年二月、五八四頁。以下『石橋』のテキストは、基本的に同書による事とし、それ以外のテキストの引用は、その都度注記する。

（2）大江定基の家系については、久曽神昇「三河入道寂照の研究」『愛知大学綜合郷土研究所紀要』第五号、一九六〇年四月、一五～二六頁、に詳しい。

（3）大江氏の系図には異説もある。阿保親王の子であった音人は薬子の変のため元主の養子になったとする説（目崎徳衛『平安文化史論』桜楓社、一九六八年十一月）や大江氏を皇孫とするのは自家の権威付けだとする説（今井源衛『在原業平』集英社、一九八五年三月・所功「平安時代の菅家と江家」『皇学館大学紀要』第十三輯、一九七五年一月）などである。大江音人から学問の家江家が始まると考えられていたのは確かである。幸田露伴『連環記』（一九四〇年）における寂照の記述にも言及されているように、大江家は菅原家と双璧をなす学者の家系であった。

（4）川口久雄『三訂平安朝漢文学史の研究　上篇』明治書院、一九七五年十二月、一二二～一二六頁、参照。

（5）黒板勝美編『尊卑分脈　第四篇』（新訂増補国史大系第六十巻下）吉川弘文館、一九七二年四月、八九～九五頁、参照。

(6) 久曽神昇、前掲論文、一五～一六頁、参照。

(7) 久曽神昇、前掲論文、一八頁。「その後任国において、愛するところの妻逝《し》去せり。ここに恋慕に堪へずして、早《すみやか》に葬斂せず、かの九想を観じて、深く道心を起し、遂にもて出家したり。」大曽根章介校注『往生伝　法華験記』（日本思想大系七）岩波書店、一九七四年九月。

(8) 西岡虎之助「入宋僧寂照に就いて研究（第一回）」『史学雑誌』第三十四編第九号、一九二三年八月、七一〇頁。『石橋』の冒頭には、「入唐僧」とあるが、正確には本論文のタイトルにあるように「入宋僧」である。

(9) 馬渕和夫・国東文麿・稲垣泰一校注・訳『今昔物語集②』（新編日本古典文学全集三十六）小学館、二〇〇〇年五月、四三六頁。以下『今昔物語集』からの引用は、基本的に同書による事とし、それ以外のテキストの引用には、改めて注記する。

(10) 大曽根章介校注『往生伝　法華験記』（日本思想大系七）岩波書店、一九七四年九月、二四八頁。「その後任国において、愛するところの妻逝《し》去せり。ここに恋慕に堪へずして、早《すみやか》に葬斂せず、かの九想を観じて、深く道心を起し、遂にもて出家したり。」

(11) 黒板勝美編『日本紀略後篇　百錬抄』（新訂増補国史大系第十一巻）吉川弘文館、一九六五年八月、六頁。

(12) 黒板勝美編『日本高僧伝要文抄　元亨釈書』（新訂増補国史大系第三十一巻）吉川弘文館、一九六五年六月、二三五頁。

『元亨釈書巻』第十六「寂昭は諫議大夫大江斉光が子なり。俗名は定基、官に仕へて参州刺史に至る。会ゝ配を失ふ。愛の厚きを以て喪を緩ふせるも九相を観るに因つて深く厭離を生じ、乃ち冠纓を割いて叡山の源信の室に投ず。早に講学に名あり」（訓読は、岩野真雄『国訳一切経和漢撰述部　史伝部十九』大東出版社、一九三八年五月、二六二頁による）。所功「平安時代の菅家と江家」『皇学館大学紀要』十三輯、一九七五年一月、参照。

(13) 井上光貞・大曽根章介校注『往生伝　法華験記』（日本思想大系七）岩波書店、一九七四年九月、二四八頁。

(14) 三橋正『平安時代の信仰と宗教儀礼』続群書類従完成会、二〇〇〇年三月、五〇九頁。

(15) 柴田実編『日本歴史地名大系第二十五巻　滋賀県の地名』平凡社、一九九一年二月、五三六頁。江戸時代の近江地誌で現在でも高い史料的価値を有する、寒川辰清《とききよ》編『近江輿地志略』（享保一九年成）に引く石塔「寺記」には、「遊猟之士野矢光盛者、常所率白犬、逸然而繞一塚、三反吠両三声、因為奇異之思則穿之、四角三重宝塔巍然顕出」と、石塔発見の経緯が詳しく記されている（蘆田伊人校訂『大日本地誌大系40　近江国輿地志略第二巻』雄山閣、一九七一年十月、一〇二頁）。

(16) 池上洵一校注『三国伝記（下）』（中世の文学）三弥井書店、一九八二年七月、二四九〜二五〇頁。

清涼山の池に愛育王の石塔の影が映る説話としては、『源平盛衰記』巻第七「近江石塔寺」の方が成立が早いが、より詳細な内容を記しているので、『三国伝記』を引用した。関係説話として、漢文で書かれた「播州増井山随願寺集記」がある。

清涼山の僧達は斎日の朝、清涼の池に行って座具を広げて香炉を捧げその池を行道して礼拝なさった。寂照がその理由を尋ねると、衆僧は答えて「愛育大王八万四千基の石塔の内、日本国の近江蒲生郡の度山に一基がある。その影が朝日に映じて池に映るので塔を礼拝しているのだ」と言った。寂照は不思議に思い、そこでこの事を書き留めて箱に収め、天に祈って海に投げ入れた。

(17) 池上洵一校注『三国伝記（下）』前掲書、一九八二年七月、二四九頁。

急に出家して寂照法師と名乗った。比叡山亮厳院の恵心僧都の僧坊に入り、四教三観の文章を習い、仏の智慧と知見の奥義を習い終えて、長保五年の秋八月二十五日に入唐し、清涼山に行き文殊菩薩を礼拝し、その山の麓に住んだ。

四教については、「釈尊の一代の教説を四種に整理したもの。天台智顗の蔵教・通教・別教・円教（化法の四教）…など、数種の分類がある。」

また、三観については、「天台宗で、『瓔珞経』に説く、仮から空に入る観（従仮入空観）、空から仮に入る観（従空入仮観）に加えた中道第一義観との三つに基づいて、空仮中の三観を説く」（石田瑞麿『例文 仏教語大辞典』小学館、一九九七年二月）ことである。

(18) 田中健夫編『新訂善隣国宝記　続善隣国宝記』（訳注日本史料）集英社、一九九五年一月、六二頁。

釈寂照が入宋した。叡山源信は天台宗の疑問二十七カ条を作り、寂照に託して南湖の知礼法師に寄せた。知礼は寂照を招いて上客とした。

(19) 天台教学に関する疑問を、入唐僧に託して唐国の学僧に答えてもらうことを唐決という。唐決は、天台教学史の上で重要な意味を持っている。唐決研究の先駆けとなったのは、西岡虎之助「唐決について」『史学』第四巻一号、一九二五年二月である。近年の研究については、本間孝継「『唐決』研究の論点と展望」『大正大学綜合仏教研究所年報』第三十号、二〇〇八年三月に挙げられている。唐決をまとめたものに、『唐決集』（正保三年刊）がある。

(20) 黒板勝美編『扶桑略記　帝王編年記』（新訂増補国史大系第十二巻）吉川弘文館、一九六五年十二月、二六四頁。八月二十五日、寂照は我が国肥前の国を立って、渡海し入唐した。

(21) 木宮泰彦『日華文化交流史』冨山房、一九五五年七月、一九三頁。

杉原たく哉『中華図像遊覧』大修館書店、二〇〇〇年六月に基づけば、文殊菩薩の浄土とされる中国山西省、五台山（清涼山）に詣でた入唐僧は、八二〇年霊仙、八四〇年円仁、八四一年恵蕚、八四二年安祥寺恵運、八四四年恵蕚（再入唐）。八五三年円珍、八六二年衆叡、入宋僧は、九八四年奝然、一〇〇三年寂照、一〇七二年成尋、一〇八三年戒覚である（二二三頁、参照）。

(22) 小田切文洋『渡宋した天台僧達　日中文化交流史一斑』翰林書房、一九九八年三月、一六～一七頁。現在は、真言宗智山派に属している。当時の本殿は現在の本殿の裏手にある山に所在していた。

(23) 「進発の時、山崎の宝寺において、母のために八講を修し、寂照をもて講師となせり。この日出家せし者五百余人（婦女に至りては、車より髪を切りて講師に与へたり、云々といふ）、四面堵をなせり。」大曽根章介校注『往生伝　法華験記』（日本思想大系七）、前掲書、二四八頁。

(24) 岡崎和夫『成尋阿闍梨母日記の研究　再建本文索引篇』明治書院、一九九五年六月、一〇二～一〇三頁。

(25) 久曽神昇「三河入道寂照」『三河地方と古典文学』（愛知大学綜合郷土研究所研究叢書四）愛知大学綜合郷土研究所、一九八九年一月、三〇〇頁。

(26) 久曽神昇、前掲書、三〇一頁。

(27) 小田切文洋、前掲書、一八頁。

(28) 黒板勝美編『日本高僧伝要文抄　元亨釈書』（新訂増補国史大系第三十一巻）吉川弘文館、一九六五年六月、二三五～二三六頁。註25も参照。

長保二年に源信は、「台宗問目二十七条」を作り寂照に託して南湖知礼法師に寄せた。知礼は寂照を招いて上客とした。丞相の丁晋公（丁謂）は寂照の徳義の高いのを敬い慕った。寂照は知礼の答釈が成ったので本国に持ち帰ろうとした。丁晋公はこれを引き留めようとして姑蘇（蘇州）の景色はすぐれていると勧めた。寂照はそれを喜び呉門（蘇州）の寺に留まり、知礼の答釈は弟子に送らせた。丁晋公は胸襟を開いて厚遇した。寂照は持参していた黒金の水瓶を丁晋公に詩を添えて贈った。丁晋公は十五年間愛用して日々用いて身から離さなかった。暁井に残月を斟《く》み　寒爐は砕澌を釈く　鄱銀は侈《おご》りを免れ難く　萊石虧《か》くるを成し易し　此の器堅くして還《また》実なり　君に寄す応に知るべし（大意　水面に夜明けの月を映す井戸に水を汲み、いろりの釜に砕けた氷を溶かす。鄱陽の銀で作った器は大きくなるのは仕方なく、萊州の石で作った器は欠けやすい欠点があるが、これは堅くしっかりしている。あなたに贈った理由はお分かりでしょうとなる）、と。初め景徳元年に、無量寿の仏像を献上した。讃に曰《い》う。奝然と寂照の二師は宋の地で賞賛された。そのことは宋の諸書に見える。二師のことは本づくところあるのだろう。寂照のように源信を師とし、法智（知礼）を主とし、丁晋公を友としたのは善い選択だと謂えよう。瓶の詩は『楊文公談苑』に求めた。寂照のその他のことも『楊文公談苑』に求めることができ、この書に基づくことはいうまでもない。

（29）宋庠整理『楊文公談苑　倦遊雑録』上海古籍出版、一九九三年八月、一一頁。
三司使丁謂は寂照に会って、その人物を悦んだ。丁謂は蘇州の人で、その景色のすぐれていることを話した。寂照はその景色を愛して、呉門寺に止住した。（略）寂照はようやくこの地の言葉にも通ずるようになった。戒律を持すること行き届いていて、仏教と一般の学問に通じていたので、蘇州の道俗の人は寂照に帰依した。なお、楊億と相識を得たとき、寂照は四十代の半ばに達していたと思われる。楊億は三十三歳であった（李一飛『楊億年譜』上海古籍出版社、二〇〇二年八月）。

（30）「普門禅寺碑」については、廖志豪「蘇州普門禅寺碑与日僧寂照」『文物』一九七九年第九期と佐藤道生「寂照の遺迹」『日本漢学研究』第一号、一九九七年十一月、また、池澤滋子「丁謂与日僧寂照的交往」『丁謂研究』巴蜀書社、一九九八年四月も参照。

（31）黒板勝美編『扶桑略記　帝王編年記』前掲書、二六四頁。

（32）藤善真澄訳注『参天台五台山記上』関西大学出版部、二〇〇七年十二月、三二三～三二五頁。
扶桑は海の国　山有りて俊雄　師（円通大師）は霊粋を纏《あつ》め　厥《そ》の中に挺生す
少くして釈氏（釈尊）を慕い　早く塵籠を脱す　我が聖代に帰し　我が真法を愛で　一錫もて浪を砕《くだ》き万里空に

乗ず　祥符の天子（真宗皇帝）　延対して弥隆んなり
是の身の来るは　空花に喩うべし　是の身の化するは水月に還るに同じ
長天の雲散じ　高巌に雪融く　相は相に非ずと謂わん　円通に稽首す
（大意　日本は海の国であり山もあってすばらしい。円通大師はそのすぐれたものを集めて中でも傑出していた。若いときから仏道を志して、早くに俗世を離れ、我が国に慕い来たって、仏法を何よりとし、錫杖で波を砕いて遙かな距離を空に乗ずるようにして来た。真宗皇帝は丁重に迎えて遇することますます厚かった。）『参天台五台山記』熙寧五年九月五日条。

(33) 藤善真澄訳注、前掲書、三二五頁。
(34) 川村晃生『能因法師集・玄々集とその研究』三弥井書店、一九七九年六月、一〇二頁。川村はこの和歌を「出典未詳」に分類している（同書、二二八頁）。
(35) 錦仁・柏木由夫『金葉和歌集　詞花和歌集』（和歌文学大系三十四）明治書院、二〇〇六年九月、一八一頁。
(36) 山田昭全他校注『宝物集・閑居友・比良山古人霊託』（新日本古典文学大系四十）岩波書店、一九九三年一月、三一九頁。
(37) 「新編国歌大観」編集委員会編『新編国歌大観第一巻　勅撰集編』角川書店、一九八三年二月、三一四頁。
(38) 久保田淳・平田善信校注『後拾遺和歌集』（日本古典文学大系八）岩波書店、一九九四年四月、一六二頁。
(39) 久保田淳・平田善信校注、前掲書、一六二頁。
(40) 竹鼻績校注・訳『小大君集注釈』（私家集注釈叢刊Ⅰ）貴重本刊行会、一九八九年六月、四〇〜四一頁。
(41) 竹鼻績校注・訳、前掲書、四二頁参照。
(42) 錦仁・柏木由夫『金葉和歌集　詞花和歌集』（和歌文学大系三十四）明治書院、二〇〇六年九月、六七〜六八頁。
(43) 錦仁・柏木由夫、前掲書、六八頁。
(44) 久保田淳・平田喜信校注『後拾遺和歌集』（新日本古典文学大系八）岩波書店、一九九四年四月、一六二頁。
(45) 『今昔物語集』は、その後宝徳二（一四五〇）年まで各種文献で言及されることはなかったという（小峯和明『新潮古典アルバム九今昔物語集・宇治拾遺物語』新潮社、一九九一年一月、三四頁、参照）。ちなみに、「序論」

で言及したとおり、『石橋』についての最古の記録と目される『親元日記』中の「志ゝ」という記載が見いだされるのは、寛正六（一四六五）年三月九日である。

(46) 馬渕和夫・国東文麿・稲垣泰一校注・訳『今昔物語集②』前掲書、四三二頁。

(47) 小林保治・増古和子校注訳『宇治拾遺物語』（新編日本古典文学全集五十）小学館、一九九六年七月、一五九頁。

(48) 池上洵一校注『三国伝記（下）』三弥井書店、一九七六年十二月、二四九頁。
和阿弥が語った、大江定基という人は参議左大弁済光卿の子である。定基は三河守に任じられ国守を勤めていた間、赤坂の力寿という遊女と親しくなり情愛が深かったが、無常の風が美しい花を吹き散らし、煩悩の霧が月の容《かんばせ》を隠してしまった。

(49)『源平盛衰記』巻第七「近江石塔寺」松尾蘆江校注『源平盛衰記（二）』三弥井書店、一九九三年五月、三九頁。

(50) 松尾蘆江校注『源平盛衰記（二）』前掲書、二〇頁。

(51) 小林保治・増古和子校注訳『宇治拾遺物語』前掲書、一五九頁。

(52) 池上洵一校注『三国伝記（下）』前掲書、二四九頁。
彼女の息が絶え眼を閉じたので、枕を並べた面影も席を同じくした移り香も変わり果ててしまったけれども、愛欲の執着心は尽きることはなかったが七日が経ったので野辺の送りをした。哀傷の思いは恋慕の火に焼かれ、別離の涙は愛著の身を満たした。愛欲の迷いの心を仏道に入る因縁として、たちまちに出家して寂照法師と名乗った。叡山楞厳院恵心先徳の室に入った。四教三観の文章を習い、仏教の智慧と知見の奥旨を悟り得て、長保五年の秋八月二十五日に入唐し、清涼山で詣でて大聖文殊を拝み、その山の麓に住んだ。円通大師はこの人のことである。

(53) 馬渕和夫・国東文麿・稲垣泰一校注・訳『今昔物語集②』前掲書、四三二頁。

(54) 馬渕和夫・国東文麿・稲垣泰一校注・訳『今昔物語集②』前掲書、四三三頁。

(55) 風祭は、形を変えて現在、豊川市菟足神社の風祭として伝えられている（三田村佳子「境界神事としての生贄祭——三河国菟足神社の風祭」『神道宗教』一六二号、一九九六年三月参照）。

(56) 馬渕和夫・国東文麿・稲垣泰一校注・訳『今昔物語集②』前掲書、四三四頁。

(57) 浅見和彦校註・訳『十訓抄』（新編日本古典文学全集五十一）小学館、一九九七年十二月、四三七〜四三八頁。

(58) 浅見和彦校註・訳『十訓抄』前掲書、四三九頁。
(59) 馬渕和夫・国東文麿・稲垣泰一校注・訳『今昔物語集②』前掲書、四三七～四三八頁。土佐国出身の僧念求は、長和二（一〇一三）年に一時帰国している。
(60) 馬渕和夫・国東文麿・稲垣泰一校注・訳『今昔物語集②』前掲書、四三八頁。
(61) 馬渕和夫・国東文麿・稲垣泰一校注・訳『今昔物語集②』前掲書、四三八頁。
(62) 馬渕和夫・国東文麿・稲垣泰一校注・訳『今昔物語集②』前掲書、三八八～三九〇頁。
(63) 岩野真雄編『国訳一切経和漢撰述部史伝部十八』（改訂版）大東出版社、一九八〇年五月、七二～七三頁。
(64) 『参天台五台山記』熙寧十一月二十九日条（王麗萍校点『新校参天台五台山記』上海古籍出版社、二〇〇九年十一月、四〇九頁）。

申の時（十六時）に賜紫の都維那の省順が『広清涼伝』を持って来てくれた。要しいとの書状によっていただけたのである。心中の喜びは何事も及ぶものはない。伝を作ったのは妙済大師延一で、今朝拝謁した人である。

(65) 『伊勢物語』を主題とした謡曲が、『冷泉流伊勢物語注』や『和歌知顕抄』などの古注釈を素材としていることを、具体的に考察したのは、伊藤正義である。「謡曲と『伊勢物語』の秘伝――《井筒》の場合を中心として――」『金剛』第六十四号、一九六五年五月など、主要論文は、『伊藤正義中世文華論集　第一巻　謡と能の世界（上）』和泉書院、二〇一二年六月に収められている。
(66) 浅見和彦校注・訳『十訓抄』前掲書、四三八頁。なお保胤とは、寂心慶滋保胤のことである。
(67) 今泉淑夫『日本仏教史辞典』吉川弘文館、一九九九年十月、四四四頁。『続本朝往生伝』によれば、景祐元（長元七・一〇三四）年杭州で没した。
(68) 市古貞次校註・訳者『平家物語②』（新編日本古典文学全集四十六）小学館、一九九四年八月、五一四頁。

第二章　聖地清涼山

序

『石橋』は、山西省にある清涼山〔五台山〕を舞台背景としている。主役であるシテの登場の前に、ワキ〔寂照法師〕が、先ず舞台に登場し、名乗りをしてから背景となる清涼山の説明をする。

これは大江の定基といはれし寂照法師にて候。
われ入唐渡天し寺仏霊社を拝み廻り候。育王山より初めてかなたこなたを拝み廻り、これはまた清涼山に至りて候。
あれに見えて候ふは石橋にてありげに候。向ひは文殊の浄土、人を待ち詳しく尋ね、この橋を渡らばやと存じ候。(1)

ワキ寂照は、強い信仰心により求法の為に唐に渡り、念願の「清涼山」への参詣を果たす場面から『石橋』の

図１　五台山遠景（著者撮影）

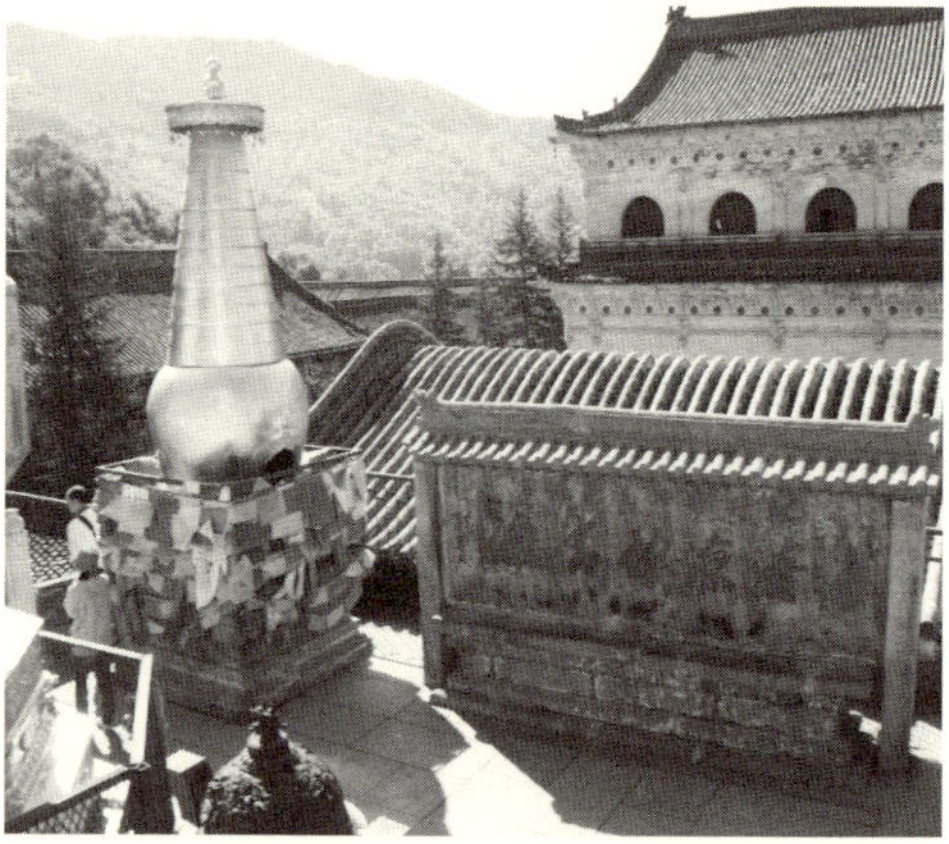

図２　五台山　清涼妙高処碑壁（蘇惟霖書）（著者撮影）

世界は、始まる。寂照の清涼山参拝は、『今昔物語集』など説話でも知られている。『石橋』の作者はどのような知識を利用して、五台山文殊信仰を描いたのであろう。本章においては、文殊菩薩の浄土である清涼山について歴史的・宗教的な背景を考えてゆくことにする。

第一節　神仙道の聖地五台山

中国への仏教伝来は、一世紀頃だと推定されている。後漢の第二代皇帝の明帝（二八〜七五年）が、夢で金色の人を見て天竺の仏と思い、使者を月支国へ送り、仏経を書写させたことが、中国最初の翻訳経典とされている迦葉摩騰・竺法蘭訳の『四十二章経』（『大正新脩大蔵経　第十七巻　経集部四』）の「序」に書かれている。同様の伝承は諸書に見え、例えば北魏の正史『魏書』「釈老志」を挙げることができる。「釈老志」は、中国正史としては異例な仏教や道教の歴史を述べたものだが、その中で仏教の伝来について次のように述べている。

哀帝元寿元年、博士弟子秦景憲受大月氏王使伊存口授浮屠経。中土聞之、未之信了也。後孝明帝夜夢金人、項有日光、飛行殿庭、乃訪群臣、伝毅始以仏対。帝遣郎中祭愔、博士弟子秦景等使於天竺、写浮屠遺範。愔仍與沙門攝摩騰、竺法蘭東還洛陽。中国有沙門及跪拝之法、自此始也。愔又得仏経《四十二章》及釈迦立像。明帝令画工図仏像、置清涼台及顕節陵上、経緘於蘭台石室。愔之還也、以白馬負経而至、漢因立白馬寺於洛城雍関西。摩騰、法蘭鹹卒於此寺。(2)

これらの記事が伝説に過ぎず歴史的事実ではないことは、鎌田茂雄『中国仏教史　第一巻』(3)「初伝期の仏教」において詳細に検討されている。しかし、伝説にしても何らかの下地がなくては明帝の求法説話は生まれなかったはずある。鎌田も指摘しているが、明帝が仏教の存在を知っていたことは確かなことと推測できる。一世紀の後半には中国に仏教が少しずつ広まったと考えられる。

道端良秀「中国仏教と文殊信仰」には、後漢から隋までに訳出された文殊師利の名を冠した経典が年代順に十五部挙げられている。(4)唐宋時代の不空三蔵以下の凡そ三十五部の経典を略してもかなりの数の経典が存在している。後漢の安世高訳の『仏説宝積三昧文殊師利菩薩問法身経一巻』(『大正新脩大蔵経第十二巻　宝積部下』)は、釈迦、舎利弗、文殊師利の問答を通して、仏は法界(真理のあらわれとして全世界)であり、法界は不死・不生であることなどが説かれている。後漢の時代から、翻訳経典を通して文殊菩薩の名が知られていったことが分かる。

三国時代から仏教は中国社会に次第に浸透してゆき、雲崗や龍門の石窟仏が造築された。唐の道宣撰『広弘明集』（仏教初伝から唐初に至るまでの資料を収録したもの）叙山北第二には、盧山の文殊菩薩像について記されている。漁人が海辺に夜光を見て、網で釣上げた像は安育王の造った文殊像であった。これを武昌の寒渓寺に安置した。寺が火災にあっても文殊像の堂だけは焼けなかった。後に中国浄土教の祖とされる慧遠は、盧山に件の文殊像を迎え、東林寺を建立したとされる。

また唐の道世撰『法苑珠林』（諸経論から事項を選び集成した一種の仏教事典）巻十四には、劉宋の時代、劉式之が文殊の金像を造り朝夕礼拝したとある。

宋元嘉二年劉式之造文殊金像、朝夕礼拝、頃之便失。悵悵祈請、夙夜匪懈、経于五年。昏夕時、見仏座有光、発座至棟。式之焼香仏拭床帳、乃見失像儼然具存。(5)

劉式之は、劉宋（四二〇〜四七九年）の武帝（劉裕）に仕えて活躍した劉穆之の子である。文殊菩薩が貴族層でも熱心に信仰されていたことが分かる。

南朝の劉宋に対して、鮮卑族の拓跋氏の建てた北魏（三八六〜五三四年）でも文殊信仰が広がっていた。山東省鄒県の尖山・嶧山・水牛山の岩石に彫られた石経は、皆『文殊般若経』である。

北魏の時代、浄土宗の祖とされる曇鸞（四七六〜五四二年）が五台山に入山して出家したことがその伝記から知られる。

釈曇鸞。或為巒。未詳其氏。雁門人。家近五台山。神跡霊怪逸于民聴。時未志学。便往尋焉備覿遺蹤。心神歓悦便即出家。内外経籍具陶文理。而於四論仏性弥所窮研。読大集経。恨其詞義深密難以開悟。因而注解。(6)

伝記には、曇鸞が五台山に入って親しく霊迹に接し感激して出家したあと、江南に行って陶隠居から神仙の術を学び、その後北魏に帰り、名山に入って方術の修行をした後、晩年になり『観無量寿経』を信奉するようになったとする。当時の仏教が神仙的な要素も合わせ持っていたことが、曇鸞の伝記からも推測することができる。五台山はもともと神仙道の聖地であったから仏教とも結びつくようになったと考えられる。(7)

五台山がもともと神仙道の聖地であったことは、『古清涼伝』に引く酈道元『水経注』に記されているとおりである。

酈元水経云。其山。五巒巍然。回出群山之上。故謂五峰。晉永嘉三年。雁門郡葰人縣百余家。避乱入此山。見山人為之歩驅而不返。遂寧居岩野。往還之士。時有望其居者。至詣尋訪。莫知所在。故人以是山。為仙者之都矣。仙経雲。五台山。名為紫府。常有紫気。仙人居之。(8)

北魏の時代に、五台山で『華厳経』の研究が行われたことは、霊弁（四七七〜五二二年）の伝記を記した法蔵の『華厳経伝記』巻一に見える。

華厳論一百巻　後魏沙門釈霊弁所造也。法師大原晋陽人也。宿植妙因。久種勝善。幼而入道。長而抜俗。常読大乗経。留心菩薩行。及見華厳。偏加味嘗。乃頂載此経。入清涼山清涼寺。求文殊師利菩薩哀護摂受。冀於此経義解開発。則頂載行道。遂歴一年。足破血流。肉盡骨現。又膝歩懇策。誓希冥感。遂聞。一人謂之曰。汝止行道。思惟此経。於是披巻。豁然大悟。時後魏熙平元年歳。次大梁正月。起筆於清涼寺。敬造華厳論。演義釈文窮微洞奥。（中略）法師與弟子霊。候時輯綴。忘寝与食。神亀三年秋九月。其功畢。略経広論。凡一百巻。首尾五年。成就十帙。(9)

『華厳論』一〇〇巻は大部分が失われたが、十二巻が現存する。南北朝期に『華厳論』はそれほど広まらず、唐代になり注目されるようになった。霊弁によって、五台山が華厳経の道場として確立していったことは確かである。

北斉（五五〇〜五七七年）初年には、第三王子が山中の育王古塔で文殊師利を求めたが拝することができずに自ら焼身供養したと伝える。そのため、家臣であった劉謙之は、入山し、華厳経を誦じ文殊菩薩に冥福を祈り『華厳論』六〇〇巻を著した。

先有育王古塔。至北斉初年。第三王子。於此求文殊師利。竟不得見。乃於塔前。焼身供養。因此置寺焉。其王子有閹豎劉謙之。自慨刑餘。又感王子焼身之事。遂奏訖入山修道。勅許之。乃於此処。転誦華厳経。三七行道。祈見文殊師利。遂獲冥応。(10)

華厳宗を宗派として独立させた法蔵（六四三〜七一二年）も、五台山文殊信仰の宣布に重要な役割を果たしている。霊弁と劉謙之の伝をまとめたのは法蔵である。法蔵によって、五台山は文殊師利の霊場でありかつ華厳の聖地であることが確立したのである。

北魏の時代に仏教が興隆したことは、魏収撰『魏書』「釈老志」や楊衒之撰『洛陽伽藍記』に明らかである。孝文帝（四六七〜四九九年）の命により、太和十七（四九三）年に平城（現在の大同）から洛陽へ遷都した。孝文帝は、山西省大同市にある「雲崗石窟」と河南省洛陽市にある「龍門石窟」を造像することを命じた。

雲崗石窟第二窟や龍門石窟賓陽中洞には、維摩居士と文殊菩薩の法談の場面を描いた彫像がある。それ故、北魏時代において文殊菩薩信仰は、まだ十分に発展していなかったといえる。これを指摘した塚本善隆「北魏洛陽仏教の盛衰と竜門」によると、五・六世紀の文殊菩薩の舞台は、『維摩経』に伴うものであった。[11]文殊信仰には、『維摩経』を基にするものと、『華厳経』を基にするものとの二つの系列があった。

第二節　文殊菩薩の浄土としての五台山信仰の形成

清涼山を背景として『石橋』に描く文殊菩薩信仰は、維摩居士を引き立てるための脇役として文殊菩薩を描く『維摩経』ではなく、文殊菩薩が主役となる『華厳経』に基づくものである。『華厳経』では、文殊菩薩が四つの真理を講説する四諦品や文殊菩薩の導きで始まる善財童子の悟りへの旅が主題となる入法界品など、釈迦の教えを説く重要な仏として文殊菩薩が描かれている。

菩薩たちがどこに居住しているかという問題について、頼富本宏は「『華厳経』では、各菩薩や善知識の居住者は、天上か、あるいは瞻部洲のある地方であった」[12]と指摘している。瞻部洲は南瞻部洲のことで閻浮提ともいい、仏教の世界観を現しているが、広くは人間世界をいう。

『華厳経』には、大きく分けて八十巻本と六十巻本があるが、八十巻本の「諸菩薩住処品」と六十巻本の「菩薩住処品」には、「清涼山」には文殊菩薩が常住していると記されている。

東北方有菩薩住処。名清涼山。過去諸菩薩常於中住。彼現有菩薩。名文殊師利。有一万菩薩眷属。常為説法。[13]

しかし、東北方にあるとだけあって「清涼山」がどこにあるのかは具体的に記されていない。そのため、中国山西省にある五台山と特定されているわけではないのである。[14]

それでは、いつから「清涼山」を中国の五台山に特定するようになったのだろうか。この問題を解く鍵となるのは、景竜四（七一〇）年に菩提流志により訳出された『文殊師利法蔵陀羅尼経』[15]である。この仏典は中国における文殊信仰に大きな影響を与えている。

頼富本宏によれば、「聖地が、インドではなく、その東北方にある大振那（Mahacina）、つまり中国と規定され、しかもその中にある『五頂』という山に限定される」[16]とする最初の経典は、『文殊師利法蔵陀羅尼経』である。

吉田靖雄は、「①文殊師利は世間（五台山）に住し、『華厳経』を講説している、②「華厳経」の結集は文殊師利による」[17]ものとして『華厳経伝記』を評価している。五台山文殊菩薩は、『華厳経』の教説を基に獅子に騎乗する姿になった。

五台山の文殊信仰は、『華厳経』に基づく教説から始まるが、次第に密教化してゆく。頼富は五台山文殊菩薩は、「陀羅尼信仰の流行と、ともにすでに密教化の傾向が顕著になり始めた」[18]と指摘している。

隋の文帝（五八一～六〇四年）が詔勅により五台山の五つの山頂にそれぞれ寺を建立させ、異なる文殊菩薩を次のように祀らせた。

台	寺院名	文殊菩薩
東台	望海寺	聡明文殊菩薩
南台	普済寺	智慧文殊菩薩
西台	法雷寺	獅子文殊菩薩
北台	霊応寺	無垢文殊菩薩
中台	演教寺	孺童文殊菩薩

また崔福姫「『古清涼伝』から『広清涼伝』への文殊信仰の変遷――文殊概念を中心に――」においても同様に、五台山文殊信仰は『文殊師利法蔵陀羅尼経』の教説に基づくと結論付けている。

『古清涼伝』が著述された時の五台山というのは、主に道教的な修行が行われていた時期であり、また『華厳経』の「菩薩住処品」を根拠として、仏教の文殊聖地として位置づけられ、ようやくその信仰が定着した。[19]

崔は、七世紀には「五台山文殊菩薩信仰がそれほど仏教思想的に発展していなかった」[20]と指摘し、「中国五台山に文殊菩薩が居住していることをはっきりと明記した経典」[21]を『文殊師利法蔵陀羅尼経』であるとする。

菩提流志訳とされる『文殊師利宝蔵陀羅尼経』（七一〇年成立）には、次のように文殊菩薩が大振那（中国）に止

図３　華厳寺文殊閣文殊菩薩像（山西省北部大同市、著者撮影）

住すると書かれている。(22)

我滅度後に、この贍部洲の東北方に国あり。大振那と名づく。その国の中に山あり。号して五頂という。文殊師利童子、遊行して居住す。諸衆生の中で説法をなす。(23)

　澄観『大方広仏華厳経疏』（七八七年成立）の「菩薩住処品」の解釈では「清涼山。即代州雁門群五台山也。於中現有清涼寺。」（『大正新脩大蔵経　第三十五巻　経疏部三』大蔵出版、一九八九年十二月、八五九頁）となっていて、五台山清涼寺が文殊菩薩の住地であることが明記されている。澄観の『華厳経注疏』は、中国の仏教学史に大きな影響を与えている。(24)

　普光法堂や祇園精舎の「東北方」にある山西省五台山が、経典により「清涼山」と認識されるに至ることになった理由として吉田靖雄は、「文殊菩薩は人界を活動の場とする菩薩である、という意識が存したことは明らかであろう(25)」と指摘している。

　道端良秀は、「南北朝時代に、華厳経の信仰が盛んとなって来て、五台山を清涼山と呼ぶようになったものであろう。少なくとも五台山とは一般民衆の呼び名で、通俗的名称であり、清涼山は知識階級の呼び名であり、公式といってもよい名称(26)」と指摘する。

唐の慧祥撰『古清涼伝』（六九九年以降成立）によって、唐代までの五台山文殊信仰の状況を知ることができる。『古清涼伝』は著述された当初は、『清涼山伝』といったが、宋代になり『広清涼伝』と『続清涼伝』が撰述されるようになり、それらに対して『古清涼伝』と呼ばれるようになった。五台山の来歴、仏教遺跡、奇瑞などがまとめられている。

図４　五台山　塔院寺白塔（著者撮影）

華厳経菩薩住処品云。東北方。有菩薩住処。名清涼山。過去有菩薩。常於中住。彼現有菩薩。名文殊師利。有一万菩薩。常為説法。（中略）今山上有清涼寺。下有五台県清涼府。此実実当可為亀鑑矣。一名五台山。其中。五山高聳。頂上並不生林木。事同積土。故謂之台也。(27)

右の引用には、『華厳経』に基づき、文殊菩薩の住処である清涼山が五台山と理解された旨記されている。『古清涼伝』には、文殊化現や文殊瑞相の話も載せられている。その一つを挙げれば、大華厳寺の東の方に五色の祥雲が立ち、その雲の中に文殊大聖が現れる。善財童子が先導し、優塡王、仏陀波離、が後を追うというものである。『古清涼伝』は、文殊信仰の宣布に大きな役割を果たしているのである。

第三節　唐代における五台山仏教の隆盛

山西省出身の則天武后（在位六九〇～七〇五年）は、五台山への尊崇が厚かった。慧祥『古清涼伝』（『大正新脩大蔵経　第五十一巻　史伝部三』）や、道宣の『集神州三宝感通録』（『大正新脩大蔵経　第五十二巻　史伝部四』）によれば、西京会昌寺の沙門会賾と内侍掌扇の張行弘らを五台山巡礼に派遣している。また、勅命により会賾に寺塔や文殊故像の修復を命じていたり、会賾に親しく目睹した瑞祥を報告させたりしている。『古清涼伝』には、「文殊宝化」が都でも知られ、仏道を大いに宣揚したとある。会賾はその報告をもとにして、龍朔年中（六六一～六六三年）に『清涼山略伝』を著している。『清涼山略伝』は、五台山巡礼を果たした円仁によって将来されている。

則天武后が台頂にさまざまな鉄塔を建たことは、円仁の『入唐求法巡礼行記』にも記されている（後述）。このような武后の強力な後押しによって五台山巡礼の風潮が醸成されていったのである。

文殊菩薩信仰を中国社会に浸透させる上で多大なる影響を及ぼしたのは、密教の広宣に功績を遺した不空三蔵（七〇五～七七四年）である。密教経典の翻訳をした人物であり、文殊菩薩信仰を定着させ発展させるのに貢献した僧である。向井隆健「不空三蔵の文殊菩薩信仰」には、五台山を中心とする不空の文殊菩薩信仰に関して記している。

不空の弟子は、「金閣の含光・新羅の恵超・青龍の恵果・崇福の恵朗・保寿の元皎、覚超(28)」である。青龍寺の恵果が弘法大師空海の師であることからも、不空三蔵が中国仏教界においていかに重要な人物であるか、さらには中国仏教界に齎した影響力がいかに大きいかを理解することができる。不空三蔵が文殊菩薩信仰に力を注いだ時期は、代宗（七六二〜七七九年・唐朝第十一代皇帝・玄宗の孫）の時代である。

向井は、不空三蔵『表制集』にみえる文殊菩薩に関連する表制を分析している。『表制集』とは不空の弟子であった円照（七一九〜八〇〇年）によって集められ編纂された六巻構成の書で、その中には、不空から皇帝に上奏した「表」、不空の奏状に皇帝が応えた「制」などが収載されている。『大正新脩大蔵経第五十二巻　史伝部四』（大蔵出版、一九九〇年十二月、八二六〜八六〇頁）にも収められているが、石山寺に伝来した唐代の写本が重要文化財に指定されている。

向井はそこで「文殊菩薩」に関する項目として二十四文を挙げている。向井の指摘によれば、「不空三蔵が六十二歳のときのものを最初として17文ほどあり、不空滅後のものが7つほどある」[29]という。没後の表制は弟子の円照が『表制集』を編纂するまでの間に補完されたものであろうか。これら二十四の表制に基づいて、中国での文殊信仰の普及が図られることになった。具体例を挙げるならば、「天下寺食堂中置文殊上座制一首」（『表制集』巻二）によって、五台山に諸寺ばかりでなく、全国の寺院中の食堂内には賓頭盧尊者の上座に文殊菩薩が置かれるようになった。向井の指摘によると不空三蔵の晩年における一大事業として金閣寺の建立と文殊菩薩院、また全国の寺院への食堂への文殊菩薩像の安置を挙げている。このために「文殊信仰が全国的規模となった」[30]のである。

不空三蔵の発願により「五台山には、清涼寺、華厳寺、金閣寺、玉華寺、法華寺などの五寺が中心となって、国家的道場」[31]が形成された。大暦二（七六七）年三月二十六日付「台山の五寺が人を度し、僧に抽くを請う制」に関して向井は、以下のように指摘する。

伽藍を精建するということは百神が来帰するのであり、霊蹤が盛んとなり人もまたそれに従うとし、一日六時に礼讃や梵声の響きをもたらし、僧徒による経行や教化がなされているが、その数がまだ少ないので山中の行人・童子・精苦する者など寺別に十四人を得度させ、また諸州の道行僧七人を居住させ、毎寺二十一人を置いて国のために仏道修行をさせてもらいたい旨を述べている。[32]

五台山の発展にともない僧侶が足りなくなり、そのために寺院の機能をどう維持するかが問題になったのである。人員確保のために「山中の行人・童子・精苦する者」たちを得度させたという点に注目したい。謡曲『石橋』の前シテが童子或いは老樵として登場することを想起させる。

以上のように中国密教が形成されてゆくなかで、不空三蔵が五台山文殊菩薩信仰を整備し、中国全土へ文殊菩薩信仰を普及させた。不空三蔵の建議によって始まった食堂への文殊菩薩像の安置の習わしは、次節に述べるように最澄によって比叡山にも導入されることとなった。

図５　五台山　殊像寺大文殊殿（著者撮影）

第四節　五台山文殊信仰の日本への伝来と円仁の役割

入唐八家(33)の一人、円仁（慈覚大師、七九四～八六四年）は、承和五（八三八）年六月十三日に乗船し、二十二日に博多湾を出航して、在唐九年間のその間に五台山を巡礼した。十三日の遣唐使一行の乗船の日より『入唐求法巡礼行記』を記している。承和五年七月二日は、唐では開成四年に八日間の渡海により、唐に上陸をした。

承和七（開成五）年四月二十八日、円仁は停点普通院に至っている。五台山の中台を始めて望見し、地に伏して礼拝し、その感激を記している。

此即文殊師利境地。五頂之円高、不見樹木。狀如覆銅盆。望遙之会、不覚流涙。樹木異花、不同別処。奇境特深。此即清涼山金色世界。文殊師利現在利化。便入停点普通院、礼拝文殊師利菩薩像(34)。

文殊菩薩の住処清涼山が金色世界であることは『大方広仏華厳経』に記されている。この清涼山は、文殊菩薩が教え導く地だと円仁は記している。

五月十六日に円仁は大華厳寺で法賢座主が『摩訶止観』を講ずるのを聞き、涅槃道場では仏の涅槃像を礼拝している。般若院では大鞋和尚の像を拝し、和尚が五台山を巡礼すること五十回、滞在三年目にして文殊の加護を受け、大鞋《わらじ》を受けた話を聞く。この日の記事の終わりに、円仁は清涼山の感想を次のように記している。

此清涼山、五月之夜極寒。尋常着綿襖子。嶺上谷裏、樹木端長、無一曲戾之木。入大聖境地之時、見極賤之人亦不敢作軽蔑之心。若逢驢畜、亦起疑心。恐是文殊化現歟。挙目所見皆起文殊所化之想。聖霊之地、使人自然対境、起崇重之心也。(35)

『広清涼伝』には、聖地清涼山で、文殊菩薩が異僧となり、老人となり、隠者となり、童子となり、乞食となり、婦女となって化現する話を多く載せる。

五月十七日、円仁は五台山文殊信仰の中心をなしていた薩堂院を参拝し、文殊菩薩の尊像を拝んでいる。菩薩院は、真容菩薩院、真容院ともいう。

開堂礼拝大聖文殊菩薩像。容貌顒然、端厳無比。騎師子像、満五間殿在。其師子精霊、生骨儼然、有動歩之勢。口生潤気、良久視之、恰似運動矣。(36)

円仁は、文殊菩薩の容貌が端正厳格で他に比類がないと記している。獅子についても魂が入っていて、今にも動き出すような勢いであると克明に観察している。円仁は、薩堂院の長老からこの文殊像が造られた謂れも書き記している。六遍鋳造したがそのたびに像が崩れ裂けてしまった。そこで仏師は、文殊菩薩に真の姿を現してくださるように発願した。しばらくすると文殊菩薩が金色の師子に騎ってその人の前に現れ、しばらくして五色の雲に乗り空に飛び去った。仏師は菩薩の真の姿を拝して、感喜感泣し、その姿のままに像を造った。今度はすべて思った通りにうまくいったという。『入唐求法巡礼行記』には、ある人とあるが、『広清涼伝』によれば、景雲年間（七一〇～七一二年）、僧法雲の発心により、安生が塑像したものだという。

後年、成尋も真容菩薩院を参拝し、「先文殊閣四重荘厳、堂内七宝供具不可記尽」（熙寧五年十一月二十九日条）と、文殊閣が四重で荘厳であり、堂内の七宝の供具が文字で記し尽くすことができなほど美しいと記している。唐代には廃仏もあったが、北宋の時代には復興し再び盛大になっていたことが分かる。

五月二十日、円仁は五台山の巡礼を始めている。まず中台を巡礼し、その途中で武則天が五台山の鎮めとして建てた鉄塔や、その北の四間の堂に安置されている文殊菩薩を参拝してから台頂に到り、龍池を参拝している。池の中心には龍堂があり文殊菩薩が祀られていた。続いて西台に登ったが、台頂の様子は中台と変わらなかった。西台の西の坂から五、六里下りると、文殊菩薩と維摩居士が対談したという場所があった。

従台西下坂、行五六里、近谷有文殊与維摩対談処。両箇大巌、相対高起。一南一北、高各三丈許。巌上皆平、皆有大石座。相伝云、文殊師利菩薩共維摩相見対談之処。其両座中間於下石上、有師子蹄跡。踏入石面、深一寸許。巌前有六間楼、面向東造。南頭置文殊像、騎双師子。東頭置維摩像、坐四角座。老人之貌、頂発双結、幞色素白而向前覆、如戴蓮荷(37)。

二つの大きな石座があり、そこで文殊菩薩と維摩とが対座したという。その間の石の上には獅子の蹄があった。二つの石座の前には六間の楼があって、二頭の獅子に騎った文殊菩薩と維摩居士が安置されていることを円仁は記している。

五月二十三日、円仁は金剛窟を参拝している。

西国有僧仏陀波利空手来到山門、文殊現老人身、不許入山。更教往西国取仏頂尊勝陀羅尼経。其僧却到西天、取経来到此山。文殊接引、同入此窟。波利纔入、窟門自合。於今不開。[38]

文殊菩薩が老人に化現して、北インド出身の僧仏陀波利の入山を許さず、帰国して『仏頂尊勝陀羅尼経』を持ち帰ることを求めた。仏陀波利が戻ると、文殊は迎えてともに金剛窟に入った。すると門がたちま閉じて今に至るまで開かないという伝説を書き留めている。また、この日の記事で、円仁は披見した『嵐記』を引き、「香山摩利大仙造三千種七宝楽器」、「兜率天王造鐘」「銀箜篌」「星宿劫第二仏」「全身宝塔」「振旦国銀紙金書及百億四天下文字」を文殊菩薩が将来して金剛窟に収めたという伝説も書き取っている。この『窟記』は、『入新求聖教目録』に載せる「五台山金剛嵐収五功徳記一巻」である。

円仁は、五台山関係の文書を将来している。『慈覚大師在唐送新録』や『入唐新求聖教目録』によると、それらは文書は、「五台山金剛嵐収五功徳記一巻」と併せて六種になる。

清涼山略伝一巻大華厳寺記
五台山金剛嵐収五功徳記一巻
大唐代州五台山大華厳寺比丘貞素習天台智者大師教迹等目録一巻
五台山大聖竹林寺釈法照得見台山境界記一巻
沙門道超久処台山得生弥勒内宮紀一巻
五台山大暦霊境寺碑文一巻[39]

目録に載せられていないが、この他にも、同行していた頭陀僧義円から「五台山化現図」を贈られている（七月十八日条）。円仁は、「五台山土石廿丸土石各十丸」も持ち帰っている。

右件教迹等、於大唐代州五台山大華厳寺経夏写得謹具録如前然土石等者是大聖文殊師利菩薩住処之物円仁等因巡礼五頂取得縁是聖地之物列之於経教之後願令見聞随喜者同結縁皆為大聖文殊師利眷属也(40)

見聞した者が「聖地之物」に結縁して「文殊師利」の眷属となることを願うためだと記している。円仁が礼拝した文殊菩薩は、獅子に騎乗するものであったが、その眷属については記していない。北進一「円仁、五台山文殊を見聞す——五台山文殊像の成立をめぐって——」においては、「胡人型」馭者と供養童子とが眷属であったと推測している。

今までの考察の通り、円仁は大華厳寺の菩薩堂院など五台山の各所で「胡人型」馭者と供養童子を伴った騎獅文殊三尊像を見たと思われるが、会昌廃仏後の五台山復興期に騎獅文殊三尊の「胡人型」馭者と供養童子に『華厳経』に基づいた優塡王と善財童子の名が与えられ、それに合わせて『仏頂尊勝陀羅尼経』と五台山に縁の深い仏陀波利と大聖老人を加えた騎獅文殊五尊像が形成されたと推定したい(41)。

円仁が、五台山の文殊信仰をどのように理解していたかは、『入唐求法巡礼行記』開成五（八四〇）年七月二日条から知ることができる。

入此山者、自然起得平等之心。山中設斎。不論僧俗男女大小、平等供養。不看其尊卑大小。於彼皆生文殊之想。昔者大華厳寺設大斎、凡俗男女乞丐寒窮者、尽来受供。(42)

五台山では身分や性別に関係なくすべての人間が平等に扱われていたのだ。五台山に詣でた人々には、皆施しが与えられていた。その起源となった物語について円仁は以下のように記している。

ある身籠った女が食の施しを受け、食べた後で胎児の分も要求したが、施主は、与えなかった。

於乞丐中有一孕女、懐妊在座。備受自分飯食訖、更索胎中孩子之分。施主罵之不与。其孕女再三云、「我胎中児、雖未産生而亦是人数。何不与飯食。」施主曰「你愚癡也。肚裏児雖是一数、而不出来。索得飯食時、与誰吃乎。」女人対曰、「我肚裏児不得飯。即我亦不合得喫(43)」。

その女が外へ出るとたちまち化現し、文殊菩薩となった様子を円仁は以下のように記している。

便起出食堂、纔出堂門、変作文殊師利、放光照耀、満堂赫奕。皓玉之貌、騎金毛師子、万菩薩囲遶騰空而去。一会之衆、数千之人、一時走出、茫然不覚倒地、挙声懺謝、悲泣雨涙。一時称唱大聖文殊師利。訖於声竭喉涸、終不蒙回顧。仿仏而不見矣。大会之衆、餐食不味。各自発願、従今以後、送供設斎、不論僧俗男女大小尊卑貧富、皆平等供養。山中風法、因斯置平等之式。[44]

円仁の『入唐求法巡礼行記』は後代の僧侶たちの五台山巡礼の手引き書となり、日本に五台山信仰を浸透させることに大きな貢献を果たしたといえる。

唐から帰朝した円仁は、比叡山に文殊楼建立を上奏している。荒木計子「奝然将来〝五台山文殊〟と「延暦寺文殊楼」及び「文殊会」」によれば、「帰国した円仁は貞観二（八六〇）年、上奏して文殊楼の造営を始め、翌三年六月七日には文殊像を造立したが、文殊楼がまだ完成しない貞観六（八六四）年一月十四日に没した。意志は弟子承雲に継がれ[45]」たとある。

円仁の建立した文殊楼の本尊について荒木は、騎獅文殊像でなく文殊座像であると指摘している。

五台山の化現騎獅文殊ではなく、文殊坐像であることに注目し、護国鎮護の〝八字文殊法〟の修法を目的とする以上、〝文殊楼〟の主尊は〝正体文殊坐像〟である点を確認したい。[46]

円仁の提案によって作られた文殊楼は焼失してしまい、天延三（九七五）年慈恵大師良源によって虚空蔵峰に移築され、円仁将来の意義は次第に薄れていったことを荒木は指摘している。

『石橋』に登場する寂照も入宋する前に、良源によって移築された比叡山の文殊楼にて五台山への憧憬を抱いたのかもしれない。文殊菩薩信仰が平安時代叡山において重要な位置を占めていたことは明らかである。

五台山信仰を日本にもたらす役割を果たした慈覚大師円仁と五台山の関係を伝えている『今昔物語集』巻第十

一「□帰来語第十二」には、『入唐求法巡礼行記』を記した慈覚大師（円仁）が、師事した最澄（伝教大師・？〜八二二年）亡き後に入唐求法を果たし、会昌の仏教大弾圧に遭い危難に陥りながらも不動明王の霊験によって窮地を脱する物語である。

而ル間、伝教大師失給ヒヌレバ、心ニ思ハク、「我レ、唐ニ渡テ顕蜜ノ法ヲ習ヒ極メム」ト思テ、承和二年ト云フ年、唐ニ渡ヌ。天台山ニ登リ、五台山ニ参リ、所々ニ遊行シテ聖跡ヲ礼シ、仏法流布ノ所ニ行テハ是ヲ習フ間、恵正天子ト云フ天皇ノ代ニ、此ノ天皇、仏法ヲ亡ス宣旨ヲ下シテ、寺塔ヲ破リ壊テ正教ヲ焼キ失ヒ、法師ヲ捕テ令還俗ム。使四方ニ相ヒ分レテ亡。(47)

『入唐求法巡礼行記』によれば、円仁は開成五（承和七・八三八）年五月に五台山に到着し、中台・西台・北台・東台・南台を巡礼し、七月に離山した。

文殊菩薩の聖地五台山を巡礼して、直接菩薩の尊像を礼拝し、文殊の霊験を肌身を通して感じ取って帰国した円仁が日本における五台山文殊信仰の流布に大きな役割を果たした役割がいかに大きかったかは、以上で検討したところでも明らかであろう。

結

本章では、『石橋』の物語世界の舞台となっている清涼山について考察した。中国に仏教が伝来され、文殊菩薩の住処が山西省の五台山に擬定された。五台山は、神仙道の霊場、聖域として既に信仰されていたが、中国での仏教信仰の浸透とともに『華厳経』の道場に先ずなった。『華厳経』の教説と結びつきながら、文殊菩薩信仰が形成されていった。唐代になると、不空三蔵による文殊信仰の宣揚など、文殊菩薩信仰を促進するに大きな力を持った。文殊菩薩信仰が盛んになった時期に五台山を参拝したのが円仁である。円仁は文殊の聖地としての五台山の霊験を肌身をもって体験してきた。円仁が礼拝した文殊が馭者と供養童子を伴った騎獅文殊三尊像と推測されることも大きな意味を持つ。円仁の齎した五台山文書も含めて、円仁の働きによって日本に五台山の騎獅文殊菩薩の信仰が導入されてゆくのである。

註

（1）『石橋』小山弘志・佐藤健一郎校注訳『謡曲集②』（新編日本古典文学全集五十九）小学館、一九九八年一月、五八四頁。

（2）『魏書』巻一一四「釈老志」（『魏書』中華書局、一九七四年一月、三〇二五～三〇二六頁。
哀帝の元寿元〔紀元前二〕年に、博士弟子秦景憲が大月氏の使者伊存が仏教を口授するのを受けた。〔始めて〕中国の人が仏教を聞いたのではあるが、未だ之を信ずるまでにはならなかった。その後、〔後漢の〕孝明帝が、夢に金人が頂（項）に白（日）光を有し、空を飛んで殿庭に来たのを見た。帝はこれを群臣にたずねた。伝毅が始めて仏であることを伝えた。帝は郎中祭愔、博士弟子秦景等を天竺に派遣して、仏の遺した教を書写させた。祭愔はさらに沙門の摂摩騰・竺法蘭とともに東して洛陽に還った。中国に沙門及び跪いて仏をおがむ法があるようになったのは、ここに始まるのである。祭愔はまた仏教十二章及び釈迦立像を得てきた。明帝は画工に仏像を図せしめて、清涼台及び顕節陵上におき、経は蘭台石室に緘蔵した。祭愔の還るとき、白馬に経を背負わせて漢に帰来したので、それにちなんで白馬寺を洛陽城の雍関の西に立てた。摩騰や法蘭みなこの寺で卒した。塚

本善隆訳注『魏書釈老志』（東洋文庫五一五）平凡社、一九九〇年二月、九八～一〇三頁。

（3）鎌田茂雄『中国仏教史』「第一巻　初伝期の仏教」東京大学出版会、一九八二年一月、七七～一三九頁。

（4）道端良秀、「中国仏教と文殊信仰」仏教史学編『仏教の歴史と文化』同朋舎出版、一九八〇年十二月、一八五頁。

（5）周叔迦・蘇晋仁校注『法苑珠林校注』中華書局、二〇〇三年十二月、四七二頁。

宋の元嘉二（四二五）年、劉式之が黄金の文殊像を造り、朝夕礼拝していたがしばらくしていなくなってしまった。残念に思いながらもお祈りをして、朝夕怠ることなく五年が過ぎた。ある夕方、仏座に光が見えて座を立って梁にまで至った。作法通りに香を焚いて床を清めた。するといなくなった仏像が現れて厳かにそこにいらした。

（6）（唐）道宣撰『続高僧伝』巻第六（高楠順次郎他編『大正新脩大蔵経　第五十巻　史伝部二』）大蔵出版、一九六〇年七月、四七〇頁。

釈曇鸞。或いは曇巒とも。その氏を明らかにしない。生まれた家は五台山の近くにあった。五台山の神跡の怪異なことを聞き知って信じていたが、その時にはまだ学問に志していなかった。そこで五台山を訪ね親しく遺跡を見るに及んで、深く心に感じて出家した。内典外典の経典の字義を検討し、四論仏性を講究し、大集経を読んだが、その詞義が深くて難しく開悟しかったのを遺憾としてある経典の注釈を始めた。

（7）日比野丈夫・小野勝年『五台山』（東洋文庫五九三）平凡社、一九九五年九月、六一～六九頁。

（8）（唐）恵祥撰『古清涼伝　巻上』（高楠順次郎他編『大正新脩大蔵経　第五十一巻　史伝部三』）大蔵出版、一九九〇年十一月、一〇九二～一一〇〇頁。

（9）（唐）法蔵撰述『華厳経伝記』（高楠順次郎他編『大正新脩大蔵経　第五十一巻　史伝部三』）大蔵出版、一九九〇年十一月、一五七頁。

華厳論一百巻は、後魏の僧霊弁が造ったものである。霊弁法師は法師大原晋陽の人である。昔から妙因を植え、長いこと善行の種を植えて来た。幼年のうちに出家した。いつも大乗経を読んでいて、菩薩行を心に留めていた。『華厳』を見て、玩味熟読した。この経を頂載して清涼山清涼寺に入った。文殊師利菩薩の哀護摂受を求め、この経の意味を解釈しようとした。そこで入山し難行をすること一年、足破れ血が流れて、肉が尽き骨が現れるまでになった。…ある人が言うには難行を止めてこの経を思索しなさい。そこで巻を開いたところ、豁然として悟るところがあった。時は後魏の熙平元年歳次正月に起筆し、清涼寺において敬しく華厳経論を造り、義を演べ文を釈するのに微を究め、奥義を洞察した。…弟子霊源とともに時間を惜しみ、寝食槃忘れて論の製作を進め、神亀三年九月に至りその功を畢え、略経広論凡て一百巻、首尾五年にして十帙を成就した

(10)（唐）恵祥撰『古清涼伝』巻上（高楠順次郎他編『大正新脩大蔵経　第五十一巻　史伝部三』）大蔵出版、一九九〇年十一月、一〇九四頁。

先ず育王古塔がある。北斉の最初の年に第三王子がここに文殊師利を探し求めたがついに拝むことができなかった。そこで自ら焼身し供養した。その王子に宦官の劉謙之がいて、宦官であることを慨いていた。王子の焼身のことに感じ入り、ついに入山し修行することを願い出た。勅許が降り、この地で華厳経を読誦し、二十一日間修行した。文殊師利を見ることを祈って、ついに仏の加護を得ることができた。

(11)『塚本善隆著作集第二巻 北朝仏教史研究』大東出版社、一九七四年十月、二七五頁。

(12)頼富本宏「五台山文殊信仰」『密教学研究』第十八号、一九八六年三月、九九頁。

(13)（唐）実叉難陀『大方広仏華厳経』（十一）「菩薩十住品」（『大正新脩大蔵経　第十巻　華厳部下』）大蔵出版、一九八八年四月、四四四頁。

東北方に菩薩の住処あり。清涼山と名づく。過去の諸菩薩、常に中に住せり。後に現に菩薩あり。文殊師利と名づく。一万の菩薩眷属あり。常にこの為に説法す。

(14)頼富本宏、前掲論文、九九頁。

『華厳経』の段階では、文殊菩薩の聖地は清涼山であって、それが現実の五台山と結びつくにはまだ不十分な段階にあったと考えてよかろう。――両者の関連をより密接なものとしたのが、唐代の菩提流志訳の『文殊師利宝蔵陀羅尼経』である。

「この段階（『華厳経』）では、文殊がインドの東北清涼山に住んでいるということで、まだ、中国の五台山（清涼山）とは結びつけられていない。その後の『文殊師利法蔵陀羅尼経』になると（中略）中国の五頂に文殊が住んでいることになっている。」米山孝子「行基説話伝承考」『密教文化』第一六八号、一九九〇年一月、一二頁。

(15)（唐）唐菩提流志訳『文殊師利宝蔵陀羅尼経』（高楠順次郎他編『大正新脩大蔵経　第二十巻　密教部三』）大蔵出版、一九六五年十二月、七九八頁。
「汝時世尊復告金剛密迹主菩薩言。我滅度後於此贍部洲東北方。有国名大振那。其国中有山号曰五頂。文殊師利童子遊行居住。為諸衆生於中説法」。
(16) 頼富本宏、前掲論文、九九頁。
(17) 吉田靖雄『日本古代の菩薩と民衆』吉川弘文堂、一九八八年七月、二二七頁。
(18) 頼富本宏、前掲論文、一〇二頁。
(19) 崔福姫「『古清涼伝』から『広清涼伝』への文殊信仰の変遷――文殊概念を中心に――」『印度学仏教学研究』第五十二号第一号、二〇〇三年十二月、一九三頁。
(20) 崔福姫、前掲論文、一九三〜一九四頁。
(21) 崔福姫、前掲論文、一九四頁。
(22)「爾時世尊復告金剛密迹主菩薩言。我滅度後於此贍部洲東北方。有国名大振那。其国中有山号曰五頂。文殊師利童子遊行居住。為諸衆生於中説法。」『文殊師利宝蔵陀羅尼経』（高楠順次郎他編『大正新脩大蔵経　第二十巻　密教部三』大正新脩大蔵経刊行会、一九六五年十二月、七九八頁）、五台山が文殊菩薩の止住の地と理解されていったことは、（唐）恵祥撰『古清涼伝』「立名標化一」の「華厳経菩薩住処品云。東北方。有菩薩住処。名清涼山。過去有菩薩。常於中住。彼現有菩薩。名文殊師利。有一万菩薩。常為説法。余毎覽此土名山。雖嵩岱作鎮。蓬瀛仙窟。皆編俗典。事止域中。未有出於金口。伝之宝蔵。宅万聖而敷化。自五印而飛声。方将此跡。美曜霊山。利周賢劫。豈常篇之所紀。同年而語哉。今山上有清涼寺。下有五台県清涼府。此実当可為亀鑑矣。一名五台山。」の記述（『大正新脩大蔵経　第五十一巻　史伝部三』大正新脩大蔵経刊行会、一九七三年四月、一〇九二頁）からも分かる。
(23)（唐）菩提流志訳『文殊師利宝蔵陀羅尼経』（高楠順次郎他編『大正新脩大蔵経第二十巻　密教部三』）前掲書、七九一頁。
(24)『文殊師利宝蔵陀羅尼経』及び『大方広仏華厳経疏』によって、五台山が文殊菩薩の道場になったことは、崔正森『五台山仏教史（上）』（山西人民出版社、二〇〇〇年七月、五一〜五二頁）にも説かれている。

(25) 吉田靖雄、前掲書、二二六頁。
『華厳経』における文殊師利は、きわめて重要な役を担っている。『旧華厳経』でいえば、総じて三四品七処八会のうち、文殊師利は第三如来名号品より第八賢首菩薩品に至る八品中において、説法者としてまた諸菩薩に対する質問者として大いに活躍する。この八品は第二回として、中天竺摩竭提国の菩薩樹下寂滅道場よりほど遠からぬ普光法堂および逝多林（祇園精舎）の集会において行われるこの最終の第八逝多林会は第三四入法界品であり、ここで文殊師利は人界に遊化して、舎利弗等の六〇〇〇の比丘を接して無礙の法門に入らしめ、また諸々の竜王を接して不退転に至らしめる役を担っている」。
(26) 道端良秀、前掲論文、一八九頁。
(27) （唐）恵祥撰『古清涼伝　巻上』（『大正新脩大蔵経第五十一巻　史伝部三』）大蔵出版、一九七三年、一〇九二～一〇九三頁。
華厳経菩薩住処品には、東北の方角に菩薩の御座所があり名を清涼山というとある。過去に菩薩がいて、常にその中に住んでいた。彼は現れることのある菩薩である。名を文殊師利という。一万の菩薩がいて常に説法をしておられる。（中略）今も山上に清涼寺があり、麓に五台県清涼府がある。これは真に鑑とすべきことだ。またの名は五台山という。五峰が高く聳えていて、頂上には全く樹木は生えておらず、土を積み重ねたようになっている。だから台というのである。
(28) 向井隆健「不空三蔵の文殊菩薩信仰」『大正大学研究紀要』第七十号、一九八五年二月、一四七頁。
(29) 向井隆健、前掲論文、一四九頁。
(30) 向井隆健、前掲論文、一五〇頁。
(31) 向井隆健、前掲論文、一五一頁。
(32) 向井隆健、前掲論文、一五一～一五二頁。
原文は、久曽神昇編『不空三蔵表制集　他二種』汲古書院、一九九三年五月、六〇～六二頁。
(33) 入唐八家とは、最澄・空海・常暁・円行・円仁・恵運・円仁・宗叡の以上八名の入唐僧を総称する。
(34) 白化文・李鼎霞・許徳楠校注『入唐求法巡礼行記校注』花山文芸出版社、二〇〇七年十一月、二六一頁。
この地こそ文殊菩薩のいっらしゃるところである。五台は丸く高くなっており、その形は銅の盆を逆さまにしたようである。遥かに望んでいると、覚えず涙が流れてくる。樹木や珍しい花は他の所と違う。特別な地であると深く感じ入った。ここは清涼山の金色世界で、文殊菩薩が姿を現したところである。停点普通院の中に入って文殊菩薩の像を礼拝した。

足立喜八訳注・塩入良道補注『入唐求法巡礼行記一』(東洋文庫一五七)平凡社、一九七〇年二月、三三〇頁。

(35) 白化文・李鼎霞・許徳楠校注『入唐求法巡礼行記校注』前掲書、二七〇頁。

この清涼山は五月の夜でもとても寒く、人々は普段綿入りの上着を着ている。嶺の上も谷にも樹木は長く伸びて一本もねじ曲がった樹はない。大聖文殊菩薩の聖地に入ると、極めて賎しげな人を見ても決して蔑む心にはならない。もし驢馬に逢っても恐らく文殊菩薩の化身ではないかと疑いの心を起こすという。文殊菩薩の聖霊の地では、人は自ずとこの聖地に崇め重んずる心を起こさせるのである。

円仁・足立喜八訳注・塩入良道補注『入唐求法巡礼行記一』前掲書、三〇九頁。

(36) 白化文・李鼎霞・許徳楠校注『入唐求法巡礼行記校注』前掲書、二七五頁。

「堂を開き、大聖文殊菩薩を礼拝した。文殊菩薩は厳正な姿で端正なこと比類ない。獅子はたましいがこもって、たくましく生動のおもむきがあっていかめしい。まるで足を動かしているような勢いがあって、口には潤いがあり、しばらく見ていると、本当に動いているように見える。」

足立喜八訳注・塩入良道補注『入唐求法巡礼行記二』(東洋文庫四四二)平凡社、一九八五年二月、九頁。

(37) 白化文・李鼎霞・許徳楠校注『入唐求法巡礼行記校注』前掲書、二八二頁。

西の坂から下って五六里を行くと、谷の近くに文殊菩薩と維摩居士が対談した所がある。二つの大きな岩が向き合って高く立っており、一つは南、一つは北、高さはそれぞれ三丈ばかりで、岩の上はいずれも平らになっており、大きな石の座がある。伝えて言うには、文殊師利菩薩と維摩が対談した所だと。その両座の間の下、石の上に獅子の蹄の跡があり、石に深さ一寸ばかり踏み入れたのが見える。岩の前に六間の楼があり、東に向けて建てられている。南の端に文殊菩薩の像が置かれ、二頭の獅子に騎っている。東の端には維摩の像が置かれていて、四角の説法の座に坐っている。維摩老人の容貌は、頭髪を二つに並べて結び、頭巾は白く、前に被せられていて、蓮の葉を載せたようである。

足立喜八訳注・塩入良道補注『入唐求法巡礼行記二』前掲書、三三頁。

(38) 白化文・李鼎霞・許徳楠校注『入唐求法巡礼行記校注』前掲書、二八七頁。
西国の仏陀波利が何も持たずに山門に着くと、文殊が老人の姿で現われ、山に入ることを許さなかった。その上、老人は西の国に行って仏頂尊勝陀羅尼経を取ってこさせた。その僧は西国に帰って、経を持ってまたこの山に着いた。文殊が導いて、ともにこの岩屋に入った。仏陀波利が入るとすぐに門が自然と閉じ、今に到るまで開かない。

(39) 南条文雄他編『大日本仏教全書第二巻　仏教書籍目録』仏書刊行会、一九一四年一月、五四・七〇・七三頁。
足立喜八訳注・塩入良道補注『入唐求法巡礼行記二』前掲書、三九頁。

(40) 南条文雄他編、前掲書、七三頁。
右の教典は、大唐代州五台山華厳寺で夏の間、書写したものである。謹んで記すことは前と同じである。ところで土石などは、大聖文殊師利菩薩の住まわれているところのものである。円仁が五台山の五頂を巡礼したので得ることができたものである。聖地のものなのでこれも併せて挙げる。喜びの心で見聞きする者がともに結縁し、皆が大聖文殊師利の弟子となることを願うものである。

(41) 北進一「円仁、五台山文殊を見聞す――五台山文殊像の成立をめぐって――」『和光大学表現学部紀要』第六号、二〇〇五年六月、五〇頁。

(42) 白化文・李鼎霞・許徳楠校注『入唐求法巡礼行記校注』前掲書、二九六頁。「此の山に入る者は自然に平等の心を起こすを得るなり。山中斉を設くるは、僧俗、男女、大小を論ぜず平等供養して、其の尊卑、大小を看ず。彼に於いては皆文殊の想を生ず。昔者大厳寺は大斉を設け、凡俗、男女、乞匃（乞食人）、寒窮（困窮）の者、尽く来たって供を受く」。
足立喜八訳注、塩入良道補注『入唐求法巡礼行記二』前掲書、六六頁。

(43) 白化文・李鼎霞・許徳楠校注『入唐求法巡礼行記校注』前掲書、二九六頁。「乞匃中に一孕女の懐妊せるあり、座にありて備さに自分の飯を受け、食し訖って更に胎中の姟子の分を索む。施主之を罵って与えず。其の孕女は再三云う、「我が胎中の児は未だ産生せずと雖も、而も且是人の数なり。何ぞ飯食を与えざるや」と。施主曰わく、「你は愚癡なり。胎裏の児は是一数なりと雖も而も出で来たらず。飯食を索め得たる時、誰に与えて喫わしむるか」。女人対えて曰わく、「我が胎裏の児、飯を得ざれば即ち我も且喫らうこと得るに合わず」。

足立喜八訳注・塩入良道補注『入唐求法巡礼行記二』前掲書、一九八五年二月、六六～六七頁。

(44) 白化文・李鼎霞・許徳楠校注『入唐求法巡礼行記校注』前掲書、二九六～二九七頁。「便ち起って食堂を出ず。纔かに堂門を出ずるや変じて文殊師利と作り、光を放って照曜し、満堂赫奕たり。皓玉（白玉石）の貌、金毛師子に騎り、万の菩薩周遶し、空に騰って去る。一会の衆、数千の人、一時に走り出で忙然として覚えず地に倒れ、声を挙げて懺謝す。悲泣して涙を雨らし、一時に大聖文殊師利を称唱す。―中略―今より已後、供（養食）を送って斉を設けるとき、僧俗、男女、大小、尊卑、貧富を論ぜず、皆須らく平等に供養すべし、と。」

足立喜八訳注・塩入良道補注『入唐求法巡礼行記二』前掲書、六七頁。

(45) 荒木計子「奝然将来〝五台山文殊〟と「延暦寺文殊楼」及び「文殊会」」（昭和女子大学近代文化研究所『学苑』第六七四号）一九九六年三月号、七一頁。比叡山へ文殊楼建立を意図した経緯については「慈覚大師伝」（佐伯有清『慈覚大師伝の研究』吉川弘文館、一九八六年五月が詳細な校合を行なっている）文殊楼建立の上奏に関する勅許については「太政官符」『類聚三代格』巻二によると文殊楼の建立目的は、「聖朝を誓護し、国家を鎮護して万人に利益」とされている。鎮護護国を目的としたものは、「八字文殊法」となり、本尊は「八字文殊」となる。

(46) 荒木計子、前掲論文、七二頁。

(47) 馬渕和夫・国東文麿・稲垣泰一校注・訳『今昔物語集①』前掲書、七四頁。

第三章　日本への五台山文殊菩薩信仰の将来とその流布

序

本章では、日本における文殊菩薩信仰の系譜を説話と史実から検討してゆくなかで、室町時代に成立した謡曲『石橋』の背景となる文殊菩薩信仰が如何なる歴史を持ち、その内実は如何なるものであったのかを考察する。重い習い物のひとつである謡曲『石橋』は、五台山文殊信仰を背景とした作品である。

日本では、いつの頃からか「三大文殊」という言葉が使われるようになった。第一霊場は、奈良県桜井市安倍文殊院の「安倍文殊」、第二霊場として京都天橋立知恩寺の「切戸文殊」、第三霊場が山形県大聖寺の「亀岡文殊」である。この他にも三大文殊と称する寺(1)がいくつかある。鎌倉時代になると、文殊菩薩の造像が多くなるが、文殊霊場の形成と関わりがあるといえよう。切戸文殊は、能『九世戸』に、「橋立の文殊」として描かれ、申し子を授ける霊験が描かれている。景勝地の天橋立にあるだけに足利義満など訪れる人が多く、都に近いだけに文殊の霊験は広く伝わっていたことだろう。

道端良秀「中国仏教と文殊信仰」によると日本における文殊信仰は、まことに古いとする。日本における文殊

図1　安倍文珠院（奈良県、著者撮影）

菩薩の淵源として「現世の利益ばかりではなく、全く阿弥陀信仰の浄土往生と同じように、文殊師利の名号の功徳によって、地獄を免れて、浄土に往生することが出来る(2)」と考えられていたことを指摘している。

日本では六六九年に定恵が、父藤原鎌足の菩提を弔うため創建した十三重塔へ、文殊菩薩を祀ったのが最古とする記録もあるが、不確かである(3)。平安時代に入ると『仏説文殊師利般涅槃経(4)』の教説に基づき、貧病者に布施をする「文殊会」という法会が行われるようになり、貴族社会に文殊信仰が広まる。

この時代の文殊信仰に大きな影響を与えたのは、中国における文殊信仰の中心地である五台山への巡礼を果たした入唐・入宋僧の記録である。円仁の重要性については前章で論じた。円仁に続き文殊信仰の宣布に努めたのは、奝然である。五台山に巡礼した渡海僧たちが、五台山の聖地信仰と文殊信仰の広布で大きな役割を果たしたことを本章で検討してゆく。

第一節　文殊菩薩信仰の日本への伝来

円仁が五台山の文殊信仰を日本に伝えたことについては、前章の第四節で検討したとおりであるが、文殊信仰そのものについては、円仁よりも先に日本へ伝えられている。奈良時代には、維摩と文殊の法論の場面を再現した塑像がある（法隆寺五重塔東面塑像）。『華厳経』に基づく文殊信仰は、平安時代になってから日本に伝えられている。釈迦如来と騎獅文殊と騎象普賢の三尊像の古いものでは、兵庫鶴林寺大師堂の三尊像の騎獅文殊と騎象普賢があり、天永三（一一一二）年頃の造立だと考えられている[5]。

平安時代初頭に書かれた日本最古の説話集『日本霊異記』上「三宝を信敬しまつりて現報を得し縁第五」は、大伴屋栖野古が聖徳太子の予言を得て甦り、災いを免れて長寿を得たという話である。その予言の意味するところを編者の景戒は次のように説明している。

図２　醍醐寺「文殊菩薩渡海図」（国宝）（『日本の美術』第314号、至文堂、1992年）

今惟推之、逕之八日、逢二銛鋒一者、当二宗我入鹿之乱一也。八日者八年也。妙徳菩薩者文殊師利菩薩也。令レ服二一玉一者、令レ免レ難之薬也、黄金山者五台山也。東宮者日本国也。還レ宮作レ仏者、勝宝応真聖武大上天皇生二于日本国一、作レ寺作レ仏也。尓時並往行基大徳者文殊師利菩薩反化也。是奇異事矣[6]。

聖武天皇は聖徳太子の再誕であり、その時代に利他行を実践した行基が実は五台山の文殊師利菩薩の化身であったとする物語である。平安時代初頭に五台山の文殊菩薩が日本に知られていたことは明らかである。

そもそも比叡山においては、阿弥陀信仰より古く五台山文殊菩薩信仰があった。叡山に阿弥陀信仰がもたらされたのは平安時代になってからのことである。初期の文殊信仰で大きな役割を果したのは最澄とその弟子たちである。大乗戒についての自らの考えを記した『顕戒論』の中で最澄は、食堂に文殊菩薩を安置することを主張している。

開示大唐文殊為上座新制明拠十六

謹案代宗朝贈司空大弁正広智三蔵和上表制集第二。云。天下寺食堂中。置文殊上座制一首

大聖文殊師利菩薩

右城大徳。特進試鴻臚卿。大興善寺三蔵沙門大広智不空等奏。忝跡緇門。久修梵行。聖典。頗悟玄門。大聖文殊師利菩薩。大乗密教。皆周流演。今鎮在台山。福慈兆庶。伏惟宝応元聖文武皇帝陛下。徳合乾坤。明並日月。無疆之福。康我生人。伏望。自今已後。令天下食堂中。於賓頭盧上。特置文殊師利形像。以為上座。詢諸聖典。具有明文。僧祇如来。尚承訓旨。凡出家者。固合摳衣。普賢観音。猶執払而為侍。声聞縁覚。擁篲而居後。斯乃天竺国皆然。非僧等鄙見。仍請永為恒式（略）

今其上表云。凡出家者。固合摳衣。又云。斯乃天竺国皆然。又云。永為恒式。

其勅制文云。雅合聖典。所請宜依。牒至準勅。天竺三蔵。文殊上座。大唐聖皇。勅答以為永式。此間高徳。未学膚受。豈勝於天竺不空三蔵哉（略）

開示見唐一隅知天下上座明拠十八
僧統奏曰。最澄只在辺州。即便還来。寧知天下諸寺食堂。仏之所説。猶難尽行。
詿誤之事。何為信用。〈已上奏文〉（略）
論曰。最澄向唐。雖不巡天下諸寺食堂。已見一隅。亦得新制。其文云。令天下食堂。置文殊上座。当今所奏
詿誤之事。未見辺州。不忠之詞。若嫌辺州闕学失。何況比蘇自然智也。(7)

最澄がなぜ文殊菩薩の安置を主張したかについて、堀池春峰「南都仏教と文殊信仰」には、「最澄の食堂内に文殊菩薩像を安置する精神も、唐制にならうとはいいながら、この平等の式に準拠したものとみとめられる」と論じている。(8)

これには以下のような前提がある。仏教改革を意図して唐の不空三蔵（七〇五〜七七四年）は皇帝に繰り返し意見具申をした。皇帝に対する僧侶などの奏上を「表」と謂い、表に対する皇帝からの回答を「制」という。文殊信仰の広布も含まれる所謂『表制集』に収められている二十四の表制に則って、五台山文殊信仰はその具体化・形式化が図られることになった。具体例を挙げるならば、この表制に依拠して五台山に金閣寺・玉華寺が造立され、寺院においては食堂に文殊の上座が置かれた。(9) 向井隆健「不空三蔵の文殊菩薩信仰」によると、「五台山文殊信仰を確固たるものにするとともに、全国の寺院に文殊菩薩院を建立して文殊像をこれに安置したり、天下の食堂に文殊菩薩像を安置することになり、文殊信仰が全国規模となった」。(10) この不空三蔵の上表により定められた「食堂には文殊菩薩の上座を安置すべし」という規定は、後に叡山に導入された文殊菩薩信仰に受け継がれていったのである。(11)

図３　比叡山文殊楼（著者撮影）

図４　比叡山の絵馬（著者撮影）

食堂内への文殊菩薩像の安置が叡山に導入されたことは、九世紀以降に盛んになっていく文殊会と何らかの関係があっただろう。文殊会とは、貧民救済を目的として寺院が食の施しをする仏事であるが、食堂に文殊菩薩像が置かれているのは、その施しの精神を日頃涵養するためであろうか。それは、説話に描かれる前述の文殊菩薩の化現とも無関係ではない。両者に共通するのは、仏の慈悲の下での人間が本源的に平等であるとすることへのまなざしである。

石崎達二「奈良朝に於ける五台山信仰を論じ東大寺大仏造顕思想の一端に及ぶ（一）」は、平安朝以後天台山・五台山が霊跡として憧憬され、山岳仏教に影響を及ぼしたことを指摘している。

> 平安朝以後支那の天台山・五台山等が霊跡として我国人に憧憬され、当代の山嶽仏教に甚大の影響を及ぼした事は史上著明な事実であるが、就中五台山は文殊の霊跡として知られ其信仰も篤かつたのであつて、この五台山仏教から叡岳に於ける浄土教が起り後世の浄土教は更にそれから発展したものである事はいふ迄もない。[12]

天台浄土経と五台山仏教との関係については簡単にはいえないが、平安時代中期以降、人々の間で五台山への憧憬が高まっていった。

第二節　五台山文殊信仰と関わる渡海僧たち――円珍・奝然・成尋

第二章で検討した円仁に続いて、五台山巡礼を志したのは、智證大師円珍（八一四～八九一年）である。本節では円仁の後に続く巡礼僧について検討する。

円珍の伝記に基づく『今昔物語集』巻第十一「智證大師旦宋伝顕蜜法帰来語第十二」には、円珍が天台山と五台山巡礼の決心についての描写がある。

我レ宋ニ渡テ、天台山ニ登テ聖跡ヲ礼拝シ、五台山ニ詣テ文殊ニ値遇セム(13)

円珍は、仁寿三（八五三）年八月、宋の商人良暉の船で宋に渡ったことが描かれている。実際に円珍が宋で求法巡礼したのは、天台山国清寺と長安青龍寺である（入唐の記録として『行歴抄』がある）(14)。円珍が渡航した時期は、唐の時代であるが、説話では宋とされている。円珍や円仁など叡山の僧侶たちの間に、五台山は文殊菩薩の化現の地だとする信仰があったことが窺える。円仁『入唐求法巡礼行記』開成五年四月十八日条には、「此即清涼山金色世界。文殊師利現在利化(15)」と記されている。

十一世紀に入り、叡山において源信、寂心（慶滋保胤）等によって浄土教が確立した。この源信から『疑問二十七条』を託されたのが、寂心の弟子にして『石橋』のワキ、寂照法師である。

入唐・入宋の経験はないがその事蹟が五台山と間接的な関わりをもつ僧として『今昔物語集』に言及されている仁鏡と長円を挙げる。前者は南都系（東大寺）であり、後者は北嶺系である。

『今昔物語集』巻第十三「東大寺僧仁鏡読誦法花語第十五」には、東大寺僧仁鏡が最後の住処として、「愛宕護山」を選んだ理由が記されている。「愛宕護ノ山ハ、地蔵竜樹ノ在ス所也。震旦ノ五台山ニ不異ズ[16]」と、八十歳になった仁鏡が愛宕護山に住居し、百二十七歳でこの世を去るまで留まった地は、中国の五台山のような聖地であるとしている。

『今昔物語集』巻第十三「比叡山僧長円誦法花施霊験語第二十一」には、叡山僧長円の法華経読誦の霊験が描かれている。『法華経』を誦していた長円が夜明けごろに見た夢の中で、異国の貴人が現れて長円に次のように告げる。

我レハ此レ五台山ノ文殊ノ眷属也。名ヲバ于闐王ト云フ[17]。

ここでは、五台山文殊菩薩の眷属である于闐王が登場し、長円に結縁の名札を差し出した物語である。円仁らに続いて五台山を巡礼した奝然（九三八?〜一〇一六年）は、五台山文殊信仰を日本で確立した人物として、円仁とともに重要な人物である。胡莉蓉「奝然来華対五台山文殊信仰在日本伝播的影響」は、奝然の役割について以下のようにまとめている。

山西五台山是文殊菩薩的道場，其在仏教界的地位崇高毋庸置疑。文殊信仰以五台山為核心向四周伝播，韓国和日本都先後建立了自己的五台山，確立了本土的文殊信仰。文殊信仰的核心思想是人們対文殊智恵的仰慕和崇拝，這種信仰体現在信衆対文殊菩薩及其相関的思想、経典、造像、壁画、菩薩、聖物等的信仰以及信仰過程中的相応体験、行為和体系等。五台山文殊信仰在日本的伝播，主要是由日本来華僧人奝然及其弟子完成的。我国北宋時期，日本東大寺的僧人奝然曾経来華巡礼求法，他在中国参礼了五台山、天台山等聖迹，回到日本後，経過不懈的努力，終于在他弟子手裏在日本建立了五台山清涼寺。可見，奝然的来華促進了五台山文殊信仰在日本的伝播。(18)

奝然の足跡を見ることにする。『本朝文粋』巻第十三所収の慶滋保胤「奝然上人入唐時為母修善願文」には、「奝然願先参五台山欲逢文殊之即身。願次詣中天竺、欲礼釈迦之遺跡(19)」とある。奝然の入宋は、第一に、五台山に行き文殊菩薩に出逢うこと、第二に、インドで釈迦の霊跡の巡礼を果たすことがその主な眼目であったのである。

奝然は、永観元（九八三）年八月一日に弟子数人を同伴して、建国から二十数年を経たばかりの新興の北宋に渡り、寛和二（九八六）年に七月に帰国した。彼は入宋中、天台山を巡礼してから五台山を巡礼している。帰朝してから二年後の永延二（九八八）年には、弟子の嘉因を通じて五台山に施財させている。(20)

奝然が宋から将来し、嵯峨野「清涼寺」に安置した釈迦如来立像の像内に収められていた文書の一つに「奝然入宋求法巡礼行並瑞像造立記」があり、奝然の五台山巡礼の足跡を知ることができる。大華厳寺菩薩真容院を参拝した奝然は、文殊菩薩の右耳の上に白光が現れるという奇瑞を体験する。(21)

五台山で不思議な体験をした奝然によって文殊信仰が日本へと齎され、また弟子達に引き継がれていったことは、当時の人々に強く印象づけられた。『梁塵秘抄』巻第二「仏歌」に次のような歌謡がある。

文殊は誰か迎へ来し
奝然聖こそは迎へしか　迎へしかや
伴には優塡国の王や大聖老人
善財童子の仏陀波利
さて十六羅漢諸天衆(22)

当時流行した歌謡なので、奝然帰朝からおよそ二〇〇年を経た平安末期に五台山文殊と奝然との深い関わりが人々の間に広く知られていたことが分かる。

奝然の将来したこの釈迦如来像（栴檀釈迦瑞像）は、現在は嵯峨野の「清涼寺」に安置されている。「清涼寺」という寺名は、無論、五台山清涼寺に由来する。奝然は、五台山信仰を核にした宗派を開くべく、愛宕山を中国の五台山に見立て、釈迦如来像を安置する寺「清涼寺」の建立を願い、その開山を目指した。そのため、ともに渡海した弟子の盛算を新寺の阿闍梨にしようとして朝廷に働きかけた。南都系仏教の京都における拠点を求めていた奝然は、都の西北方に新寺を創建し、東北方を占めている叡山に対抗しようとしたのである。しかし、奝然の愛宕山清涼寺建立は発願にとどまった。奝然没後、叡山の反対などもあったので、結局弟子の盛算は叡山よりも標高の高い愛宕山を断念し、嵯峨野に降りて「棲霞寺」境内に「清涼寺」を建立し初代の住職となった。朝廷が寺の規模を縮小して奝然の遺志を認めるに到った経緯は、高楠順次郎編「入唐諸家伝考」に引く「盛算（補任）清涼寺阿闍梨官付」から明らかにできる(23)。

『源氏物語』「松風」巻に光源氏が嵯峨の御堂を建てたことが書かれている。この嵯峨の御堂の准拠として『河海抄』などの古注類が挙げているのが、源融の邸を融死後寺に改めた棲霞寺である。源融は、光源氏のモデルともされている。この棲霞寺に宋から持ち帰った釈迦像を安置したのが奝然である。

荒木計子によると、この清涼寺の阿闍梨には「文殊の秘法」を修することが義務づけられていた。

清涼寺阿闍梨に大唐五台山の例に習い毎年、国家鎮護のため「文殊の秘法を修せしむ」と述べている。逆に云えば「文殊の秘法」を行うことが清涼寺阿闍梨の最も重要な任務であったことになる。この「鎮護国家のために行う文殊秘法」と云うのは、密教文殊四種の一字、五字、六字、八字の何が該当するのか——。『覚禅抄』は「六字文殊法」の項で「文殊ニ有二多種一事」として「一字文殊は増益也。五字文殊は息災也。六字文殊は調伏也」と各々の特色を示しており、「八字文殊法」の項には次のようにある。（中略）『阿娑縛抄《あさば》』の「文殊八字」の項に（中略）とあり「八字文殊」は天変地異、国王やその安穏を目的とするため「鎮護国家の秘法と云うことになる(24)」。

八字文殊は、『覚禅抄』には鎮護国家の秘法として行うとあり、

表白

八字文殊者。三部諸尊之智母。七曜九執之本身也。色類シテ二鬱金ニ一表二金剛之深恵一ヲ。手ニ取ハ二青蓮一。顕二不染之三昧一ヲ。依レ之但聞二名号一ヲ。除二十二億劫之鄣一ヲ。纔誦二真言一ヲ。消二一切衆生象一ヲ。仰ク者ハ早ク成二万願一ヲ。念ハレ者必ス伏ル二諸魔一ヲ者也。就レ中誓願鎖ス二雲渓一ヲ。忽却ク二宿之変化一ヲ。威力護二国界一ヲ。更ニ無二水火之厄難一。何況建二壇場一ヲ修二護摩一者。説二玉体安穏一ナリト。念二密語一ヲ勤二行法一ヲ者。演タリ二入民豊楽一ト。是実宝祚延長之良薬。鎮護国家之妙術也。故ニ八大童子之廻ル二前後一ヲ。護二持百年之仙算一ヲ。十二天等之卜テ二方域一ヲ。円二満無辺之数慮一ヲ。凡一尺之内風雨順ヒレ時。亦四海之際タ尊卑誇ランレ恩矣。(25)

『阿娑縛抄』によれば天変地異や国王の安穏のための秘法として行われるとある。

天変日月蝕之時可レ修レ之。

○軌云。五星失シレ度一ヲ。日月頻蝕彗孛《サイハイ》数々現。四方ノ異国侵シレ境ヲ劫シ二奪百姓一ヲ。大臣返逆シ。用兵不レ利。損二害国人一ヲ。疫病流行セシニ。皆作シ二大壇一ヲ。文攘災決。疾病危厄之時可レ修レ之。

○軌云。若有二比丘比丘尼男子女人一。官若庶身遭テ二危厄官事王后病厄一切ノ恐怖一ニ無レ可コト二方計一若有ラン二刀杖刑獄之厄一応シ下当ニ発シテ二大悲一為シテレ夜ヲ衆星ノ下タニ作ル中此念誦一ヲ。(中略)

○軌云。其曼荼羅ノ法先当テレ心ニ作ルコト二一ノ円輪一ヲ由二如満月一ノ当二中心一梵ケ書二満字一ヲ。従二字ノ後北ノ面一ニ書ク二唵字一ヲ。次右ニ旋シテ書レ之。此ノ九字ヲ為ナセ二内院ノ中尊一ト。於テ二院中一ニ画二妙吉祥童子一ヲ。(26)

『覚禅抄』は東密の図像集であり、『阿婆縛抄』は、台密の図像集である。奝然は弟子の嘉因に五台山文殊を将来させ、太政大臣藤原兼家に献上している。文殊法の実修といい、五台山文殊の真容の将来といい、奝然によって北宋仏教の制度や信仰がそのまま導入されたことになる。

第三節　罪障消滅を目的とした五台山参拝

円仁や円珍は入唐僧で、奝然は入宋僧である。王朝が変わったわけであるが、入唐僧と入宋僧とでは五台山巡礼に目的の違いがあるのだろうか。石崎達二「奈良朝に於ける五台山信仰を論じ東大寺大仏造顕思想の一端に及ぶ（二）」には、次のように記している。

平安朝に於て吾国の僧が五台山に參詣したのは初期に於いては円仁等の如く多く求法の為であり末期に於いては寂昭等の如く多く自身の罪障消滅の為であつたのであるが、円仁の參詣引いてはその巡礼記の五台山參詣日記等が後の我国僧侶の参詣の手引きとなり従つて又五台山信仰を我国人に植えつけるために役立つた事はいふまでもなからう。(27)

罪障消滅を五台山参詣の目的と考える石崎説以上に、宗教的背景も含めてさらに詳細に検討しているのが、森克己「日宋交通と末法思想的宗教生活との連関」である。森は、個々の入宋の状況を明らかにしながら、入宋僧侶をさらに前期「巡礼沙門」と後期「求法沙門」とに分類した上で、「前期入宋僧侶中最も有名なるものとしては、奝然、寂照、成尋、重源等を挙げることができるが、公的交通の廃絶した時代(28)」に彼らが渡宋したと指摘する。

さらに森は、奝然の入宋の願文を挙げ、入宋僧侶たちは巡礼を主な目的としていたと指摘する。

それは大陸における仏教の聖地、特に五台山参拝を主要目的としたことを示している。このほか寂照、成尋、重源等の場合においても殆どまた同様である。もちろん、天台山、五台山などの大陸の聖地巡礼は霊仙、円仁、恵運、恵蕚等いわゆる入唐求法請益僧等によっても行われておったことは否定しない。けれども彼等の入唐の主たる目的はむしろ求法請益、すなわち留学研究することであり、従って、その目的地は天台山であって、巡礼そのものは副次的なものに過ぎなかった。これは円仁の場合、彼が登州に上陸し、同州文登県清寧郷赤山院より目指す天台山に向おうとした際に偶然にも新羅僧聖林より初めて五台山聖迹の知識と、天台山の英才志遠が五台山にあって法華参昧を修しているということを聞き、遽かに目的地を更め、天台山行きを止めて五台山に向かったという一例によっても認められよう。入唐求法巡礼行記開成四・七・二参(29)

森の指摘するところによれば、「華厳経中の記事をこの山に附会して文殊師利菩薩止住示現の聖地とする妄説がすでに隋頃より組織され、この風説は唐代より宋代にかけ華厳経の流布に伴い次第に高まって来た。（中略）この五台山と文殊菩薩との関係は入唐僧侶等によってはやくよりわが国にも紹介されていた(30)」。「罪障消滅の為」に渡海したのであれば、文殊菩薩の聖地を参拝することが特別な意味を持っていたことはよく理解できよう。

奝然、寂照らが渡海したのは北宋の時代である。木宮之彦『入宋僧奝然の研究』「諸言（二）入宋僧と受動的交通との推移」によると、宋の時代、日本から宋へのの貿易は制限されていた。

遣唐使廃絶以後、わが邦人の海外渡航は禁止され、いわば鎖国状態に近いものであった。ただ中国より来航する商船に対しては、その寄港地を九州の博多に限定したばかりでなく、わが国の管理・監督のもとに各二年ごとに来航する制限貿易であった。したがって入宋貿易は、極めて消極的な受動的交通貿易にならざるを得なかった。(31)

貿易に関しては制限をされていたが、宗教関係者に対しては勅許を受けたものに限り入宋することができた。木宮はその理由として以下のように述べている。

入宋僧の航海目的が、末法思想から発した中国の五台山・天台山などの聖地巡礼にあり、なんら政治的・経済的な性格をもっていなかったからである。さらに入宋僧の聖地巡礼は、当時の貴族階級のあこがれでもあった。したがって入宋僧が入宋するときには、彼ら貴族の絶大なる支持支援を受けたばかりでなく、上下の民衆までがおしよせ、その授戒・結縁を求めたものである。のみならず、入宋僧に託して五台山に遺髪・浄財などを施入し、罪障消滅をとげようとするものもあった。この意味において入宋僧は、まさに当時の貴族階級と庶民階級の宗教的贖罪代表であったといっても過言ではない。(32)

『楊文公談苑』に引かれている寛弘五（一〇〇八）年七月付の藤原道長の寂照に宛てた書簡から、寂照が五台山巡礼の本願を果たしていたことが確認できる。[33] 寂照の勧進の申し出に応じて多くの寄進の品を送った藤原道長の書簡が残されている。入宋僧の聖地巡礼は上層貴族達の代参の意味も含まれていたのである。森克己『増補日宋文化交流の諸問題』二十三節「謡曲『石橋』の歴史性」には、以下のような指摘を見ることができる。

平安時代といえば、いわゆる末法思想の最も旺盛の時代で、末法の世に生れあわせ、正法にあい難いので、せめて宋の五台山の文殊菩薩常住示現の地を拝して罪障消滅を祈り、阿弥陀の世界に往生しようという目的を懐いて寂照その他の僧侶たちが波路遙かに宋地に渡り、五台山をはじめ、天台山等のシナ聖跡地を巡拝することが一種の流行となった。[34]

末法意識の広がりとともに浄土信仰が盛んになっていたことは周知の通りである。当時のこのような流行については、木宮もほぼ同様の表現で指摘している。

末法の世に生れあわせ、正法にあい難いというので、僧俗ともにせめて文殊菩薩の常住示現する五台山に巡礼し、報応三身の菩薩におわす文殊の慈悲によって罪障消滅をはかり、阿弥陀の世界に往生しようという希望をいだくようになってきたからである。

このように宋国に渡航して、五台山・天台山などの仏教界の聖跡地を巡礼することが、当時の僧侶たちにとっては一つのあこがれでもあった。[35]

なお、阿弥陀信仰と文殊信仰の関係については、第一章第一節で言及した通りである。

第四節　『梁塵秘抄』にみる五台山

『梁塵秘抄』巻二法文歌の中の「雑法文」には文殊菩薩への信仰と、その文殊が常住する五台山への憧れを詠んだ歌が見られる。

195 釈迦の説法聞きにとて　東方浄妙国より　普賢文殊は獅子象に乗りて　娑婆の穢土に出でたまふ

「東方浄妙国」は、東方の清らかな国土のこと。釈迦の説法を聞くために普賢文殊の両菩薩ははるばるこの穢土にまでやって来られたと、人々が親しく目にしていた釈迦三尊像を前にして詠まれた歌である。

196 大唐朝廷に近からば　五台御山におはします　釈迦牟尼仏の母といます　文殊の御許へも参りなまし(36)

『梁塵秘抄』には、「文殊はそもそも何人ぞ　三世の仏の母と在す　十方如来諸法の師　皆是れ文殊の力なり」と、文殊菩薩を詠んだ歌もある。「仏母」は、不動の正しい智恵を持つ文殊のことをいう。五台山に常住する文殊菩薩の御許へ参ることはかなわないのだろうかと、人々の切実な願いを詠んだものである。

205　忉利の都は参るとは　歓喜の御名をぞ称ふなる　五台山には文殊こそ　六時に花をば散ずなれ(37)

忉利天の住む喜見城の北にある歓喜園と文殊菩薩の常住する五台山を対照させて、歓喜の心が自ずと湧き上がり、諸仏を散華する楽園世界への人々の憧れを詠んだ歌である。

第二巻「四句神歌」「雑」にも二首、「五台山」が仏典に見える著名な山として謡われている。

344　すぐれて高き山　須弥山耆闍崛山鉄囲山　五台山　悉達太子の六年行ふ檀特山　土山黒山鷲峰山(38)

345　すぐれて高き山　大唐唐には五台山　霊鷲山　日本国には白山天台山　音にのみ聞く　蓬萊山こそ高き山(39)

耆闍崛山は釈迦が説法した霊鷲山のことである。鉄囲山は、世界の中心にある須弥山を囲む山である。当該文献からは、「五台山」が仏教で最も尊重される須弥山や霊鷲山と同格のものとしてあり、且つ、仰ぎ見るべき霊山の一つとして捉えられていたことが窺える。

第五節　『宇治拾遺物語』における「五台山」説話

さらに鎌倉時代に成立した『宇治拾遺物語』にも「五台山」説話を確認することができる。巻第十四の「海雲比丘の弟子童の事」は、『宋高僧伝』巻第二十七に「昔伝雲是普賢菩薩応身也」と伝える唐代の五台山僧である海運比丘[40]と童子の物語である。海雲比丘は、道で出会った十歳くらいの童子に「法華経」を教えようと言った。海雲の言葉に従った童子に「五台山の坊に行き着きて、法華経を教へ[41]」たが、その時にいつも一人の少年僧が来て話をした。その少年僧のことを知っているかと海雲に尋ねられ、童子は知らないと答えた。そこで海雲は少年僧の正体を童子に告げる。

海雲から「これこそこの山に住み給ふ文殊よ。我に物語しに来給ふなり[42]」と言われても童子は、文殊菩薩のことを知らなかったから何も思い至らなかった。海運はまた、童子に「女人に近づく事なかれ」と説き、童子はその約束を守る。女人に姿を変えた文殊菩薩が、童子を試した。海雲比丘から童子は、洛陽の禅定寺の倫法師のもとで戒を受けるよう言い渡される。海雲の言葉の通りどこから来たのかと問われ童子は、「清涼山の海雲比丘のもとより[43]」と答えると、倫法師は驚き尊いことだと礼拝して言った。

五台山には文殊の限り住み給ふ所なり。汝沙弥は海雲比丘の善知識にあひて、文殊をよく拝み奉りけるにこそありけれ[44]

つまり五台山は、文殊菩薩だけがお住みになるところだ。初心者の童子は、海雲比丘というよき導師に出会い文殊菩薩を心から拝したと倫法師に賞されたのである。戒を受けた童子は、五台山に帰り海雲比丘の宿坊を探したが、ついに見つけることはできなかった。話末の評語には、童子が幼いにもかかわらず、心強く女人に近づくなという約束を守ったので、文殊菩薩からその気根を賞され、仏道に入ることができた。だから戒を破ってはならないのであるとある。

以上、説話集や歌謡集に描かれている「五台山」を検討した。僧侶に関する説話中にも「五台山」は登場している。『日本霊異記』では行基の物語に、『今昔物語集』では行基・円仁・円珍・仁鏡・長円・寂照の物語に、『宇治拾遺物語』では海雲比丘と童子の物語、そして『梁塵秘抄』では奝然に関わる歌謡に、それぞれ叙述されている。説話と歌謡に登場する僧侶の中で実際に五台山に詣でた僧は、円仁、奝然、寂照の三人である。

次に五台山文殊菩薩が日本へと導入された経緯を述べる。

第六節　文殊会の形成――平安時代から鎌倉時代の文殊信仰

上田純一は論文「平安期諸国文殊会の成立と展開について」の冒頭において、この論文が発表された昭和六十二年以前、文殊会に関するどのような先行研究があったのかをまとめている。それによれば、古くは「国分寺法としての観点(45)」から角田文衛「国分寺寺院組織」が文殊会を論じたが、その後の研究は「僧侶の慈善救済事業(46)」へと重心を移し、このラインで辻善之助「僧侶の社会事業」および宮崎円遵「文殊信仰と利生事業」が、さらには、「天台宗（比叡山）の知恵・学解的な文殊信仰に対する南都の貧民救済を本願とする文殊信仰と、両者の信仰の差異を対照的にシェーマ化されるにより一段と強調されるに至った(47)」堀池春峰「家原寺蔵　行基菩薩縁起図」ならびに同「南都仏教と文殊信仰」が出、また、「文殊会成立までの文殊信仰の展開を克明に跡付(48)」けた吉田靖雄「文殊会の展開――文殊会成立まで――」や、「文殊会供養料に関する言及(49)」をなした小山田和夫「文殊会の成立とその実施――問題点整理のための覚書――」などが出されたという。それ以降の関連論文としては、中野祥利「平安後期の諸国文殊会」（歴史研究（四十二）、二九～四六、二〇〇四年）、そして、前出の荒木計子「奝然将来〝五台山文殊〟と「延暦寺文殊楼」及び「文殊会」」を挙げることができる。

文殊会は、仁明帝（八三三～八五〇年）の勅命により貧民救済の目的として諸国で行われたものを以て嚆矢とする。天長五年二月二五日付の太政官符「応修文殊会事」にその経緯を確認することができる。

太政官符

応ㇾ修㆓文殊会㆒事

右得僧綱牒称。贈僧正伝燈大法師位勤操。元興寺伝燈大法師位泰善等。畿内郡邑広設件会。弁備飯食等。布給貧者。此則所依文殊涅槃経云。若有衆生聞文殊師利名。除劫十二億劫生死之罪。若礼拝供養者。生々之処。恒生諸仏家。為文殊師利威神所養物。若欲供養脩福業者。則化身作貧窮孤独苦悩衆生至行者前者也。而今勤操遷化。泰善独存。相尋欲行。増感不已。望請。下符京畿七道諸国。同修件会。須国司講読師仰所部郡司及定額寺三綱等。郡別於一村邑。屈精進練行法師。以為教主。毎年七月八日令修其事。(50)

文殊会は、『文殊師利涅槃経』の所説に基づき、衆生の数え切れない罪障の除却を願い、文殊菩薩の「威神力」による加護を求めて、貧窮者や窮乏者を救うことで供養としたのである。右の太政官符の内容は勤操と泰善らによって始められた文殊会を、勤操の死後、泰善らが存続を願い出てそれを許可したものであるが、京畿七国で広く文殊会が催されたことが分かる。

『文殊師利涅槃経』に説く文殊菩薩の功徳について、上田純一は次の五点にまとめている。

1、文殊師利の名を聞けば、「十二億劫生死之罪」が除去される。
2、文殊師利を礼拝供養する者は、何時の世にも常に「諸仏家」に生まれ、文殊師利に守護される。
3、「宿業障」有る者でも、夢中に文殊師利を見るだけで「須陀洹乃至阿那含」(聖者の境地)を得ることができ、もし出家人で文殊師利を見れば、一日一夜にして「阿羅漢」となる。
4、仏滅度の後文殊師利の名を聞く者、また形像を見る者が有れば、「百千劫」中に悪道に堕ちない。
5、文殊師利の名を「受持読誦」する者は、たとえ重障有る者でも「阿鼻極悪猛火」に堕ちず、「清浄国土」に生まれ、仏に会い法を聞いて「無生忍」(悟り)を得る、というものであった。[51]

以上を背景に、文殊会の特徴は、文殊の誓願である衆生の罪障消滅のために貧窮者や病者へ施行することにあった。

『日本霊異記』下巻「二つの目盲ひたる女人の、薬師仏の木造に帰敬して、以て現に眼を明くこと得し縁第十一」[52]と「怨霊忍に身に嬰り、之に因りて戒を受け善を行ひて以て現に病を癒やすこと得し縁第三十四」[53]とによれば、病を患うことは、前世において犯した罪の報いを現世で受けることであり、その病を癒すためには「滅罪」する必要があると考えられていた。自己にとって身に覚えの無い前世での罪障の消滅という宿願は、文殊会の目的と合致し文殊会が興隆する……消滅という宿願は文殊会の目的とも適っていて、文殊会が盛行することになった要因の一つとしても考えることができる。

上田は、奈良時代に造像された文殊像について、「法隆寺五十塔内の塑像(現存)・興福寺講堂像・東大寺講堂

図５　興福寺「文殊菩薩坐像」（国宝）（『日本の美術』第314号、至文堂、1992年）

図６　興福寺「維摩居士坐像」（国宝）（『日本の美術』第314号、至文堂、1992年）

像・大安寺中門像[54]」があり、興福寺講堂像以外は維摩詰像が併設されていることから、「奈良時代の文殊信仰が主として『維摩経』「問疾品」から発生している」[55]と指摘している。

『維摩経』「問疾品」には病いの見舞いに来た文殊菩薩と維摩居士とが一種の病因論を交わしていて、病は前世の妄想や煩悩で起こるもので実体のないものだと論じられている。

実体のないものだからこそ、病気の本源を知ることで我執というそれこそ大きな病を去らなければならないと説いているのである。仏教の深い教理はともかく、『維摩経』が病気平癒を叶える経典だと民衆の間で信じられていたと上田は指摘する。文殊菩薩の誓願が衆生の罪障消滅であれば、病気を始め身に覚えのない前世で犯したさまざまな業因の除去を願って人々が文殊菩薩に帰依したことは想像に難くない。

前出の天長五年二月廿五日付け「応㆑修㆓文

図７　西大寺「文殊菩薩騎獅像」（重文、中敦志撮影）

殊会一事」と承和七年三月十四日付け「応レ出二挙文殊会料稲一事」、さらにの二通の太政官符から文殊会の目的を確認しておく。

此則所レ依文殊涅槃経云。若有二衆生一聞二文殊師利名一。除二却十二億劫生死之罪一。若礼拝供養者。生々之処。恒生二諸仏家一。為二文殊師利威神一所レ護。若欲三供養脩二福業一者。即化レ身作二貧窮孤独苦悩衆生一至二行者前一者上也。(56)

滅レ災成レ福。事在二修善一。為レ善之功。寔徳与レ仁。宜レ令丙諸国簡下部内僧精進練行為二道俗衆庶教主一者上。(57)

文殊会が、『文殊涅槃経』の所説に基づき、罪障を消滅し、禍を福に転ずるために文殊菩薩の加護を求めて貧窮者や病者への施行として行われたことを窺うことができる。

文殊会は平安中期になると衰退していった。当時たびたび疫病の流行があったが、それは御霊のなすところだと考えられるようになった。御霊信仰が盛んになってゆくのにしたがって文殊会が衰退しているので、上田は法会自体の経済的負担とともに御霊信仰の盛行が文殊会を衰退させたと推定している。その後、鎌倉時代に、文殊菩薩に深く帰依した忍性と叡尊とによって文殊会は復活する。

ここで叡尊らの文殊信仰による救済事業を確認しておきたい。真言律宗の叡尊は、延応元（一二三九）年、三十九歳の時に初めて出会った忍性から、文殊信仰の影響を強く受ける。(58) 翌年の仁治元年に、叡尊は西大寺の末寺である額安寺西辺の額田部宿で最初の文殊供養（文殊図像の安置）をし、非人に斎戒を授けている。(59) 前述した『文殊師利般涅槃経』の経説に基づき、文殊の化身である貧窮・孤独・苦悩の衆生を、中世の非人（宿者・坂者）と捉えて、非人のために斎会を行ない、戒を授けて救済をしたのである。叡尊らは、文殊信仰を通して広く衆生の救済を菩薩行として実践していったのである。

叡尊は、その生涯の中で、文殊・行基・太子の諸信仰を取り入れているが、この三者は互いに関係し合っている。行基が文殊菩薩の化身とされたことは前述したとおりである。叡尊の『聖徳太子講式』には、聖徳太子が昔衡山で恵思と称していたとき、文殊が達摩に化身して、東海に正法を広めるよう勧めたとある。(60) 太子と文殊菩薩とは、師弟のような関係にあったことになる。叡尊が密教を核にして、これら諸信仰を融合させていったことは、追塩千尋の研究が明らかにしているところである。(61)

西大寺の文殊五尊像は、叡尊没後十三回忌に当る正安四（一三〇二）年に完成したものだが、その像内には金剛界の種子曼荼羅や五字文殊真言などが収められていたことが、昭和九年の修理の際に分かった。(62) 西大寺には、獅子に乗る文殊菩薩と、八童子とを配した八字文殊像も伝わる。西大寺では、文殊を主尊とする密教の調伏や修法が行われていたことは明らかである。

巫佩蓉によれば、叡尊らが信仰したのは、一般に考えられている博学多聞の文殊ではなく、その知恵で発心を導く文殊である。(63)『梁塵秘抄』には、「文殊はそもそも何人ぞ、三世の仏の母と在す、十万如来諸法の師、皆是れ文殊の力なり」とあり、「諸法の師」が「初発心」の誤りとすれば、諸仏が初めて菩提心をおこすのは文殊の力による。文殊菩薩が諸仏の母であると考えるのは、般若訳とされる『大乗本生心地観経』によったものである。西大寺に伝わる願文中にも、「文殊師利大聖尊、三世諸仏以覚母為母、十方如来初発心、皆是文殊教化力」[64]の言葉が見える。発心を促す文殊の教化力が叡尊らの信仰の最も核心にあったものであろう。

貧窮者や病者の救済のために修された文殊会は民衆の間に文殊信仰を広める絶好の機会であった。

第七節　五台山文殊信仰の日本での受容から見た謡曲『石橋』の成立

謡曲『石橋』は、他の謡曲と同様に室町時代に成立したものとされている。

室町幕府政所代蜷川親元の日記『親元日記』の寛正六（一四六五）年三月九日条に、室町将軍足利義政の御前で音阿弥が「志ゝ」（獅子）を演じたとの記録がある。このことから、『石橋』は、当時別名の「獅子」で通っていたと推測されている。

九日　両辰　天晴
御院参　御供二番　花御覧也能在観世　栄公見物裏頭
式三番
後音泰山府君　はるちか　音松風村雨　ふしき（伏木）曾我
後音くらま天狗　三山　あたか　音小町　そとは
三輪　音志ゝ　御乞ひやく万　明恵上人　音しつか　音天鼓

鶏鵝歟　鳴《音》不動(65)

一般に、謡曲の作品には神道や仏教を主題としているものが多くあるが、その中でも「文殊菩薩」を主題としているものは天橋立を背景にした『九世戸』（観世信光作）と中国山西省の五台山を背景とした『石橋』のみである。

五台山文殊菩薩信仰は、入唐僧の尽力により伝えられ、入宋僧によりさらに信仰の功徳が喧伝されて巡礼が重視されていった。さらに平安時代から鎌倉時代にかけて「文殊会」という布施の形式により、日本における文殊信仰は定着した。児玉信「民俗芸能の獅子芸」では、「渡海文殊への渇仰は、鎌倉時代以降の中国五台山信仰の興隆が大きく与《あずか》って流行するらしい(66)」と指摘する。

聖地五台山が文殊菩薩示現の場であり、寂照法師が五台山と関係があることについては、『石橋』作者も、伝承を通した知識から得ていたものと確実視できる。末法思想とそれと関わる阿弥陀信仰が平安時代の末期にかけて社会全体に浸透した状況については、第四節で論じたとおりであるが、確認のため森克己の説を引く。

> 正法衰滅し、行証もまた失われ行く時代に遭遇した不安なる心は必然的に報応三身の思想、平等慈悲の性格、絶対智恵の人格、三世通貫の永遠的存在を要求する。しかるに、この意味の要求を充たし得る信仰の対象は菩薩であり、特に、大陸において信仰の高まりつつあった五台山の文殊示現説はわが国僧侶に対して強い魅力を有したに相違ない(67)。

平安時代の入宋僧たちの五台山巡礼は、当時の日本における浄土思想の影響が強いとの指摘である。寂照と叡山の浄土思想の繋がりの深さと藤原道長との関係に鑑みるならば、寂照の五台山巡礼は上層貴族たちの代参も兼ねていて入宋の義務の一つになっていたことも、既に論じたとおりである。

日本における文殊菩薩の第一の霊場である奈良県桜井市の「安倍文殊院」、その本尊「渡海文殊菩薩騎獅像」は、建仁三（一二〇三）年の快慶よって造像が着手され、承久二（一二二〇）年には文殊菩薩開眼法要が催された。平成二十五（二〇一三）年六月十九日、国宝に指定されている。奈良県奈良市西大寺所蔵の「渡海文殊菩薩騎獅像」は、正安四（一三〇二）年、興正菩薩の十三回忌に遺弟たちにより興正菩薩が生前深く信仰していた文殊菩薩を造像したもので、現在重要文化財に指定されている。これらの例から、鎌倉時代奈良の地では、五台山文殊菩薩信仰が興隆していたと推測できる。

能の一座が興福寺などの寺院の庇護を受けていたことを踏まえるならば、獅子に騎乗した文殊菩薩像からインスピレーションを受け、謡曲の素材として五台山文殊信仰を謡曲に採り入れたというラインも想定される。

結

日本に仏教が伝来した初期の時期に文殊菩薩信仰は導入された。天台山と五台山は、中国への渡海を志す入唐入宋僧たちにとっては聖地であり、憧憬の対象であった。入唐入宋僧らの尽力により、文殊菩薩信仰がもたらされた史実は本章で確認したとおりである。

平安時代に始まる「文殊会」は、鎌倉時代には、仏門に無関係な一般庶民もしくは貧民弱者たちへの救済として催され、文殊菩薩信仰をさらに隆盛・定着させる役割を担うものとなった。鎌倉時代の「文殊会」については、今後の課題としたい。

謡曲『石橋』創作の背景には、五台山文殊信仰が民間信仰として定着していたことを前提としている。鎌倉時代に造像された「安倍文殊院」の「渡海文殊菩薩騎獅像」、あるいは五台山信仰を象徴とする渡海文殊菩薩像、渡海文殊菩薩図を『石橋』作者は、知識として知っていた。それ故に『石橋』は、五台山と関係の深い説話の主人公である寂照を採り入れたのであろう。

「先巡礼天台、更攀五台之遊、既果本願(68)」と寂照に宛てた藤原道長の書簡にもあるように、文殊菩薩の霊場「清涼山」を実際に巡礼した寂照を登場させることにより、宗教的な超越的世界と現実世界とが相渉る境界領域を舞台上に再現している。『石橋』は、俗世界に住む観客に向けて、聖なる世界への超越の困難さを示すのである。

註

（1）日本最古の文殊菩薩像を所蔵する高知県竹林寺、京都金戒光明寺、大分県文殊仙寺等。

（2）道端良秀「中国仏教と文殊信仰」仏教史学会編『仏教の歴史と文化』同朋舎出版、一九八〇年十二月、一八四頁。

（3）誰がそう指摘しているか。これについては異論もあるらしい。筆者はその記録に接することを得なかった。

（4）西晉居士聶道真訳『仏説文殊師利般涅槃経』（高楠順次郎他編『大正新脩大蔵経第十四巻　経集部一』大正新脩大蔵経刊行会、一九八八年十二月、四八〇～四八一頁）。

「此文殊師利法王子。若有人念。若欲供養修福業者。即自化身。作貧窮孤独苦悩衆生。至行者前」。

（5）金子啓明『日本の美術三一四　文殊菩薩』至文堂、一九九二年七月、六九頁。
（6）中田祝夫校注・訳『日本霊異記』（新編日本古典文学全集十）小学館、一九九五年八月、四六頁。
今になって考えてみると、八日を過ぎて剣の難にあうというのは、蘇我入鹿の乱にあたる。死後の世界の八日というのはこの世の八年のことである妙徳菩薩とは文殊師利菩薩のことであったのである。一つの玉を飲ませるとは、災難を免れさせる薬であったのだ。黄金の山とは五台山である。東の宮とは日本国であったのだ。宮に帰って仏を造るというのは、聖徳太子が聖武天皇としてふたたび日本国にお生まれになって、寺を造り仏をお造りになることであったのだ。その時、いっしょに住んだ行基大徳は、文殊師利菩薩がにこの世に人間として現れた姿であったのであった。これもまたほんとうに不思議な話である（中田祝夫校注・訳『日本霊異記』四四頁）。
（7）安藤俊雄・薗田香融校注『最澄』（日本思想大系四）岩波書店、一九七四年五月、三一五～三一七頁。
大唐、文殊を上座となす新制の明拠を開示す　十六
謹んで代宗朝贈司空大弁正広智三蔵和上表制集の第二を案ずるに、云く、天下の寺の食堂の中に文殊上座を置くの制一首
大聖文殊師利菩薩
右、京城の大徳、特進試鴻臚卿、大興善寺の三蔵沙門大広智不空等奏す。跡を緇門（＝出家者）に忝くして久しく梵行（＝離俗浄業の行）を修し、聖典を習訳して頗る玄門（＝仏法）を悟る。大聖文殊師利菩薩は大乗密教皆な周《あまね》く流演す。今、台山に鎮座して兆庶（＝多くの民）を福慈す。伏して惟《おもんみ》るに、宝応元聖文武皇帝陛下、徳、乾坤に合《かな》ひ（＝天地に等しく）、明、日月に並ぶ。無疆の福、我が生人（＝人民）を康んず。伏して望むらくは、今より已後、天下の食堂の中、賓頭盧の上において特に文殊師利の形像を置きて、以て上座となさしめたまへ。諸の聖典を詢《たず》ぬるに具に明文あり。僧祇の如来、なほ訓旨を承く。凡そ出家者たる者は固《つね》に衣を掲《かか》ぐべし。普賢・観音、なほ払（＝払子）を執りて侍をなし、声聞・縁覚篲《せい》（＝ほうき）を擁して後に居す。これ乃ち天竺国皆な然なり。僧等の鄙見に非ず。仍つて永く恒式となさんことを請ふ（中略）今、その上表を云く、「凡そ出家たる者は固《つね》に衣を掲《かか》ぐべし」と。また云く、「これ乃ち天竺国皆な然なり」と。また云く、「永く恒式となさん」と。その勅制の文に云く、「雅《あきら》かに聖典に合す、請ずる所よろしく依るべしと。牒至らば勅に準ぜよ」と。天竺の三蔵は文殊を上座となし、大唐の聖皇（＝代宗帝）は勅答して以て永式となす。この間の高徳、末学膚受（＝

学問の浅薄なこと）、あに天竺の不空三蔵に勝《すぐ》れんや。（中略）
唐の一隅を見て天下の上座を知るの明拠を開示す　十八
僧統奏して曰く、最澄辺州（入唐の際、明州・台州・越州にのみ行ったこと）にありて即便《すなわ》ち還来す。いづくんぞ天下の諸寺の食堂を知らんや。仏の説く所、なほ尽くは行じ難し。詿誤《かいご》（＝人をあざむきまどわすこと）の事何すれぞ信用せんと。〈已上奏の文〉
論じて曰く、最澄唐に向ふ、天下の諸寺の食堂を巡らず雖も、已に一隅を見、また新制を得たり。その文に云ふ、天下の食堂に文殊上座を置かしめたまへと。まさに今奏する所の詿誤の事とは、未だ辺州をも見ざれども、不忠の詞なり。もし辺州闕学の失を嫌はば、何《いか》にいはんや比蘇は自然智なるをや。

末文の意味は、思想大系本の補注に「最澄の辺州欠学を衝いた僧綱の攻撃に対して、「何にいはんや比蘇は自然智なるをや」という。これは、僧綱の上首、護命の学系を諷したもので、自分は唐の一隅しか見ていないが、お前は唐の一隅すらも見ていないではないか、比蘇寺の学習は師承のない、自然智宗ではないか、と切り返したわけである。」と注す。前掲書、六八～七二・四〇八頁。

（8）堀池春峰「南都仏教と文殊信仰」『南都仏教史の研究〈諸寺篇〉』法蔵館、二〇〇四年三月、四八二頁。
（9）大暦四年十二月十九日付「天下食堂中置文殊上座制」（久曾神昇編『不空三蔵表制集　他二種』汲古書院、一九九三年五月、七〇～七二頁）。現在伝わっている『表制集』は不空の弟子であった円照（七一九～八〇〇年）によって不空の死後編纂されたもので、六巻から成る。不空から皇帝に提出した「表」、不空の奏状に皇帝が応えた「制」などが収載されている。
（10）向井隆健「不空三蔵の文殊菩薩信仰」（『大正大学研究紀要』第七十号）一九八五年二月、一五〇頁。
（11）現在も、比叡山延暦寺の行院と居士林の食堂には僧形文殊座像がそれぞれ安置されている（二〇一四年八月十四日、延暦寺総務部主事梅上恵匡氏に電話取材確認）。
（12）石崎達二「奈良朝に於ける五台山信仰を論じ東大寺大仏造顕思想の一端に及ぶ（1）」史学会『史学雑誌』第四十一編第十号、一九三〇年九月、八七頁。
（13）馬渕和夫・国東文麿・稲垣泰一校注・訳『今昔物語集①』前掲書、八一頁。
（14）小野勝年『入唐求法行歴抄の研究　智証大師円珍篇　上』法蔵館、一九八二年五月、参照。

(15) 白化文・李鼎霞・許徳楠校注『入唐求法巡礼行記校注』前掲書、二五九頁。
これは即ち清涼山金色世界である。文殊菩薩が現在、人々を教化なさっているところである。

円仁、足立喜八訳注、塩入良道補注『入唐求法巡礼行記一』前掲書、三〇二頁。
(16) 馬渕和夫・国東文麿・稲垣泰一校注・訳『今昔物語集①』前掲書、三二八頁。
(17) 馬渕和夫・国東文麿・稲垣泰一校注・訳『今昔物語集①』前掲書、三四三頁。
(18) 胡莉蓉「奝然来華対五台山文殊信仰在日本伝播的影響」『中北大学学報(社会科学版)』二〇一二年三期、四〇頁。中国での奝然についての最初の専書である郝祥満『奝然与宋初的中日仏法交流』商務印書館、二〇一二年六月にも、奝然により日本に五台山文殊信仰が齎されたことを論じている。

山西省の五台山は文殊菩薩の道場で、その仏教界での地位が崇高であることは疑う余地がない。文殊信仰は五台山を中心に周囲に伝播していき、韓国と日本がまず前後して自らの五台山を建立し、自国の文殊信仰を確立した。文殊信仰の核心にある思想は文殊の知恵への敬慕と崇拝である。このような信仰は信者の文殊とそれに関わる思想、経典、仏像、壁画、菩薩、神聖な物への信仰とその信仰に応じた体験、行為、体系などに体現される。五台山文殊信仰の日本への伝播は、主に日宋僧の奝然とその弟子によって完成する。我が国の北宋の時代、日本の東大寺僧の奝然は宋に渡り巡礼求法し、五台山、天台山などの聖地を巡拝した。日本に帰国してからたゆまぬ努力によってついに彼の弟子たちにより日本に五台山清涼寺が建立された。奝然の渡宋が五台山文殊信仰の日本への伝播を促したことは明かである。

(19) 大曽根章介・金原理・後藤昭雄校注『本朝文粋』(新日本古典文学大系二十七)岩波書店、一九九二年五月、三六一頁。また、『宋史』「日本国伝」に「奝然亦求詣五台。許之、令所過食。」(石原道博編訳『新訂旧唐書倭国日本伝 他二篇』岩波文庫、一九八六年四月、一四二頁)とある。
(20) 『日本紀略』『扶桑略記』永延二年二月八日条、また官符「応為使伝燈大法師位嘉因発遣大唐令供養五台山文殊菩薩兼請度新訳経論等事」『続左丞抄』黒板勝美編『新抄格勅符抄・法曹類林・類聚符宣抄・続左丞抄・別聚符宣抄』(新訂増補国史大系第二十七巻)吉川弘文館、一九六五年一月、三~四頁。
(21) 東京大学史料編纂所編『大日本史料』第一編之二十、東京大学出版会、一九七九年三月、一二一~一二四頁。
(22) 臼田甚五郎・新間進一・外村南都子・徳江元正校注・訳『梁塵秘抄』(新編日本古典文学全集四十二)小学館、二

〇〇〇年十二月、二五九頁。「優塡国王」が、渡海文殊の眷属「于闐国王」であるとする小島裕子の新説がある。「五台山文殊を謡う歌――『梁塵秘抄』より、嵯峨清涼寺奝然の五尊文殊請来を問う――」（真鍋俊照編『仏教美術と歴史文化』法蔵館、二〇〇五年十月。

(23)「太政官五台山清涼寺

応補任阿闍梨大法師康静死闕替事

入唐朝伝燈大法師盛算年五十九﨟四十五

右太政官今日下治部省符称。入唐帰朝故法橋上人位奝然為彼寺坐主。去長保元年閏三月十三日奏状称奝然以去永延三年奏聞因准延暦元慶寺例給五人阿闍梨於清涼山勤修三密教法可誓護国家之日。且給一人。因茲可被加其残之由。重以上奏。未蒙裁許之間。年月推移。方今盛算大法師者。与奝然共渡海入唐。詣五台山礼文殊之現瑞。遊天台山巡智者之遺跡。（略）抑往代入唐之人。或詣五台。而不到天台。或□天台。不参五台。如盛算者。歴二山礼聖跡遇三蔵学大教詣師範。望請蒙天恩。以件盛算大法師。被加申請五人阿闍梨内。於寺家令弘伝自唐朝所学来教法護国家。将励後代入唐学法之輩。」高楠順次郎・望月信亨編『大日本仏教全書　遊東伝叢書第四』大日本仏教全書刊行会、一九三一年二月、五二四頁。

(24) 荒木計子、前掲論文、六六頁。

(25) 南条文雄他編『大日本仏教全書　覚禅抄』仏書刊行会、一九一六年一月、一二二六～一二二七頁。

(26) 南条文雄他編『大日本仏教全書　阿娑縛抄』仏書刊行会、一九一三年十月、一四五二・一四五六頁。

(27) 石崎達二「奈良朝に於ける五台山信仰を論じ東大寺大仏造顕思想の一端に及ぶ（一）」史学会『史学雑誌』第四十一篇第十号、一九三〇年九月、八七頁。

(28) 新編森克己著作集編集委員会編『新編森克己著作集――増補日宋文化交流の諸問題』第四巻、勉誠出版、二〇一一年一月、八一頁。

(29) 新編森克己著作集編集委員会編、前掲書、八二頁。

(30) 新編森克己著作集編集委員会編、前掲書、八二頁。

(31) 木宮之彦「諸言（二）入宋僧と受動的交通との推移」『入宋僧奝然の研究』鹿島出版会、一九八三年六月、九頁。

(32) 木宮之彦、前掲書、九頁。木宮と同主旨の内容を手島崇裕『平安時代の対外関係と仏教』（校倉書房、二〇一四年九月、一九七頁）において以下のように指摘する。北宋へ渡海した入宋僧（奝然・寂照・成尋を主とする）は、通例《巡礼》僧と一括して語られてきた。確かに彼らは遣唐使廃絶以来日中間の正式外交がない時期にあって、国内貴顕の支援を受け、その贖罪代行も兼ね五台山・天台山などの巡礼を目指した」。

(33) 「又左大臣藤原道長書、略云:「商客至、通書、誰謂宋遠？用慰馳結。先巡礼天台。更攀五台山之遊、既果本願、甚悦。懐土之心、如何再会。胡馬独向北風、上人莫忘東日。」後題寛弘五年七月。」李裕民輯校『楊文公談苑　倦遊雑録』上海古籍出版社、一九九三年八月、一二頁。

(34) 新編森克己著作集編集委員会編、前掲書、三四三〜三四四頁頁。

(35) 木宮之彦、前掲書、二四〜二五頁。

(36) 新間進・外村南都子校注・訳『梁塵秘抄』前掲書、二三五頁。

(37) 新間進・外村南都子校注・訳『梁塵秘抄』前掲書、二三七頁。

(38) 新間進・外村南都子校注・訳『梁塵秘抄』前掲書、二七七頁。

(39) 新間進・外村南都子校注・訳『梁塵秘抄』前掲書、二七七頁。

(40) 「比丘」とは、出家して具足戒を受けた者の通称。

(41) 小林保治・増古和子校注・訳『宇治拾遺物語』（新編日本古典文学全集五十）小学館、一九九六年七月、四二八頁。

(42) 小林保治・増古和子校注・訳『宇治拾遺物語』前掲書、四二八〜四二九頁。

(43) 小林保治・増古和子校注・訳『宇治拾遺物語』前掲書、四三〇頁。

(44) 小林保治・増古和子校注・訳『宇治拾遺物語』前掲書、四三〇頁。「沙弥」とは、仏教教団にて出家剃髪し十戒を受けた七歳以上二十歳未満の男子。初心の修行僧のこと。

(45) 上田純一「平安期諸国文殊会の成立と展開について」日本歴史学会『日本歴史』一九八七年十二月、二〇頁。

(46) 上田純一、前掲書、二〇頁。

(47) 上田純一、前掲書、二〇頁。

(48) 上田純一、前掲書、二〇頁。

(49) 上田純一、前掲書、二〇頁。

(50)『類聚三代格』巻第二　黒板勝美編『類聚三代格・弘仁格式』(新訂増補)国史大系第二十五巻）吉川弘文館、一九六五年八月、五三～五四頁)。
右僧綱牒を得るに称く、贈僧正伝伝大法師位勤操、元興寺伝燈大法師位泰善等、機内郡邑に広く件の会を設け、飲食等を弁備し、貧者に布給すと。此れ即ち文殊涅槃経に依るに云ふ、若し衆生の文殊師利の名を聞くもの有らば、十二億劫生死の罪を除却し、若し礼拝供養せば、生々の処、恒に諸仏の家に生じ、文殊師利の威神の為に養はらるる物、若し福業を脩する者を供養せば、則ち作貧窮孤独苦悩の衆生に化身し行者の前に至る者なり。而して今勤操遷化し、泰善独り存す。相尋ねて行はんと欲し、感を増すこと已まず。望み請ふらくは、符を京畿七道諸国に下し、同じく件の会を修し、国司購読師仰らるる所部郡司及び定額寺網等を須ちて、郡を一村邑に別け、精進練行の法師を屈して、以て教と為し、毎年七月八日に其の事を修せしめんことを。

(51)上田純一、前掲論文、二三頁。

(52)中田祝夫『日本霊異記』(新編日本古典文学全集十）小学館、一九九五年九月、二七三～二七五頁参照。

(53)中田祝夫『日本霊異記』前掲書、三三九～三四一頁参照。

(54)上田純一、前掲論文、二四頁。

(55)上田純一、前掲論文、二四頁。

(56)『類聚三代格』巻第二　黒板勝美編『類聚三代格・弘仁格式』(新訂増補)国史大系第二十五巻）吉川弘文館、一九六五年八月、五三～五四頁。以下、本文に一部引用した『太政官符』の全文を返り点附きで掲げておく。

太政官符

「応レ修二文殊会一事」

右得二僧綱牒一称。贈僧正伝燈大法師位勤操。元興寺伝燈大法師位泰善等。畿内郡邑広設二件会一。弁二備飯食等一。施二給貧者一。此則所レ依文殊涅槃経云。若精進練行為二道俗衆庶教主一者上。修乙行件会甲。若部内無レ人。遠覓二比国一行レ之。其会料者毎年割二救急稲利三分之一一充用。国司講師共加二監察一不レ淂二踈略一者。右大臣宣。如レ聞「者」。諸国或違二府旨一不レ肯二遵行一。宜下重下知。依二前府一令上レ修之者。今被二権中納言従三位兼行左兵衛督陸奥出羽按察使藤原朝臣良房宣一称。奉レ勅。如レ聞。会集徒衆其数巨多。所レ施之物不レ足レ周急。宜下出二挙件稲一以二息利一有二衆生一聞二文殊師利名一。

除㆓却十二億劫生死之罪㆒。若礼拝供養者。生々之処。恒生㆓諸仏家㆒。為㆓文殊師利威神㆒所㆑護。

若欲㆔供養脩㆓福業㆒者。即化㆑身作㆓貧窮孤独苦悩衆生㆒至㆓行者前㆒者上也。而今勤操遷化。泰善独存。

相尋欲㆑行。増㆑感不㆑已。望請。下㆓府京畿七道諸国㆒。同修㆓件会㆒。須㆘国司講読師仰㆓所部郡司及定額寺三綱等㆒。

郡別於㆓一村邑㆒。屈㆓精進練行法師㆒。以為㆓教主㆒。毎年七月八日令㆖㆑修㆓其事㆒。

兼修㆓理堂塔経教破損等㆒。当㆓彼会日㆒。同供㆓養之㆒。当会前後幷三箇日。禁㆓断殺生㆒。会集男女等。

先授㆓三帰五戒㆒。次令㆑称㆓讃薬師文殊宝号㆒。各一百遍。庶使普天之下。同修㆓福業㆒。蠻士之内。

倶期中快楽上者。中納言兼左近衛大将従三位行民部卿清原真人夏野宣。奉㆑勅依㆑請者。割㆓救悪阻倶料稲㆒。量
㆑宜充行。若国郡司百姓等。割㆓随㆑分物㆒加施。不在㆓制限㆒。

天長五年二月廿五日

(57)『類聚三代格』巻第十四　黒板勝美編『類聚三代格・弘仁格式』前掲書、四〇〇頁。

太政官符
「応㆑出㆓挙文殊会料稲㆒事」
大上国各二千束
中下国各一千束
右撿㆓案内㆒。太政官承和二年四月五日下㆓五畿内七道諸国㆒府称。太政官去天長四年十一月十三日下㆓諸国㆒府
称。中納言兼左近衛大将従三位行民部卿清原真人夏野宣称。滅㆑災成㆑福。事在㆓修善㆒。為㆑善之功。寔徳与㆑仁。
宜㆑令㆛諸国簡㆘部内僧伽中先数㆖。
承和七年三月十四日五

(58) 細川涼一訳注『感身正学記1――西大寺叡尊の自記』(東洋文庫六六四)平凡社、一九九九年十二月、一〇三〜一〇四頁。

(59) 細川涼一訳注前掲書、一一〇〜一一一頁。

(60) Niels GUELBERG作成の「講式データベース」で翻刻されている叡尊「聖徳太子講式(三段)」を利用した(http://www.f.waseda.jp/guelberg/koshiki/kdb/179/k179.htm)。

(61) 追塩千尋『中世の南都仏教』吉川弘文館、一九九五年二月、一八九〜一九二頁。

(62)　奈良六代寺大観刊行会編『奈良六代寺大観　第十四巻　西大寺全』岩波書店、一九七三年五月、四六〜五〇頁。
(63)　巫佩蓉「文殊菩薩與両界曼荼羅——末法時代的文殊信仰」『美術史研究集刊』二〇〇六年第二十期（台湾刊）。忍性と叡尊についての原資料としては、（細川涼一訳注『感身正学記一　西大寺叡尊の自伝』（東洋文庫六六四）平凡社、一九九二年十二月、田中久夫校注「興正菩薩御教戒聴聞集」『鎌倉旧仏教』（日本思想大系十五）岩波書店、一九九五年八月、奈良国立文化財研究所編『西大寺叡尊伝記集成』法蔵館、一九七七年十月）。伝記には、和島芳男『叡尊・忍性』吉川弘文館、一九五九年八月、研究論文としては、（細川涼一「叡尊・忍性の慈善救済」『中世の律宗寺院と民衆』吉川弘文館、一九八七年十二月、宮城洋一郎「叡尊の文殊信仰について」『印度学仏教学研究』第三十六巻第一号、一九八七年十二月、内田啓一「西大寺叡尊及び西大寺流の文殊信仰とその造像」『美術史研究』第二十六号、一九八八年十二月、佐伯快勝「叡尊・忍性と現代——師弟の文殊信仰をめぐって」『大法輪』第六十八巻第九号、二〇〇一年九月、平田寛「講演録　解脱何日——叡尊と文殊信仰」『鹿園雑集』第五号、二〇〇三年三月）などがある。
(64)　竹内理三編『鎌倉遺文　古文書編　第二十五巻』東京堂出版、一九八三年九月、二〇三頁。
(65)　竹内理三編「親元日記」（『続史料大成　十巻』）臨川書店、一九六七年八月、二三〇〜二三一頁。
(66)　児玉信「民俗芸能の獅子芸」『観世』第七十五巻第三号、檜書店、二〇〇八年三月、三六頁。
(67)　新編森克己著作集編集委員会編、前掲書、八四頁。森は「私聚百因縁集」——大日本仏教全書・古典文庫、僧覚鑁『清涼記』を例に用い、「彼は海を渡ることは容易でないから、自ら梵字尊勝陀羅尼を書写し、また歯一枚を抜いてその経巻の軸内に納め、これを商船に託して五台山に送り、それによって悪業や重罪を消滅しようと企てたのである。以上の二例によってもしられるように、末法の世に生まれ、正法に会い難い故に、文殊菩薩の常住示現の地を巡礼して罪障消滅を祈り、来世は阿弥陀の極楽浄土に往生しようと希求したものである。」八五頁。また森は、奝然は、五台山巡礼によって往生極楽を遂げ得ることを確信していたことも指摘している。
(68)　宋庠整理『楊文公談苑　倦遊雑録』上海古籍出版、一九九三年八月、一二頁。

第四章　中国の説話と詩文に見る「童子」と「翁」の形象

序

謡曲『石橋』では前シテとして「童子」が登場する。後半では扮装を改めて、シテの文殊師利菩薩の使獣獅子として再登場する。シテは「童子」姿が普通の演出法だが、樵姿の「老翁」とすることもある。「樵翁」とするのは本文に「山路に日暮れぬ樵歌牧笛の声」とあることとも関係しているのであろうか。

この句は、『和漢朗詠集』「山家」に採られた紀斉名（九五七～一〇〇〇年）――大江定基の同時代人――の詩序の一節、「山路日落。満耳者樵歌牧笛之声」の句を踏まえたものである（詩序の全文は、『本朝文粋』巻十に収める）。

第四章と第五章では、『石橋』の前シテとして「童子」、また「老翁」が設定された背景を探ることを目的とする。聖地清涼山への巡礼を導入として始まる作品なので、それにふさわしく寂照法師がワキとして先ず登場する。その寂照がこの聖山で出会う人物として、『石橋』の作者（未詳）は、なぜ「童子」また「老翁」を選んだのだろうか。その設定に何かしらの必然的なものがあるのか。こうした問いに答えるため、「童子」または「老翁」という存在が中国と日本の説話の中でどのように描かれていたのか、また中世社会でどのような役割を果たしてい

図１　『石橋』老翁（豊嶋晃嗣、牛窓雅之撮影）

図２　『石橋』童子（味方團、牛窓雅之撮影）

るのか、二章に分けて検証する。

この検証を通して『石橋』が、文殊菩薩の示現の場として聖なる世界へと誘う作品であることを再確認し、「童子」また「老翁」がその導き手として設定されていることを明らかにしてゆく。

『石橋』本文の分析の手がかりを与える注釈テキストに、新編日本古典文学全集、日本古典文学大系、謡曲大観などがある。諸注釈書を参照し、現在の能舞台での仕手方五流の演出法も加味して前シテの設定について整理をしてみると次のようになる。

『新編日本古典文学全集』シテ　童子(1)
『謡曲大観』前シテ　童子(2)

日本古典文学全集の頭注には、下掛系（金春・金剛・喜多の三流）では老翁姿の樵で登場する演出があること（ただし童子姿の演出もある）、また宝生流では童子はツレの役で、後シテの獅子は別人が演じるとある。

『日本古典文学大系』ツレ（又は前ジテ）童子（又は老人）(3)

聖地清涼山を舞台背景とする『石橋』で、獅子の分身として登場するのが、「童子」または「老翁」なのはなぜだろうか。文殊菩薩の浄土である清涼山を舞台背景とする曲であることを前提にして『石橋』の作者は、何故前シテに、「童子」または「樵翁」を選んだのだろうか。例えば、〈山中でワキの寂照法師に石橋の謂われを教えるにふさわしい人物として「樵翁」が選ばれている〉――山中という状況を考慮するならば、このような解釈は理解しやすいが、童子として描かれた場合、その理由はどのように説明できるのだろうか。しかも、聖獣である獅子とはどのように繋がるのだろうか。

本章では『石橋』とその背景にある説話世界を中国の志怪小説からまず考えてゆくが、その前に山中仙境譚に触れておく。

第一節　『石橋』前シテ登場の詞章と山中仙境譚

寂照と童子の対面の場面では、山路を辿る「寂昭」の前に童子が現れて、寂照が既に仙境に入ったことを告げる。シテの童子の謡いは清涼山の神秘的な印象を効果的に伝えている。

シテ（一セイ）「松風の、花を薪に折り添へて、雪をも運ぶ山路かな。」

シテ（サシ）「山路に日暮れぬ樵歌牧笛の声、人間万事さまざまの、世を渡り行く身の有様、物ごとに遮る眼の前、光の陰をや送るらん。」

シテ（下歌）「あまりに山を遠く来て、雲また跡を立ち隔て、」

シテ（上歌）「入りつる方も白波の、入りつる方も白波の、谷の川音雨とのみ、聞えて松の風もなし。げにや謬つて半日の客たりしも、今身の上に知られたり、今身の上に知られたり(4)」


「山路に日暮れぬ樵歌牧笛の声」の詞章は、前述のように『和漢朗詠集』「山家」の部に載せられている紀斉名の詩序の一節を踏まえる。また、「謬つて半日の客たりしも」の詞章も『和漢朗詠集』からの引用となっている。「仙家」の部に採られている原拠「謬入仙家　雖為半日之客」という摘句は、大江朝綱の作であるが、この句自体も、『蒙求』「劉阮天台」の標題に付せられた徐子光注に引く梁の呉均撰『続斉諧記』を踏まえている。

続斉諧記、漢明帝永平中、剡県有劉晨・阮肇。入天台採薬，迷失道路、粮尽。望山頭有桃樹。共取食之、如覚少健。下山得澗水、飲之澡洗。望見蔓菁菜葉。従山復出。次有一杯流出。中有胡麻飯屑。二人相謂曰。去人不遠。因過水行一里、又度一山出大渓。見二女。顔容絶妙、世未有。便喚劉・阮姓名。如有旧。喜問郎等来何晩。因邀過家。庁館服飾精華。東西各有床。帳帷設七宝瓔珞、非世所有。左右直、悉青衣端正、都無男子。須臾下胡麻飯山羊脯。甚美、又設甘酒。有数十客。将三五桃至云、来慶女婿、各出楽器、歌調作楽。日向暮、仙女各還去。劉阮就所邀女宿止宿。行夫婦之道。往十五日求還。女曰、来至此皆宿福所招。得与仙女交接、流俗何可楽。遂往半年。天気和適、常如三二月、百鳥哀鳴。能不悲思求去甚切。女曰、罪根不滅、使君等如此。更喚諸仙女、共作歌吹、送劉阮。従此山東洞口去。不遠至大道。随其言。果得還家郷。並無相識。郷里怪異。乃験七世子孫。伝聞上世祖翁入山不出、不知所在。既無親属、栖宿無所。却欲還女家、尋山路不獲。至太康八年、失二人所在。(5)

『続斉諧記』の話は山中の仙境での滞在譚の一つで、劉晨と阮肇の二人が天台山中の仙境に迷い込んで二人の仙女と出会い歓楽を尽したが、郷里に帰ってみると七代後の子孫に迎えられたという内容である。寂照の尋ねた清涼山が仙境であることをこれらの引用句で強調していることは明らかであろう。

この二つの摘句は、他の謡曲でも仙界を描くために引かれている。例えば『志賀』の前半は、シテの樵翁がツレの樵夫とともに登場し、志賀の山が仙境であることを賛嘆する。前シテの樵翁は、実は志賀明神となった大友黒主であることは、後半の展開で明らかにされる。『石橋』と同じ『和漢朗詠集』からの引用の箇所は以下の通りである。

〔サシ〕シテ 〽山路に日暮れぬ樵歌牧笛の声　シテツレ 〽人間万事さまざまの　世を渡り行く身のありさま　物ごとに遮る眼の前　光の陰をや送るらん　〔下ゲ歌〕シテツレ 〽あまりに山を遠く来て　雲また跡を立ち隔て　〔上ゲ歌〕シテツレ 〽入りつる方もしらなみの　入りつる方もしらなみの　谷の川音雨とのみ　聞えて松の風もなし　げにや謬つて　半日の客たりしも　いま身の上に知られたり　いま身の上に知られたり(6)

この『志賀』には、「不思議なりつる山人の　不思議なりつる山人の　薪の斧の永き日も」という詞章もみえ、後述する爛柯の話が引かれている。この爛柯の話も山中仙境譚の一つである。

『観世』の『石橋』特集号の柳瀬千穂「作品研究〈石橋〉試論――趣向と構成について――」は、『和漢朗詠集』引用の背景に朗詠注があることを指摘している。[7] 朗詠注は、蒙求注とともに漢学の初学者のため書物（幼学書）として中世の時代に広く読まれていた（太田晶二郎「「四部ノ読書」考」『太田晶二郎著作集　第一冊』吉川弘文館、一九九一年八月）。中世の注釈は、原典に対しての二次的な編纂物に拠った種々雑多な知識の集積が特徴であるが、『和漢朗詠集』が謡曲作者の題材源になっていたことは、これまでの先行研究で明らかにされている。[8]

先に引いた「謬入仙家　雖為半日之客」の句の前に、『和漢朗詠集』では「奇犬吠花　声流於紅桃之浦」という都良香の句を配している。朗詠注の一つ、「書陵部本朗詠注」では、この詩句を以下のように注している。

奇犬吠フレ花ニ、昔、劉伯、阮肇天台山ノ奥ニ遊シニ、山水ノ流ニ桃花ノ流出ルヲ見テ、源ニ人ノ有事ヲ知レリ。源ヲ尋行ケレハ、犬ノホウル音、聞ユ。アヤシミテ尋ケレハ、人家ハ不レ見シテ、犬多ク、桃花ニタワブレ吠フ。其水ノ流出タル処ヲ、紅桃ノ浦ト云也。下句、王子晋、天台山ノ石橋ヲ渡ントシケルニ、空中ニ音有テ云、汝未タ仙骨ヲ不レ得。此橋ヲ可渡、器ニ非ス。[9]

『蒙求』「劉阮天台」の話と天台山の石橋とを結びつけて理解していることは明らかであろう。「国会図書館本和漢朗詠注」も、石橋を渡れなかったのは伯道猷という別人物になっているが、全体はほぼ同系統の話が引かれている。柳瀬千穂は、これらの朗詠注が謡曲作者の題材源となったとして、以下のように指摘する。

図３　富岡鉄斎「武陵桃源図」（『鉄斎先生遺墨』中巻、便利堂コロタイプ印刷所、1925年、国立国会図書館デジタルコレクション）

「奇犬花に吠ゆ…」は、普通はいわゆる武陵桃源の故事を詠んだものとされるが、右では天台山の仙境の描写と解釈している。「中ソリテ虹ノ如ク」という石橋の形容、石橋を渡ろうとする者が拒まれるという要素など、右の注釈における石橋の描写は諸書と共通する。しかし「犬多ク桃花ニタワブレ吠フ」という、獅子ではないが獣が花に戯れることは、一般的な天台山の仙境の描写には見られない。ところが右の朗詠注においては、「奇犬花に吠ゆ…」の句を下句とともに天台山のこととして注釈しているために、元来関係の無い桃花に戯れる獣と石橋が、同じ天台山の仙境の情景と並べられることとなった(10)。

「奇犬吠花」の句は、正しくは陶淵明の「桃花源記」中の「鶏犬相聞」句を踏まえたものである。仙境を天台山とし、そこで犬が花に戯れ吠えているとするのは中世日本独自の理解の仕方である。『和漢朗詠集』からの直接の引用ばかりでなく、古注釈も含め、またその背景に広がる蒙求注も含めて、さまざまな山中仙境譚が『石橋』では踏まえられていることが明らかになったであろう。山中仙境譚が、しばしば仙女と出会い、歓楽を尽くすという展開になるのに対して、『石橋』では清涼山は仙境であるとともに、俗人が足を踏み入れてはならない場所、世俗を拒絶した聖なる場所であることを強調している。

第二節　六朝志怪小説に見る童子の神性

中国の志怪小説に描かれる山中他界譚に登場する童子像について、先駆的な考察をしたのは大室幹雄である（『囲碁の民話学』せりか書房、一九七七年五月）。童子の登場する山中他界譚とは、例えば任昉選とされる『述異記』の次のような話である（この仙界譚は、「爛柯」という言葉とともに、日本では早くから親しまれている『蜻蛉日記』には、「斧の柄は朽たさむ」と和訳されている）。

信安郡有石室山。晋時王質伐木至、見童子数人棊而歌。質因聴之、童子以一物与質、如棗核。質含之、不覚饑。俄頃童子謂曰、何不去。質起視斧、柯爛尽。既帰、無復時人。(11)

山中で数人の童子の囲碁を打っているのを見ていた王質が、気がついてみると斧の柄が腐るほど時間が経っていたという。日常とは全く異質な他界の時間が描かれているが、ここに登場する童子は寿命が限られている人間とは対照的な存在者とされている。大室は、「この非時間的世界に永遠に存在しているという一事において、童子は老人・神仙、玉女それに神々と同一の存在論的次元に属している」と指摘している。童子と老人の関係については、次節で考える。

童子という存在の重層性に関しては、中国の古代小説のなかに面白い話が散見される。なお、「石室山」を、「石室」(『水経注』巻四十)、「石室山,一名石橋山」(『太平寰宇記』巻九十七)とするなど、爛柯の説話には複数の異伝がある。[12]

東晋の干宝(?~三三六年)の著した『捜神記』は六朝志怪小説の代表作とされている。『捜神記』には、八巻本のテクストと二十巻本のテクストとがあるが、その八巻本『捜神記』巻三のなかの次の話も大室幹雄が検討しているものの一つである。なお、この物語は、原本に近いとされる二十巻本には載録されていない。

昔隋侯。因使入斉。路行深水沙辺。見小蛇。可長三尺。於熱沙中宛転。頭上出血。隋侯見而愍之。下馬以鞭撥于水中。語曰。汝若是神龍之子。当願擁護於我。言訖而去。至於斉国。経二月還。復無経此道侯乃収之。忽一小児。手把一明珠。当道送与。隋侯曰。誰家子。而語我。答曰昔日深蒙救命。甚重感恩。聊以奉貺。侯曰。小児之物。詎可受之。不顧而去。至夜又夢見小児持受与侯。曰乃蛇也。早蒙護生全。今日答恩。不見垂納請受之。侯驚異。迨旦見一珠在床頭。侯乃收之。[13]

助けた神龍の子が夢でお礼なので遠慮なく珠を受け取るよう隋侯に告げた話である。ここでは、自在に夢のなかに現われる童子の能力が描かれている。『捜神記』のなかには、後述するように童子の神性を示す話がこの他にも載せられていて、それらの話から帰納できることを、大室は次のようにまとめている。

童子は直接に神の現示であって、それは神々自身であったり、神の息子あるいは神の使者なのだった。とうぜん彼らは如何によって吉凶を授与する力、自然の秩序に拘束されない神秘的な力能、好む時にいたるところに出没する自在な顕現と隠身の能力などである。神の童子は夢の中にも真昼の路上にも忽然と姿を現わす、そして彼の出現においては夢の出来事がやすやすと姿を現わす、そして彼の出現においては夢の出来事がやすやすと現実の堅固な秩序を打ち破り、超自然的なものが日常の真只中に侵入して後に歴然たる証跡を残すのだ。隋侯の夢去った床頭に輝いていた一夥の明珠のように――。(14)

爛柯の説話では、王質は童子から与えられた棗を食べて、飢えを感じなかったという。『今昔物語集』巻十三本朝付仏法「陽勝修苦行成仙人語第三」にも、石室で断食していた修行僧が「青キ衣ヲ着タル童子」から「白キ物」を与えられて飢えがたちまちおさまったという叙述がある。

仏教説話なので護法童子として描かれているが、奇跡を現わし、夢に出入りする童子像は先に検討した中国の説話と同質である。巻十三にはこの他に、修行僧の夢に現われる童子も描かれている。

『捜神記』巻十四には、虎に育てられた子どもが後に楚の宰相となる話など、動物に育てられる捨て子の話が載っている。

闘伯比父早亡。随母帰、在舅姑之家。後長大、乃奸妘子之女、生子文。其妘子妻、恥女不嫁而生子、乃棄於山中。妘子遊猟、見虎乳一小児、帰与妻言。妻曰「此是我女与伯比私通、生此小児。我恥之、送於山中。」妘子乃迎帰養之、配其女与伯比。楚人因呼子文為穀烏菟。仕至楚相也。(15)

疎んじられ山中に捨てられた子どもが、動物に守られ強く育つという話は、日本の中世にもあった。酒呑童子の前身が「捨て童子」であること指摘した佐竹昭広は次のように述べている。

不思議な誕生をした子どもが深山に捨てられ、山の動物に守護されつつたくましく成人し、威力を世に振るうというモチーフは、中世口承文芸の典型的な一類型であった。この類型を、山中異常誕生譚「捨て童子」とすることができよう。伊吹童子、役行者、武蔵坊弁慶、平井保昌、かれらはおしなべて山中の「捨て童子」だったと言える。(16)

もう一話、不思議な力を持った青衣の童子の話を、『捜神記』巻八から引く。

呉以草創之国、信不堅固。辺屯守将皆質其妻子、名曰「保質」。童子少年、以類相与娯遊者、日有十数。永安三年三月、有一異児。長四尺余、年可六七歳、衣青衣、忽来従群児戯。諸児莫之識也。皆問曰「尓誰家小児、今日忽来。」答曰「見尓群戯楽、故来耳。」詳而視之、眼有光芒、爚爚外射。諸児畏之、重問其故、児乃答曰「尓恐我乎。我非人也。乃熒惑星也。将有以告尓。三公帰於司馬。」諸児大驚。或走告大人。大人馳往観之、児曰「舍尓去乎。」聳身而躍、即以化矣。仰而視之、若曳一疋練以登天。大人来者、猶及見焉。飄飄漸高、有頃而沒。時呉政峻急、莫敢宣也。後四年而蜀亡、六年而魏廃、二十一年而呉平。是帰於司馬也。(17)

呉の辺境を守る守将は妻子を人質にとられたが、その子供たちで一緒に遊ぶ者が日に十数人いた。その日、一人の青い服を着た、背丈四尺あまりの風変わりな子どもがふと現れた。子供たちはその子を知らなかったので、どこの家の子かと尋ねた。その子は君たちが楽しそうに遊んでいるので来ただけだと答えて、三公（魏・呉・蜀の君主）は滅ぼされて司馬の世になると驚くべきことをことを告げた。その子は熒惑星であったという内容である。熒惑星については、王充の『論衡』「訂鬼」篇に次のような記述がある。

世謂童謡、熒惑使之、彼言有所見也。(18)

童謡は、熒惑星が子どもを導いて歌わせるのだと世間で言われているのも一理あるところだという意味である。王充は続いてこの謂われの合理的な解釈を試みているが、それはともかく、一般的に童子には不思議な予知の能力があると考えられていたのだ。日本の古代でも「童謡」の漢字が当てられた「わざうた」は神の託宣と考えられていた。

漢魏六朝時代から始まる中国の小説の歴史は、明代に入り白話小説へと発展してゆく。明代の『西遊記』や『封神演義』などには哪吒太子という少年神が活躍する。身体や衣服が蓮華でできていることからも分かるように、哪吒太子はもとは仏教の守護神であった。中国に伝わると道教の神に変り、現在でも台湾を中心として圧倒的な人気がある。父は同じ仏教の守護神に由来する托塔李天王である。李天王は武勇に優れた神である。『水滸伝』に梁山泊の首領としてその活躍が描かれる晁外のあだ名が托塔天王であった。孫悟空を征伐するときにもまず李天王に命令が下されているように、李天王は「堂々たる威勇の神」である。そのような「威力を持つ父親を、さらに上回る存在であるから、少年哪吒太子は強力な神と言える」(19)。中国の古典小説には少年の姿の神が登場することを補足しておきたい。
以上、六朝志怪小説に、聖性を帯びた童子像がさまざまに登場することを確認した。民俗的心意を背景として神異の童子が形象されていることは、第五章で検証するように日本と中国とで共通する。

第三節　神仙説話における老翁と童子

中国の説話では、童子と老人はしばしば深い結びつきをもって描かれる。前節で石室山中で童子たちが囲碁を囲む爛柯の説話を検討したが、この話と対応するような次の話がある。

有巴邛人、不知姓。家有橘園。因霜後、諸桔尽收、余有二大橘、如三四斗盎。巴人異之、即令攀摘、軽重亦如常橘。剖開、毎桔有二老叟、鬚眉皤然、肌体紅潤、皆相対象戯、身僅尺余。談笑自若、剖開後、亦不驚怖、但与決賭。賭訖、叟曰「君輸我海龍神第七女髪十両、智瓊額黄十二枚、紫絹帔一副、絳台山霞実散二庾、瀛洲玉塵九斛、阿母療髓凝酒四鍾、阿母女態盈娘子躋虚龍縞襪八両、後日於王先生青城草堂還我耳。」又有一叟曰「王先生許来、竟持不得。橘中之楽、不減商山、但不得深根固蔕、為愚人摘下耳。」又一叟曰「僕飢矣、須龍根脯食根。」即於袖中抽出一草根、方円徑寸、形状宛転如龍、毫釐罔不周悉、因削食之、随削随満。食訖、以水噀之、化為一龍、四叟共乘之、足下洩洩雲起、須臾風雨晦冥、不知所在。巴人相伝云、百五十年已来如此、似在隋唐之間、但不知指的年号耳。(20)

この物語では、橘の実のなかで「象戯《しょうぎ》」を楽しむ四人の老人が描かれている。『後漢書』「方術列傳下」に費長房が老人とともに壺の中に入り酒食を振る舞われるという、壺中天の由来となる説話が載せられている。中国には、中が空になった小世界に別天地があるという考え方が根強くある。橘の実の中の別天地は、石室というこれも中空の別天地と同じ発想である。この小世界で四人の童子と四人の老人とが盤上遊戯をしているという光景はこれもまた同様の発想である。

童子と老人の組み合わせはいろいろな形で説話の世界に描かれている。劉宋の劉義慶撰の『幽明録』には次のような話が見える。

漢武帝与群臣宴於未央、方啖黍臛、忽聞人語云「老臣冒死自訴。」不見其形、尋覓良久、樑上見一老翁、長八九寸、面目頳皺、鬚髪皓白、拄杖僂歩、篤老之極。帝問曰「叟姓字何。居在何処。何所病苦、而来訴朕。」翁縁柱而下、放杖稽首、默而不言。因仰頭視屋、俯指帝脚、忽然不見。帝駭愕、不知何等、乃曰「東方朔必識之。」於是召方朔以告、朔曰「其名為藻兼、水木之精也。夏巣幽林、冬潜深河。陛下頃日頻興造宮室、斬伐其居、故来訴耳。仰頭看屋、而復俯指陛下脚者、足也。願陛下宮室足於此也。」帝感之。既而息役。幸瓠子河、聞水底有弦歌之声、前梁上翁及年少数人、絳衣素帯、纓佩甚鮮、皆長八九寸、有一人、長尺余、淩波而出、衣不沾濡、或有挾楽器者。[21]

宮殿建築を中止を訴えて武帝の前に小さな老人が現れたという話である。博学の東方朔は、その老人は「藻兼」という水と木の精を兼ねる神で、土木工事のために多くの木が伐採されるのを止めに訴えに出た、と帝に説明する。その願いを聞き入れた武帝が後日黄河の瓠子に行幸したとき、老人は数人の少年とともにお礼のために現れたという話である。「藻兼」は「藻居」ともいう。

晋の葛洪撰の『神仙伝』には数百歳という高齢なのに容貌は童子のようだという表現がしばしば出てくる。以下、三例挙げる。

彭祖者、姓銭名鏗、帝顓頊之玄孫。至殷末世、年七百六十歳而不衰老。少好恬静、不恤世務、不営名誉、不飾車服、唯以養生治身為事。殷王聞之、拝為大夫、常称疾閒居、不与政事。善於補養導引之術、併服水桂雲母粉麋鹿角、常有少容。

初起便棄妻子、留就初平。共服松脂茯苓、至五千日、能坐在立亡、行於日中無影、而有童子之色。後乃倶還郷里、諸親死亡略尽、乃復還去。

太山老父者、莫知其姓名。漢武帝東巡狩、見老父鋤於道間、頭上白光高数尺、怪而呼問之。老父状如五十許人、而面有童子之色、肌体光華、不与俗人同。(22)

年を取ることによりかえって若くなり、日中に影が映らないなど、いずれも尋常の人間とは違うことを示唆している。高齢になっても童子のような容貌だというのは変わらぬ若さを象徴している。

以上、中国の神仙説話において、老人と童子が極めて密接な関係性を持っていることをおおよそ確認した。

第四節　中国の古典詩歌にみる「樵夫」「樵翁」の形象——「隠者」から「聖」なるものへ

中国には、前述した陶淵明「桃花源記」のように、山中の桃源郷に樵夫や漁父が迷い込む話がある。第二節で検討した「爛柯」の主人公王質も、樵夫であった。彼ら漁父樵夫がなぜ理想郷に行き着けたのだろう。山中での生業に携わっているからであろうか。本節では、中国の古典詩文中の「樵夫」の形象を探ってゆく。

南北朝時代の詩人、謝霊運の「田南樹園激流植援[23]」と題する詩は、山居に庭を造ったときの詩だが、その一句目は「樵隠倶在山、由来事不同」と詠まれている。

李善注に引く臧栄緒撰『晋書』には、「何琦曰「胡孔明有言、隠者在山、樵者亦在山、在山則同、所以在山則異。」」とあり、同じ山にあっても隠者と樵者とではそこに住まう理由は違うとする。六朝時代、樵夫は貧しい生活者でしかなかったのである。

その樵夫が、唐代に入ると別のイメージで描かれるようになる。そのことを王維の詩から跡づけてみよう。王維は若くして科挙に合格し、晩年安史の乱において偽官拝命の屈辱を受けたもの、六十歳の生涯を終生官僚として過ごした。その一方で輞川の別荘での自然詠に、隠逸への志向が読み取れる。仕官と隠逸という、相反する志向を持った盛唐の詩人である。王維の詩に詠まれている「樵」は、五例ある。「桃源行」・「終南山」・「斤竹嶺」・「帰輞川作」・「藍田山石門精捨」の五首である。以下、一首ずつ見てゆくこととする。

まず、「桃源行」を挙げる。前述の「桃花源記」を踏まえた作品である。

漁舟逐水愛山春、両岸桃花夾去津。坐看紅樹不知遠、行尽青渓不見人。

山口潜行始隈隩、山開曠望旋平陸。遙看一処攢雲樹、近入千家散花竹。
樵客初伝漢姓名、居人未改秦衣服。居人共住武陵源、還従物外起田園。
月明松下房櫳静、日出雲中雞犬喧。驚聞俗客争来集、競引還家問都邑。
平明閭巷掃花開、薄暮漁樵乗水入。初因避地去人間、及至成仙遂不還。
峡裏誰知有人事、世中遙望空雲山。不疑霊境難聞見、塵心未尽思郷県。
出洞無論隔山水、辞家終擬長游衍。自謂経過旧不迷、安知峰壑今来変。
当時只記入山深、青渓幾曲到雲林。春来遍是桃花水、不辨仙源何処尋。(24)

この詩の中で、桃花源の住人は仙人になったと詠まれている（初め地を避けて人間を去るに因って、至るに及んで仙と成りて遂に還ざるを）。漁父樵夫が迷い込んだ桃花源は仙界と捉えられている。本節の冒頭で漁父樵夫がなぜ山中の異界に辿り着けたのかと問を立てたが、それに答えて、川合康三は「漁師や樵夫が水辺や山中の人であるからといった合理的説明では足りない。彼らは士大夫階級にはない、異界と接触することのできる特殊な資質を備えていたかのようである(25)」と指摘している。

次に「終南山」を挙げる。

太乙近天都、連山到海隅。白雲迴望合、青靄入看無。
分野中峯変、陰晴衆壑殊。欲投人処宿、隔水問樵夫。(26)

「太乙」は、終南山のことである。長安の南に望まれる秀麗な峰々の中心が終南山である。その終南山は、「天都」すなわち天帝の住む都に接するように聳えている。そして連なる山並みは海のほとりにまで至っている。振り返って見れば、雲が合わさって来た道を閉ざす。世界の中心として聳えているのが終南山だとする。赤井益久は、次のように指摘する。

天に浮かぶように屹立する終南山が天を分け、地を画する様子が巧みにとらえられる。天都に近い聖なる山に足を踏み入れた詩人は、しばしその絶景のとりこになるのである。この詩でも末尾に「樵夫」が描かれ、詩人の行く手を示唆する役割が与えられている。(27)

「樵夫」は、「聖なる山」への案内者として理解することができるのである。

次に「斤竹嶺」を見てみよう。

檀欒映空曲、青翠漾漣漪、暗入商山路、樵人不可知。(28)

王維の別荘である輞川荘で友人の裴迪と題詠唱和した全二十首の内の一首である。「檀欒」は竹の美しく茂るさま、「漣漪」は、美しいさざ波をいう。美しい茂りがよどみに影を落としている。人知れず商山に入れば、木こりも知らないはずだ。斤竹嶺から山路は商山へと続く。商山は、東園公・綺里季・夏黄公・甪里先生の四皓と言われる賢人が乱れた世を避けて隠れた山である。この詩について、渡辺英喜は次のように論じている。

後半の二句は、川面のさざ波に揺れ動く斤竹の美しい情景を眺めながら歩いているうちに、いつのまにか商山への道に分け入ったと詠じている。しかし、裴迪は同詠「斤竹嶺」詩の後半に、「一逕山路に通じ　行歌して旧き岑を望む」と詠じており、商山への山路を辿っているのではなく、遠くから商山への路を眺めているだけのようである。裴迪は強い憧れの気持ちを抱きながら眺めていたのであろう。これに対して、王維は隠者（木こり）さえも知らない山路を辿って、道を修めた高潔な人物である商山の四皓（東園公・夏黄公・綺里季・角里先生）のもとへ辿ってゆくのである。王維は商山の四皓と同格であると言わんばかりのうたいぶりである。自信に満ち溢れている。(29)

詩人はこの商山に向かう道が樵夫の知ることのできないものであることに深く感慨している。道には象徴的な意味が含意されている。詩人の隠遁生活への憧憬と世俗の功利への嫌悪が意味深く描かれている。樵夫は、隠者でもあるが、その隠者でさえ及ばない道を極めたのが四皓である。楊文成が引く陶文鵬『唐代文学史』の説に「詩人深沉感概這条通向商山的小路是樵夫不能知的，便使小路具有一種象徴含義，含蓄地写出対隠居生活的神往和対世俗功利的厭倦(30)」とある。商山へと向かう道は象徴的意味を持っている。この道には、隠遁生活への憧れが投影されている。

次に、同じ輞川の山荘の作である「帰輞川作」を挙げる。

谷口疎鐘動、漁樵稍欲稀。悠然遠山暮、独向白雲帰。

菱蔓弱難定、楊花軽易飛。東皐春草色、惆悵掩柴扉(31)。

谷のほとりを間遠な鐘の音が聞こえる。漁夫や木こりがまばらになる時刻、ただひとり白雲のもとへ帰って行く。岩波文庫版『王維詩集』によれば、「王維の詩では、白雲はしばしば一種の高次元の世界の象徴のごとく用いられ(32)」る。王維は白雲の理想郷を目指して歩いてゆくのである。

最後に「藍田山石門精捨」の詩を挙げる。

落日山水好、漾舟信帰風。玩奇不覚遠、因以縁源窮。
遙愛雲木秀、初疑路不同。安知清流転、偶与前山通。
捨舟理軽策、果然駆所適。老僧四五人、逍遙蔭松柏。
朝梵林未曙、夜禅山更寂。道心及牧童、世事問樵客。
暝宿長林下、焚香臥瑶席。澗芳襲人衣、山月映石壁。
再尋畏迷誤、明発更登歴。笑謝桃源人、花紅復来覿(33)。

「藍田山」は、長安の東南三十里にある。その藍田山の石門寺を訪れての作である。山水のすばらしさには思わず見とれてしまうと詠んでいる。このすばらしい山水と静謐な寺の環境の中で仏の感化は牧童にまで及んでいている。世の中の事は木こりに問えば知っているはずだとする。樵客は、単なる山で生業に従事している者ではない。

「樵」の例を王維以外の詩にも見ていこう。盛唐の詩人王昌齢に「題灞池」と題する二首の連作がある。其の一を引くと次のようになる。

腰鎌欲何之。東園刈秋韭。世事不復論。悲歌和樵叟。[34]

「灞池」は、長安にある池の名。ひいては長安をいう。「秋韭」は、秋のにら。「悲歌」は、『説苑』「善説」に載せる琴の名手雍門子の故事を引く。[35] 雍門子が孟嘗君にあなたが琴を弾けば私を悲しませることができるだろうかと尋ねられ、千万年の後には宗廟を祀る者もいなくなり、高台は跡形もなく崩れさり、墳墓もいつの間にか平らになって薪を取りに来た子どもたちに踏みつけられてしまうでしょうと答えたというものである。悲しみの極まった歌、世を慷慨する歌である。詩の前半では鎌を腰にさしてどこに行くのかとの人からの問いに答えて、東の畑ににらを刈りに行くのだと答える。後半は、世間の俗事などは二度と口にするまいと決意し、その決意を歌う悲しみの歌声が樵叟の声と和して奏でられると結んでいる。世間にその才能が受け入れないことに、詩の作者は田園生活を選ぼうと言っているのである。詩の四句目で歌の相手として「樵叟」が詠まれることについて、赤井益久は次のように論じている。

いささか唐突に運ばれる詩歌の展開は、結句に至って「樵叟」が登場することで理解される。山中に樹木を伐採し、薬草・木の実を採取する「きこり」は、中国古典詩のなかでは、山中の生活者であると同時に、山中に隠棲する「隠者」「隠逸」としてとらえられることが多い。[36]

さらに、この詩の基底に流れている心情について次のような指摘を加える。

こう考えてくると、冒頭の問い掛けの句は、やはり「帰去来の辞」中にある「曷ぞ心に委ねて去留を任せざる、胡為れぞ遑遑として何くに之んと欲する」をふまえているとみなすのが適切であろう。抗し難い時間の移ろいのなかにあって、齷齪とどこへ行こうとするのか、出処進退は自分の心の願うままにすべきである、というのが本来の主旨である。詩は、これをすでに帰隠を決意したものへの問い掛けとしたところに新しい意味がある。(37)

連作の「其の二」では、「漁者」に言及する。

開門望長川。薄暮見漁者。借問白頭翁。垂綸幾年也。(38)

「長川」は、灞水をいう。(39)「薄暮」は、日暮れに近づくこと。大河を眺めると、夕暮の薄もやに漁師が見える。白頭のその漁師に糸を垂れて何年になるのかと尋ねてみようというのである。二句目の「漁者」ついて、赤井益久は次のように説明している。

あたかも時間に超然とするかのような「漁師」の存在、大きな川にポッカリと浮かぶその姿に、俗世から逃れようとする自身の姿を二重写しにしてみる。やはり、「漁師」は、「樵叟」と同じく、人間世界とは一線を画する世界の住人、すなわち隠者に近い人物像として描かれている。この二首の詩は、したがって俗世を離れ、自然に優遊せんとする隠逸の希望を表明した作であると理解することができるだろう(40)。

以上、中国の古典詩文に描く樵夫について用例を見てきた。検証の結果、樵夫が「隠者」の象徴として、山中の異界に近い存在であることが浮き彫りとなった。赤井益久は、樵夫・漁夫が隠者であると同時に「聖」なる存在であったと指摘する。

人間世界と仙界・理想世界のあいだにあって、〈漁樵〉は静謐な世界の住人として典型象徴化されたのである。終南山や嵩山は退隠の場所であるとともに、仏教寺院道観が数多くあり、そこでの修行する者や僧侶が住まう「聖」なる空間であった。隠者は俗世を離れ、名利に超然とする姿勢によって、それら「聖」なる人々と生き方が重なるようにとらえられ、「聖」と「隠」とが混在して意識された。そして、さらに聖なる〈漁樵〉への形象化に及ぶのである(41)。

樵夫は、単に隠者であるだけではなく聖なるものとしての象徴性を担っている。樵夫のこの性格が、『石橋』の前シテとしての役割を果たすのにふさわしいと考えられ、『石橋』の前シテに設定されたのだろう。清涼山で出会うのは樵夫ではなく、仮に僧侶とすることもできたであろう。しかし後に文殊菩薩の使獣である獅子へと変身する重要な役割を担うべき前シテ、これが樵翁とされたことの意味は、日本における樵翁の意味づけも顧慮しながら、さらに考えなければならない。

結

まず、六朝志怪や朗詠注に描かれる山中仙境譚の考察により、『石橋』の舞台となる清涼山が聖なる世界であると強調していることが明らかになった。続いて、『石橋』の前シテが童子とも樵翁とも設定されていることの意味を『捜神記』など六朝志怪小説から考証した。そこから、童子とは不思議な力を持ち、神的なものに近い存在であったことを読みとることができた。

さらに、樵翁が唐代に入り理想の境地に達した隠遁者の形象で描かれるようになったことを王維の詩を中心に論証した。童子も翁も聖なるもの、あるいは聖なるものに近い存在として中国の詩文の世界では描かれていることを本章では確認した。

註

（1）『石橋』小山弘志・佐藤健一郎校注・訳『謡曲集②』（新編日本古典文学全集五十九）小学館、一九九八年一月、五八三・五八五頁。
（2）『石橋』佐成謙太郎『謡曲大観　第二巻』明治書院、一九三〇年十二月、一三七三頁。
（3）『石橋』横道万里雄・表章校注『謡曲集　下』（日本古典文学大系四十一）岩波書店、一九六三年二月、三五八頁。
（4）『石橋』『謡曲集②』前掲書、五八四〜五八五頁。

（5）早川光三郎『蒙求　下』（新釈漢文大系五十九）明治書院、一九七三年十月、六九九〜七〇〇頁。

『続斉諧記』にいう。漢の明帝の永平年中、剡県に劉晨と阮肇がいた。天台山に入って薬を採っていた。道に迷い、食料がなくなってしまった。山上に桃の実がなっているのが見えた。その実を一緒に取って食べると、少し元気が出た。山を下り谷川に出たので、水を飲んで手足を洗っていると、蕪菜の葉が流れてくるのが見えた。山の方から流れて来た。続いて一つのお椀が流れて来た。中に胡麻飯の残りがあった。二人は話し合った。「人家はそう遠くないだろう」そこで、谷川を渡って一里ほど行くと、また一つの山があり、大きな谷に出た。そこに二人の女がいた。容貌がすばらしく、この世にまたない美しさであった。女は劉と阮の名前を呼んだ。古くからの知り合いのようであった。「あなたたちはどうして来られるのが遅かったのですか」と言い、女の家に二人を迎えた。建物や装飾は極めて美しかった。東西にそれぞれ床があった。帳には七宝の装身具が下がっていて、この世にないすばらしいものであった。左右の侍女はは、皆青衣を着ていて端正であった。男子は一人もいなかった。しばらくして胡麻飯や山羊の干し肉が出されたが、とても美味であった。また甘酒を振る舞われた。十数人の客がいた。三個と五個の桃を持って来て、「婿殿が来られたことをお祝いします」と言った。それぞれ楽器を取り出し、調べを整え演奏した。日が暮れると、仙女めいめい帰って行った。劉と阮は女の家に迎えられて泊まり、夫婦暮しをした。十五日経つと二人は帰りたいと言い出した。女は、「ここに来られたのは前世からのよい因縁によるものです。仙女と結婚でき、世俗に何の楽しみがありましょう」と引き留めた。そこで半年留まった。この地は天気は温和で快適に過ごせ、常に二月か三月のような陽気であった。さまざまな鳥が囀っていたが、故郷を懐かしむ二人には悲しげに聞こえ耐えがたかった。女は、「前世からの罪障がまだ残っていて、そのように懐かしむのですね」と言った。そして、多くの仙女を呼んで、管絃を奏して、劉と阮を見送った。「この山の東の洞穴を行きなさい。程なく大きな道に出ます」と言った。その言葉の従って行くと、果して故郷に帰ることができた。しかし、誰も知り合いがいなかった。郷里の人が不思議に思って調べると、二人の七代後の子孫が見つかった。「ご世祖に山に入ったまま出てこず、行方の分からなくなった人がいます」と伝え聞いていますと言った。二人は親類もなく、住む場所もなかったので、また女の家の戻りたいと思って、山路を探したがとうとう分からなかった。太康八年になって、二人の居場所も分からなくなった。

（6）『志賀』伊東正義『謡曲集　中』（新潮古典集成）新潮社、一九八六年三月、一二二頁。

（7）柳瀬千穂「作品研究〈石橋〉試論――趣向と構成について」『観世』（特集・石橋）第七四巻第十二号、二〇〇七年十二月、二七～二八頁。
（8）中世の注釈世界の全体像については、三谷邦明・小峯和明編『中世の知と学――〈注釈〉を読む』森話社、一九九七年十二月、参照。
（9）伊東正義・黒田彰編著『和漢朗詠集古注集成　第二巻下』大学堂書店、一九九四年一月、四五七～四五八頁。
（10）柳瀬千穂、前掲論文、二八頁。
（11）中島長文「『任昉述異記』校本」『東方学報』第七三冊、二〇〇一年三月、四〇二頁。
信安郡に石室山がある。晋の時代に王質が木を伐りに山に入ると、数人の童子が歌いながら碁を打っていた。王質が見ていると童子が棗の種のようなものをくれた。それを口に含むと飢えを感じなかった。しばらくしてどうして帰らないのかと童子に言われ、王質が立ち上がって斧を見ると、柄が腐っていた。家に帰ると王質を知る者は誰もいなかった。
（12）李剣国『唐前志怪小説輯釈（修訂本）』上海古籍出版社、二〇一一年十月、六〇七～六一一頁。
（13）塩谷溫訳註『国訳漢文大成文学部第十二巻晋唐小説』国民文庫刊行会、一九二一年六月、捜神記原文八頁。
昔、隋侯が使者として斉に行った時、深水の砂浜を歩いていると一匹の小蛇を見た。長さは三尺ほどであった。蛇は砂の上で苦しそうに身をねじ曲げていた。頭の傷からは血が流れていた。隋侯は哀れんで、馬から下りて鞭で水の中から蛇を引き出した。そこで話しかけ、お前がもし神龍の子なら、私を守ってくれるようにと言った。言い終えると隋侯は斉の国に赴いた。二カ月後にまた同じ道を通ると、急に子供が現れて、手にした明珠を贈ろうとした。隋侯はどこの家の子か告げなさいと言った。子供は以前命を救っていただいて深く感謝していますので贈り物をしたいと言った。隋侯は子供のものは受け取れないと取り合わずに立ち去った。夜になってまた子供が珠を持って現れ自分に与える夢を隋侯は見た。子供はその時の蛇で命を救ってくださった恩に感謝したかったのですが受けてもらえませんでした。お疑いをせずにどうかお受け取りくださいと言った。隋侯はいぶかしんだが朝起きると床の上に宝珠があるのを見た。そこ隋侯は、宝珠を収めた。
（14）大室幹雄『囲碁の民俗学』せりか書房、一九七七年五月、七三頁。
（15）汪紹楹校注『捜神記』中華書局、一九七九年九月、一七〇頁。

闘伯比は幼いときに父を亡した。母といっしょに祖母の家にいた。成人になってから、妘妘の娘と通じ、子文が生まれた。妘子の妻は私通を恥じて、子文を山中に棄てた。妘子が狩りに出たとき、虎が赤子に乳を飲ませているのを見た。帰ってから妻にそのことを話すと、妻は、「娘と伯比とが私通して生んだ子です。恥しいことですから、山の中に置いてきました」と言った。妘子は連れ戻して養育し、其女と伯比を結婚させた。楚人はそこで子文を穀烏菟と呼んだ。後に仕官して楚の宰相になった。

(16) 佐竹昭広『酒呑童子異聞』平凡社、一九七七年十月、三四頁。

(17) 汪紹楹、前掲書、一一三〜一一四頁。

呉が創建して間もない頃、君臣の信頼関係が固くなかったので、国境を守る武将達の妻子を人質にして「質保」と呼んでいた。子供達は同じ境遇にあるので仲良くなって、毎日十人あまりが一緒に遊んでいた。永安二年のことである。一人の不思議な児童が現れた。身長は四尺あまり、六、七歳ぐらいであった。青い着物を着て、ふとやって来ると子供達を遊んだ。どの子供も知らない子であったので、「君どの家の子、急にやって来たのだけと」と尋ねた。その子は「君達が楽しそうなので来ただけだよ」と答えた。その子をよく見ると眼にきらきらとした光があって、人を射すくめるようであった。子供達は恐くなってどうして光るのかと尋ねた。その子は、「僕のこと恐いの? 僕は人ではなくて、熒惑星なんだ。君達に知らせておくよ。三公が耕したあとは、司馬が行くからね。」と言った。子供達はすっかりびっくりして、大人達に知らせたので、大人達も来てその子を見た。「さよなら」と言うなり、身をそびやかせて躍り上がって姿を変えた。仰ぎ見れば、一疋の練絹を引くようにして天に昇っていく。大人達が来たときにはまだ見えたが、風に吹かれるようにして高く上がっていき、やがて見えなくなった。当時、呉では政治が緊迫していたが、誰もそのことを言わなかった。それから四年後に蜀が滅び、六年後に魏が廃絶した。二十一年後、呉も平定され、天下は晋に帰した。魏、呉、蜀の三国が戦ったことが「三公が耕して、司馬が行く」という言葉の謂われになったのである。

(18) 黄暉撰『論衡校釈』中華書局、一九九〇年二月、九四一頁。

(19) 二階堂善弘『封神演義の世界――中国の戦う神々――』大修館書店、一九九八年十月、一一九頁。

(20) 程毅中点校『玄怪録 続玄怪録』中華書局、二〇〇六年八月、七四〜七五頁。この橘中叟の故事をもとに作られた能に、観世信光『巴園《ばえん》』がある。

巴邛のある人は、橘の果樹園を持っていた。霜が降りた後、皆収穫して、三四斗の盎《かめ》のように大きな橘の実が二つ残った。その人は不思議に思って、攀じ上って摘ませると普通の橘の実と変わらなかった。開いてみると、二つの実とも二人の老人がいた。髪と眉は真っ白であったが、肌つやはよく赤らんでいた。みな二人ずつ象戯をしていた。身の丈は一尺あまりで、談笑して泰然としていた。実が開かれても驚くことはなく、ただ賭け事に夢中であった。「君は負けたよ。海龍神の第七の女髪十両、智瓊の額黄十二枚、紫絹の帔一副、絳台山の霞實散二庾、瀛洲の玉塵九斛、阿母の療髓凝酒四鍾、阿母の娘態盈娘子の躋虚龍縞襪八兩を、後日、王先生の青城の草堂で私に返すのだよ」と老人の一人が言った。また、一人の老人が言った。「王先生はいつ来るのだろう。待ちきれないよ。橘の実の楽しさは商山に負けることはない。ただ深くしっかりと蔕《へた》に付いていないので、摘み取られてしまった」。また、一人の老人が言った。「僕はお腹がすいた。乾し龍根を食べよう」そして一本の草の根の直径一寸ぐらいで、うねって龍のようなものを引き出して削っては食べるが、削るに従って根は元通りになるのである。食べ終わって水を吹きかけると、根は化して龍になった。四人の老人が龍に乗ると、足下より次々と雲がわき出し、たちまちに空が暗くなり風雨が強まり、どこに行ったのか分からなくなった。巴邛の言い伝えて、すでに百五十年になるが、隋と唐の間にあったことのようだが、その年号がいつなのかは分からない。

（21）王根林『漢魏六朝筆記小説大観』上海古籍出版社、一九九九年十二月、六九五～六九六頁。

武帝が群臣と未央宮で宴を開き、料理を食べようとしたとき、たちまち人の声がして、「老臣が死罪を覚悟で訴えに来ました」と聞こえた。姿が見えず、探し求めると、しばらくして梁の上に一人の老人がいた。身の丈は八、九寸にすぎず、顔は皺だらけで、髪は真っ白で、杖にすがってよろぼうていて、老衰がひどかった。帝が「ご老人は名を何といい、どこに住まうのか。どんな災いがあって私に訴えるのか」と尋ねた。老人は柱より降り杖を放して叩頭し、黙ったままであった。そして頭を挙げ宮殿を見ながら、臥したまま帝の足を指し、忽然と消えてしまった。帝は驚き恐れたが何のことなのかは分からなかった。そこで臣下は「東方朔なら必ずこのことが分かるでしょう」と申し出た。帝は東方朔を召し出し事情を説明した。東方朔は「名前を藻兼といって、水と木の精です。夏は奥深い森に住み、冬は深い河のなかに潜んでいます。陛下が近頃盛んに宮殿を作られますので、身を休める木が皆切り倒されてしまいます。そこで訴えに出たのです。頭を挙げて宮殿を見、陛下の足を指したのは、陛下の宮殿はもう十分に足りていると願い出たのです。武帝は嘆息して建築工事を止めさせた。後日、黄河の瓠子に行幸したとき、水底から音楽の音が聞こえ、梁にいた老人が数人の少年たちと現れた。赤色の着物と白い帯で、装飾品が美しかった。身長は皆八、九寸であったが、一人一尺あまりの子がいた。川波から出ても衣服は濡れていなかった。ある者は楽器を携えていた。

(22) 胡守為校釈『神仙伝校釈』中華書局、二〇一〇年九月、一五・四一・二八九頁。

彭祖は姓は銭、名は鏗、顓頊《せんぎょく》帝の玄孫であった。殷の末には七百六十歳になっていたが、老衰していなかった。若い頃から心の安らぐことを好み、世事にはかまわなかった。名誉を気にせず、上辺を飾ることをしなかった。養生によって身を治めることだけを求めた。殷王の時代、太夫として遇した、いつも病気を口実に閑居して政治に関わらなかった。補精導引の術に精しく、肉髻、雲母粉、麋角散を服用して、常に若々しい容貌であった。

初起も妻子を棄ててそこ(金華山の石室)に住み、弟の初平に就いて仙道を学び、共に松脂や茯苓《ぶくりょう》を服用した。五百歳になると、坐せば見え、立てば見えなくなる術を会得し、日中歩いても影はなかった。容貌は童子のようであった。後に一緒に郷里に帰ったが、親族はほとんど死に絶えていたので、再び引き返した。

太山の老父は姓も名も分からない。漢の武帝が東方を巡幸したとき、道の傍らに畑仕事をする老人を見かけた。頭上に数尺もの高さの白い光が見えた。不思議に思って問いかけた。老人は体つきが五十歳ぐらいに見えたが、顔は童子のような色つやで、肌も輝かしく普通の人とはまるで違った。

(23) 王全等点校『文選』上海古籍出版、一九六〇年四月、一三九七頁。

樵と隠は倶に山に在れど、由来事は同じからず。

何琦曰く、胡孔明に言有り。隠者は山に在り。

樵者も亦た山に在り。山に在るは則ち同じきも、山に在る所以は異なれり。

(24) 陳鉄民『王維集校注』中華書局、一九九七年八月、一六頁。

漁舟水を逐ひて山を愛する春。両岸の桃花去津を夾む。坐して紅樹を看て遠きを知らず、青溪を行き尽くして人を見ず。山口の潜行は隈隩に始り、山開きて曠望平陸に旋る。遙かに一処の雲樹を攢《あつ》むるを看、近く入れば千家に花竹を散ず。樵客初めて伝ふ漢の姓名。居人未だ秦の衣服を改めず。居人共に住む武陵源。還つて物外に従つて田園を起す。月明かにして松下房櫳静かに、日出でて雲中雞犬喧《かまびす》し。驚きて俗客を聞きて争ひて来り集り、競ひ引きて家に還りて都邑を問ふ。平明閭巷花を掃うて開き、薄暮漁樵水に乗じ入る。初め地を避けて人間を去るに因つて、至るに及んで仙と成りて遂に還ざるを。峡裏誰か知らん人事有ることを、世中遙かに望めば空し雲山。疑はず霊境聞見し難し。塵心未だ尽きず郷県を思ふ。洞を出でて論ずること無し山水隔つるを。家を辞して終に擬す長く游衍するを。自ら謂ふ経過旧《もと》迷はず。安んぞ知らん峰壑今来変ず。当時只だ記す山に入るの深きを。青渓幾曲か雲林に到る。春来遍く是れ桃花の水、弁ぜず仙源何れの処に尋ぬることを。

(25) 川合康三『桃源郷　中国の楽園思想』講談社、二〇一三年九月、一六九頁。

(26) 陳鉄民、前掲書、一九三頁。

太乙天都に近く、連山海隅に到る。白雲迴り望めば合し、青靄入りて看れば無し。分野中峯に変じ、陰晴衆壑殊なる。人処に投じて宿せんと欲し、水を隔て樵夫に問ふ。

(27) 赤井益久「漁樵考」『中国山水詩の景観』新公論社、二〇一〇年三月、二二一頁。

(28) 陳鉄民、前掲書、四一六頁。

檀欒空曲に映ず。青翠は漣漪《れんい》に漾《ただよ》ふ。暗に商山の路に入る。樵人知るべからず。

(29) 渡辺英喜『自然詩人　王維の世界』明治書院、二〇一〇年十一月、一九頁。

(30) 楊文生編著『王維詩集箋注』四川人民出版社、二〇〇三年十二月、三三五頁。

詩人はこの商山に向かう道が樵夫の知ることのできないものであることに深く感慨している。道には抽象的な意味が含意されている。詩人の隠遁生活へ憧憬と世俗の功利への嫌悪が意味深く描かれている。

(31) 陳鉄民、前掲書、四四八頁。

谷口疎鐘動く。漁樵稍く稀ならんと欲し、悠然たり遠山の暮。独り白雲に向ひて帰る。菱の蔓は弱くして定まり難し。楊花軽くして飛び易し。東皐春草の色、惆悵として柴扉を掩ふ。

(32) 小川環樹・都留春雄・入谷仙介選訳『王維詩集』岩波文庫、一九七二年十月、岩波文庫、一二八頁。

(33) 陳鉄民、前掲書、四六〇頁。

落日山水好し。舟を漾《ただよ》はせて帰風に信《まか》す。奇を玩んで遠きを覚えず。因りて以て源を縁《たず》ねて窮む。遙かに愛す雲木の秀、初めて疑ふ路同じからず。安んぞ知らん清流転じ、偶前山と通ず。舟を捨てて軽策を理《おさ》む。果然として適する所に駆る。老僧四、五人、逍遙して松柏に蔭《かげ》す。朝梵林未だ曙《あ》けず。夜禅山更に寂たり。道心牧童に及び、世事樵客に問ふ。瞑に宿る長林の下、香を焚《た》いて瑶席に臥す。澗芳人衣を襲ふ。山月石壁に映じ、再び尋ぬるとき迷誤を畏る。明発更に登歴せん。笑つて謝す桃源の人、花紅復た来り覿《み》ん。

(34) 王全等、前掲書、一四四二頁。

(35) 鎌を腰にし何くに之《ゆ》かんと欲す。東園に秋韮を刈る。世事復た論ぜず。悲歌樵叟に和す。

(36) 陳貽焮主編『増訂注釈全唐詩』文化芸術出版社、二〇〇一年五月、一〇七三頁。

(37) 赤井益久、前掲書、一八頁。

(38) 赤井益久、前掲書、一八頁。

(39) 門を開いて目の前の川を望むと、夕暮れの薄明かりの中に漁師が見える。お尋ねします。「白頭の翁よ、釣り糸を垂れてどれほどのお年になるのですか」。

(40) 陳貽焮、前掲書、一〇七三頁。

(41) 赤井益久、前掲書、一九頁。

(41) 赤井益久、前掲書、二五～二六頁。

第五章　中世日本における「童子」と「翁」の形象

――聖なるものの象徴として

序

前章では、『石橋』の前シテとして「童子」、また「老翁」が設定された背景を探るため、中国の説話や詩文を検討し、「童子」、また「老翁」が聖なるもの、または聖なるものに近い存在であることを明らかにした。これを承けて本章では、日本の中世における「童子」と「翁」の形象に問題を絞り、その概要を見てゆくこととする。具体的には、能の演劇空間のなかでの「童子」と「樵翁」の役割を考えるため、説話や民俗事象、また歴史資料から「童子」「老翁」という存在の意味とその象徴性を検証する。

第一節　聖界と俗界の媒介者としての「堂童子」

日本の中世社会には成人でありながら「童子」と謂われた人たちが存在した。例えば、『伴大納言絵詞』など

図1　牛飼童（『伴大納言絵詞』国立国会図書館デジタルコレクション）

絵巻物に描かれている垂髪童子姿の牛飼童などである。この「童子」達の中には、当時の身分社会の周辺に位置づけられながらも逆にそのことで聖なるものと関わる役割を持っていた人達がいた。以下、本節では、卑賤なものと聖なるものとの交錯点において特殊な役割を担った「童子」を見てゆく。

中野千鶴「童形と聖性」は、聖界と俗界の媒介者として禁忌空間たる堂内に自由に出入りする「堂童子」に言及している。中野によれば「堂童子」とは、「奈良時代以降、顕密寺院や宮中の法会・斎会の文献中にしばしば見出され、通常は、寺院に仕える童形の下部、寺院や宮中の法会で花筥の役を勤める者」(1)であり、「中世に入っても、大乗院門跡である尋尊が己心寺に参詣したとき、幸いにも堂童子がいたので金堂に入り、内陣を巡拝できたと記している。寺院の堂内、とりわけ金堂の内陣部は高僧でさえ容易に入れない禁忌空間として結界されている。在俗の堂童子は、その禁忌空間に自由に出入りし、仏の下部として奉仕し、堂内と外界の境を聖別していた(2)」と説明している。田辺美和子「中世の「童子」について」も、聖なるものに奉仕する「堂童子」の役割について以下のように述べている。

寺院における最下級職員である堂童子が、高僧さえ入り得ない寺に入る——これは童子というものに本来的に備わっている性格、タブーから自由な存在、諸権力を超越した存在という性格と無関係ではあるまい。堂童子が童子を称するのは彼らが僧侶（大人）になれないのではなく、童子であることに積極的な意味を持っていたと思われる。(3)

さらに田辺は、「童子の本質が、人に非ざる者の「自由」と、神仏に近い存在という点であることは否めない事実であろう(4)」と指摘する。火と水により再生と浄化を願う東大寺二月堂修二会、そこでの堂童子の役割について、中野は「堂童子は在俗の成人で、修二会の準備、すなわち堂の荘厳や資材調達、堂の清掃、また牛王や蟻の巣などの呪物の製作を担当する。彼等は練行衆に一日先立って別火精進に入り、言葉さえ分けられ、日常と厳しく隔絶された中で、各所に結界用の注連縄を張り、堂の扉や内陣と外陣の境の戸帳の開閉を司って、聖域の境界を守る(5)」と述べている。

堂童子が聖域に自由に出入りし、聖なるものに奉仕する役割を担っていたことを確認した。身分社会の縁辺にいた人たちが高貴な人物、あるいは神仏と特別な関係を持っていたことは、室町幕府に仕えた同朋衆――阿弥衆ともいう――の例からも分かる。このことは、日本文化の根幹となる天皇制の問題とも関わってくるといえるが、本書のテーマからはそれるため、これ以上は論じない（天皇や上皇の行幸や葬送の際に輿丁として奉仕した八瀬童子などはよく知られている事例となる）。

第二節　日本の中世社会における童と翁の相互補完的関係

黒田日出男『境界の中世　象徴の中世』によれば、中世世界では、髪型や被り物という「可視的身分標識」によって、人々は「人」・「僧侶」・「童」・「非人」とに四分類されていた。分類の基準となるのは、「聖」と「俗」、「浄」と「不浄」という四つの対概念の組み合わせである。黒田の記すところを引くと次のようになる。

第一の「童」は、髪型のレヴェルでは、誕生における棄髪から始まる何段階かの髪型の変化があるが、しかし、烏帽子・髻に象徴される「人」の世界には属さない存在である。「童」は、「人」ではないのであって、成人儀式によって初めて「人」になる訳である。第二の「人」は、冠や烏帽子などの可視的身分標識によってランク付けされた、国家的官位・官職の体系（制度）で編成された統治者・被統治者の世界である。（中略）第三の「僧侶」は、坊主頭という髪型によって象徴される聖なる世界である。そして第四の「非人」は、最も穢れた存在として差別された癩者を極点とする、不浄視された人々であって、無帽・蓬髪によって可視的に身分編成される存在である。(6)

不浄とされ世俗から疎外されたものが聖なるものに奉仕しうるのは、ともに〈世俗の対極〉にあるという周辺的存在であるが故に、また〈聖なるものの対極である不浄なものだけが聖なるものに近づくことができる〉という逆説的な関係にあるからである。

黒田は以上の四種の身分を弁別する可視的標識と聖と俗、浄と不浄の相互関係を明解に図式化している。

黒田は、また『絵巻 子どもの登場』（河出書房新社、一九八九年七月）において、絵巻物など絵画資料などを活用しながら、童や翁が子守や介護の役割を通して相互に深く結びついていたことも明らかにしている。黒田の研究は、身分観念から社会での役割まで多岐にわたるが、日本の中世社会で、童と翁とがともに補完しあう存在として見られていたことは重要な指摘である。『石橋』との関わりでいえば、翁と童は大人の社会で一人前とされなかったがゆえに神に近い存在であったという視点が重要になってくる。

翁と童子の補完性については、山折哲雄「翁と童子――その身体論的時空――」も次のように論じている。

> 水墨などの絵図に登場する寒山・拾得や布袋の像には、老成した童子といった趣があり、同時に童容の翁といった風情がただよっている。たんなる老人でもなければ、たんに無邪気な童子なのでもない。ときに眼光が鋭く走り、相手の心の背面を透視している。伝承は寒山・拾得を文殊・普賢の化身とみなし、布袋を弥勒の化身として称えるが、いわば翁と童子を融解させたようなその二重表現は、世俗的な身体性から自由になった翁と童子への憧憬と瞻望を具象化したものといえよう。翁と童子はそこでも、変貌自在の互換関係を保っているのである。[7]

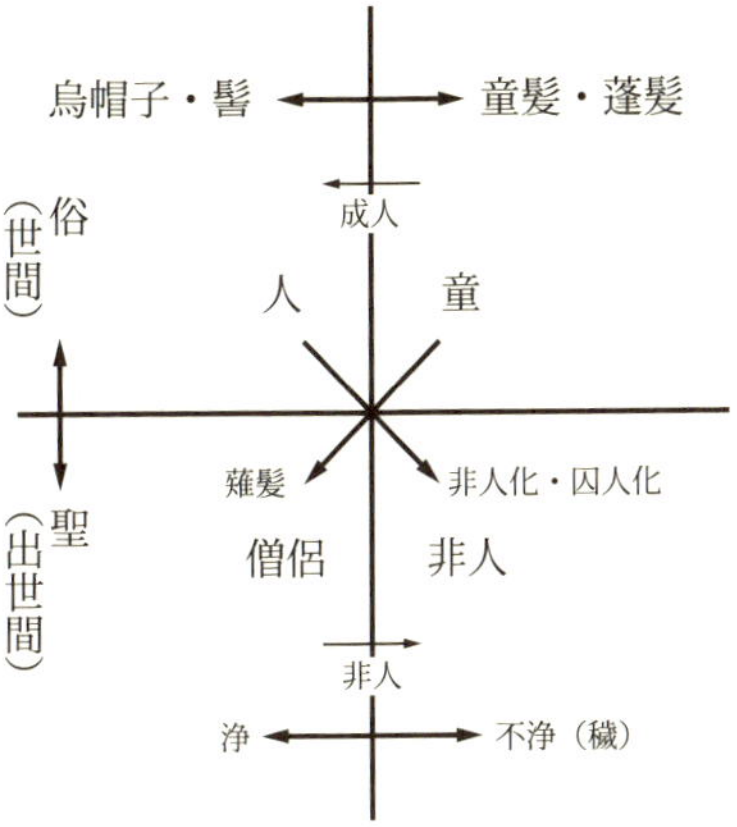

図２　髪型・被り物からみた身分構造（黒田『境界の中世　象徴の中世』東京大学出版会、1986年）

張石『寒山与日本文化』（上海交通大学出版社、二〇一一年一

図３　伝周文筆「寒山拾得図」（重文、尚美会編『名画精鑒』尚美会、1917年、国立国会図書館デジタルコレクション）

月）に寒山と日本美術の章があり、伝周文を始め、多くの寒山拾得図を挙げているが、それらは老成した童子と評するのがふさわしい。張氏が、日本の寒山拾得図の系譜の中に岸田劉生の麗子嬉笑図を位置づけているのも興味深い（同書二一九頁で西洋の写実主義の手法で書かれた麗子像に対して、「野地童女（麗子嬉笑図）」（一九二二年）が「寒山風麗子像」であることを指摘している）。童子の天真な精神と老人の深い智慧を形象化したのが寒山拾得図だといえよう、翁と童子の互換性については、神話や芸術学の知見に立って鎌田東二氏も指摘している。老人と子供の精神史的な意味を掘り起こそうとした『翁童論——子供と老人の精神史』のなかで、「老人と子供の神話学的・存在論的性格として、老人が「霊童」という未来の影を宿し、子供が「霊翁」という過去の影を宿していること(8)」、「翁は童を内在化し、童は翁を内在化している(9)」ことを指摘している。このような視点に立って、次に謡曲作品における「童子」と「翁」をみることにする。『菊慈童』と『翁』を取り上げる。

第三節　謡曲の「童子」――『菊慈童』

七百歳まで生きたという童子が『邯鄲』や『俊寛』という能の代表的な曲に出てくる。その典拠になっているのは『菊慈童』である。佐成謙太郎編『謡曲大観』のテクストを下敷に筋をまとめてみると次の通りである。魏の文帝の勅命で「酈県山の麓より菊の水湧き出でた」ため、その水上を訪ねさせる使いの登場から始まる。その使いの前に慈童が現れ、問答になる。慈童が七〇〇年生きていると告げると、使いは「化生の者」ではないかと疑う。すると、慈童は自分の仕えていた周の穆王が枕に書いた「具一切功徳慈眼視《じげんじ》衆生。福寿無量是故応頂礼」の二句の偈を示す。使いはその偈を見てありがたい経文だと言う。その経文を書いた菊の葉の上にたまった露が不死の薬である。

地　「即ちこの文菊の葉に。即ちこの文菊の葉に。忝く顕る。さればにや。雫も芳しく滴も匂ひ。酒ともなるや。谷陰の水の。所は酈県の山の滴。菊水の流。泉はもとより酒なれば。酌みては勧め。掬ひては施し。我が身も飲むなり飲むなりや。月は宵の間其身も酔に。引かれてよろよろよろと。ただよひ寄りて。枕を取り上げ戴き奉り。実にも有難き君の聖徳と岩根の菊を手折り伏せ手折り伏せ。敷妙の袖枕。花を筵に臥したりけり。

シテ　「もとより薬の酒なれば。

地　「もとより薬の酒なれば。酔にも侵されずその身も変らぬ。七百歳を。保ちぬるも。此御枕の故なれば。いかにも久しき千秋の帝。万歳の我が君と祈る慈童が七百歳を。我が君に授け置き。所は酈県の。山路の菊

図４『菊慈童』（シテ：山中雅志、牛窓雅之撮影）

水。汲めや掬《むす》べや飲むとも飲むとも盡きせじや盡きせじと。菊かき分けて。山路の仙家に。その侭慈童は。入りにけり。(10)

菊の露を吸った慈童が仙人となるという、中国説話に由来すると思われる原話は、実はそうではなく、『太平記』巻十三「龍馬進奏の事」に出典が求められる。(11)『太平記』に載せる慈童説話は次の通りである。

此時慈童と云ける童子を、穆王寵愛し給ふに依て、恒に帝の傍に侍けり。或時彼慈童君の空位を過けるが、誤て帝の御枕の上をぞ越ける。群臣議して曰、「其の例を考るに、罪科非レ浅、雖レ然事誤より出たれば、死罪一等を宥《なだめ》て、遠流に可レ被レ処」とぞ奏しける、群議止《やむ》事を不レ得して、慈童を酈県と云深山へぞ流ける。彼酈県と云所は、帝城を去事、三百里、山深くして鳥だにも不レ鳴、雲瞑《くらふ》して虎狼充満せり。されば仮にも此の山へ入る人の、生て帰ると云事なし。穆王猶慈童を哀み思召ければ、彼八句の内を分たれて、普門品にある二句の偈を潜に慈童に授させ給て、「毎朝に十方を一礼して、此の文句可レ唱」と被レ仰ける。慈童遂に酈県に被レ流、深山幽谷の底に被レ棄けり。爰に慈童君の恩命に任て、毎朝に一反此の文を唱けるが、若忘もやせんずらんと思ければ、側なる菊の下葉に、此の文を書付けり。其より此の菊の葉にをける下露、僅に落て流るゝ谷の水に滴りけるが、其水皆天の霊薬と成る。慈童渇に臨で是を飲に、水の味天の甘露の如にして、恰百味の珍に勝れり。加之《しかのみならず》、天人花を捧て来り。鬼神手を束て奉仕しける間、敢て虎狼悪獣の恐れ無して、却て換骨羽化の仙人と成る。是のみならず、此谷の流の末を汲て飲ける民三百余家、皆病即消滅して、不老不死の上寿を保てり。其後時代推移て、八百余年まで慈童猶少年の貌有て、更に衰老の姿なし、魏の文帝の時、彭祖と名を替て、此術を文帝に授奉る。文帝是を受て、菊花の盃を伝へて、万年の寿を被レ成。今の重陽の宴是也。(12)

この話に登場する周の穆王は、西方を旅して西王母と会ったと伝える『穆天子伝』や、徐の偃王を討伐したことを記す『竹書紀年』などの古代史書を通して中国説話の世界では馴染み深い人物であり(13)、これらの伝承は、藤原茂範の『唐鏡』（一二六〇年前後の成立か）にも記されている。しかし、枕を跨ぐという不敬を犯したため寵愛の慈童を穆王が配流させたという話は、日本で創作されたものである。ただ、童子の姿のまま七百歳の齢をもたらしたという不老の霊薬「菊水」の故事は中国説話に出典が求められる。後漢の応劭撰『風俗通義』には、次のような菊水伝説が載せられている。

南陽酈県有甘谷、谷中水甘美、云其山上大有菊華、水従山上流下、得其滋液、谷中三十余家、不復穿井、仰飲此水。上寿者百二三十、中者百余歳、七八十者、名之為夭。菊華軽身益気、令人堅強故也。司空王暢、太尉劉寛、太伝袁隗為南陽太守、聞有此事、令酈県月送水三十斛、用之飲食。諸公多患風眩、皆得瘳。（類聚八一、初学記二七、御覧五四、九九六、錦繍万花谷後三八、事文類聚二九、合璧事類別三九）(14)

次に、博物体の地理書である劉宋の盛弘之撰『荊州記』からも類話を引く。

酈県北五十里有菊渓、源出石澗山、有甘菊、村人食此水、多寿。『太平御覧』巻六七　菊水其源傍芳菊侵潤、流其慈液、水極芳馨、飲之者皆寿考。『太平御覧』巻一六八（中略）酈県北八里有菊水、其源悉芳被崖、水甚甘馨。太尉胡広久患風羸、恒汲飲水、後疾遂瘳、年及百歳、非惟夭寿、亦菊所延也。『太平御覧』巻九百九十六[15]

菊の滋液を常飲していると長寿が得られるという伝説であるが、中国では紀元前から菊花が「不老延年の効力をもつ[16]」ものとして信じられていた。重陽の節供で長寿を願い菊酒を飲む習慣は、平安時代の日本にも伝わっている。

菊水伝説と日本での創作である慈童の造形はなぜ結びつけられたのだろうか。『菊慈童』や『太平記』の描く慈童の伝承の背景にあるものは、日本の天台宗における天子の即位作法の起源譚がもとになっていることを、伊東正義や阿部泰郎が明かしている。中世の天台寺院で行われた稚児潅頂という秘密の法儀の由来を記した『児潅頂私』『児潅頂私記』などと呼ばれている儀軌に慈童説話が引かれているのである（児潅頂の儀軌については、辻晶子「児灌頂の基礎的考察——儀軌の紹介と整理——」『人間文化研究科年報』第二十七号、奈良女子大学大学院人間文化研究科、二〇一二年三月）。僧侶の性愛の対象であった稚児を観音の化身と観じ、王として礼拝するというのが稚児潅頂であった。その背景にあったのは、僧が稚児を愛するという煩悩の罪を犯すことによって、聖なるものが顕現するという考え方である。以下に、阿部泰郎の論を引く。

本章が企てたのは、能の慈童物の背景にある慈童説話というものを、ひろく児の物語・説話の中において把えてみることであった。この試みは、想いのほか広汎な世界へ筆者を導く破目になったが、そこでさまよう裡に、中世寺院の幽暗な一隅の朧げな輪郭に、次第に眼が慣れてきたようである。これは中世という存在が象徴する独特な宗教的世界の仕組みを明らかにする神話であるといえないだろうか。即位法という、中世王権（王法）の根源を寺社勢力（仏法）の世界観により説き明かそうとする教義の一体系のなかに、中世人の精神を深いところで突き動かしていた物語的想像力は、その縁起という形で慈童説話を創り上げた。そしてこの説話は、たとえばそれを創りだした仏法の世界が拠って立つところの叡山のような霊山をめぐる寺社の縁起と、相似した構造をもっていたのである。慈童説話の物語のかたちは、霊山における神社の神話伝承や、それを背景として文芸化した児物語が繰り返すかたちと重なり合っている。すなわち、児をめぐる性愛が発端となり、児の受難によって〈聖なるもの〉が顕れる、という普遍的なかたちである。そこには、仏教が厭離すべき愛執と生死苦ゆえにこそ、かえって神聖が生起するという逆説的構造が蔵されている。性的な転倒を演じて芸能の場をつかさどり、かつは祭祀の対象として儀礼の中心に置かれた中世の児が、この説話を体現する役割を負わされた。愛にとらわれ苦難にさすらう人間の根源的な欲望が、無垢な存在としての児をその犠牲に仕立てあげる。中世の神々の縁起は、もっとも苦難を受ける者こそが神に愛され、やがて神として祝福されるという思惟に貫かれているが、児は、その点で随一の典型としての化儀を演じてみせるのにふさわしい存在であった。慈童とは、こうした存在へのイメージが結晶した一箇の象徴的なすがたなのである。(17)

「愛にとらわれ苦難にさすらう人間の根源的な欲望」の罪の代償として、「無垢な存在としての児」が犠牲にされるというのである。そうであれば〈稚児としての永遠の美しさ〉を保ち続けなければならない。「不老延年の」菊花の不思議な効能は、その美しさの実現のために欠かすことができないものである。阿部は、「もっとも苦難を受ける者こそが神に愛され、やがて神として祝福される[18]」と論じる。その前生において受苦に満ちた悲惨な人生を送った者こそ神になれるという中世的な神観念を浄瑠璃や説経節の世界から最初に読み解いたのは和辻哲郎であった（『日本芸術史研究第一巻歌舞伎と操り浄瑠璃』岩波書店、一九五五年三月）。

第四節　謡曲にみる「老翁」――『翁』

世阿弥『風姿花伝』には、国々の平穏と人々の延年のために秦河勝が始めた申楽が、村上天皇の御代にその子孫である秦氏安と妹婿の紀の権の守により六十六番の申楽舞にまとめられた旨が記されている。秦河勝の伝えた延年の芸のそもそもの源は、『風姿花伝』「序」によれば「仏在所（インド）」ともまた「神代」とも言われるがはるか昔のことなので分からない。

先、神代・仏在所の始まり、月氏・辰旦・日域に伝わる狂言綺語を以て、讃仏転法輪の因縁を守り、魔縁を退け、福祐を招く。申楽舞を奏すれば、国穏やかに、民静かに、寿命長遠なり（と）、太子の御筆あらたなるによて、村上天皇、申楽を以て天下の御祈禱たるべきとて、その頃、彼河勝この申楽の芸を伝る子孫、秦氏安なり。六十六番申楽を紫宸殿にて仕（る）。その比、紀の権の守と申人、才智の人なりけり。是は、かの氏安が妹婿なり。これをもあひ伴ひて申楽をす。[19]

文中の「讃仏転法輪の因縁を守り、魔縁を退け、福祐を招く」とは、脚注によれば「仏法を崇める道とし、悪魔を退け寿福を招くことができる、の意。狂言綺語・讃仏転法輪の因縁は白楽天の文に基づく[20]」ということである。仏教では本来否定されるべき狂言綺語、つまり詩文や芸能であっても讃仏の機縁となるという芸能観は、中世期の日本で独自に発展したものである（「白楽天の文」は、『白氏文集』六十一巻「蘇州南禅院白氏文集記」を指す[21]）。

続けて世阿弥は、秦氏安が演じた六十六番は一日では演じられないことから、三つの基本の芸を定めたことが、今日の「式三番」だと述べている。「稲経《いなつみ》の翁」「代経《よなつみ》の翁」「父の助《ぜう》」がこれであり、「式三番」とは、『翁』の古い名称である。

図５　『翁』（翁：出雲康雅、牛窓雅之撮影）

稲経の翁〈翁面〉、代経翁〈三番申楽〉、父助、これ三を定む。今の代の式三番、是也。則、法・報・応の三身の如来をかたどり奉（る）所也。式三番の口伝、別紙にあるべし。[22]

それぞれの翁の名前など分からないものがあるが、何らかの翁伝承を踏まえて書かれていることが推測される。翁猿楽は神事そのものとして観世・金春両家で最も重んじられていた。

謡曲『翁』には二人の老人と一人の稚児がなぜ対となって登場するかについて、山折哲雄は次のように指摘する。

謡曲の「翁」には二人の老人と一人の稚児が登場する。舞台で最初に舞う「翁」（シテ）と最後に舞おさめる「三番叟」（狂言）は老人であるが、中どころで舞う「千歳」（ツレ）は稚児姿である。老人の二人は面をかぶるけれども、千歳の方は直面である。褪色し老耄した「老い」は仮面によって様式化の装いをうける必然性があったが、皮膚のつややかな「若さ」はその素面にこそ生い《ママ》生いしい典型が刻まれている。翁および三番叟の面と千歳の直面は、老人の型と稚児の型の鮮やかな対照を浮きあがらせているといっていいであろう[23]。

『翁』は、国家の安穏と長寿を祈願することを主旨とした「神儀」に属する舞であり、仏の化身と対応させることを意図した作品である。

金賢旭『翁の生成――渡来文化と中世の神々――』「序」において、以下のように神としての『翁』は述べられている。

翁という不思議な神が活躍していることが注目される。翁の姿をとる神は、少なくとも記紀に登場する日本土着の神とは異質なものである。古代には、神が人の姿で、さらに、翁の形象をとってあらわれるということはほとんどみられなかった。古代の翁神としては、塩土翁《しほつつのをぢ》がいるぐらいである。ところが、古代には稀であった翁の神が、院政期頃を境として集中的に出現してくる。院政期頃から神仏習合の風潮が一層高まるなかで、翁が神仏の化身とされたり、神が翁の姿をとってあらわれるという中世的な神の変容がおこり、そうした翁の形象をもつ神が信仰をあつめ、重んじられるようになったと考えることができるだろう。(24)

謡曲『翁』は、能の中でも特殊な演目に位置づけられる。尉の面をつけた二人の老翁と直面の若者姿の千歳が対となる曲である。曲の変遷について、日本古典文学全集では次のように記している。

「翁」は、古くは「式三番」と称した。これは三老人の舞を連ねたもので、その順序には変遷があったが、三老人とは翁・父尉・三番猿楽（三番三の古称）である。三番猿楽という名称は、この老人の舞が三番目に行われていた時期につけられた呼称が定着したものであろう。三老人の面はいずれも切顎、すなわち顎の部分が切り離されていて、飾り紐で上部とつないである。これは一般の能面と異なり、古態を示している。これらの面は御神体として神社に祀られていた場合もあった。翁の役者は舞台で面をつけるが、その時から神になるのであり、舞い終わって面を外せば、また役者にもどるのである。（中略）「式三番」は大和猿楽四座（観世・金春・宝生・金剛）の本芸で、鎌倉時代以降、神前などで演ぜられてきた。(25)

『翁』では、翁役の役者は面を付けて舞台に登場するのではない。一連の拝礼が終った後で、はじめて面をつけるのである。翁の面がいかに神聖なものであるかが窺われる。面を付けることで、初めて役者から「神」になる。千歳の謡を以下に挙げる。

翁 〽総角やどんどうや。地謡 〽尋ばかりやどんどうや（翁と三番三は向かい合って、立つ）。翁 〽座して居たれども（大小前へ出る）、地謡 〽参らうれんげりや（正面を向く）、どんどうや（扇をいただく）。翁 〽ちはやふる（両手を大きく左右にひろげる）、神のひこさの昔より、久しかれとぞ祝ひ、地謡 〽そよやりちやどんどや（手を下ろす）。翁 〽（両手を左右にひろげて）およそ千年の鶴は、万歳楽と謡うたり。また万代の池の亀は、甲に三極を戴いたり。滝の水、冷々と落ちて、夜の月あざやかに浮んだり。渚の砂、索々として、朝の日の色を朗ず。天下、泰平国土安穏の、今日の、ご祈禱なり。翁 〽在原や、なじよの翁ども（脇正面を向き、手を下ろす）。地謡 〽あれはなじよの翁ども（大小前へ出る）、そやいづくの翁とうとう。翁 〽そよや。翁 〽（中央で両手をひろげて）千秋万歳、喜びの舞なれば、一舞舞はう万歳楽。地謡 〽万歳楽。翁 〽万歳楽。地謡 〽万歳楽。三番三「（角へ出て）おさへおさへおう。喜びありや。わがこの所よりも外へはやらじとぞ思ふ（脇正面へ下がり、まわって常座へ行く）[26]。

めでた尽しの言葉からなる『翁』は、能のなかでも最も重要な祝福劇なのである。

折口信夫「翁の発生」は、マレビトの祝福と精霊との問答に始源を持つ〈翁の芸能〉の変遷を考察したもので、論旨が多岐にわたるが、日本の芸能の発生について示唆に富んだ論文である。この論考の中で折口は以下のように翁を定義している。

おきなと言ふ語は、早くから芸能の上に分化したおきなの用語例の印象を取り込んでゐます。尠くとも我々の観念にあるおきなは、唯の老父ではない。芸道化せられたおきなを、実在のおきなに被せたものなのであります。おきな・おみな（嫗）の古義は、邑国の神事の宿老の上位にある者を言うたらしい。おきな・おみなに対して、をぐな・をみなのある事を思ひ併せると、大（お）・小（を）の差別が、き（く）・み（む）の上につけられてゐる事が知られます。つまりは、老若制度から出た社会組織上のことであつたらしいのです。舞踊を手段とする鎮魂式が、神事の主要部と考へられて来ると、舞人の長なるおきなの芸能が「翁舞」なる一方向を分立して来ます。雅楽の採桑老、又はくづれた安摩・蘇利古の翁舞と結びついて大歌舞や、神遊びの翁が、日本式の「翁舞」と認められたと見ても宜しい。(27)

折口は、翁が寿ぐ舞として、『続日本後紀』承和十二年正月十日条に記されている尾張浜主の例を挙げる。

丁巳。天皇召尾張連浜主於清涼殿前。令舞長寿楽。舞畢。浜主即奏和歌曰。於岐那度天。和飛夜波遠良无。久左母支毛。散可由留登岐尓。伊弖万毗天牟。天皇賞歎。左右垂涙。賜御衣一襲。令罷退。(28)

さらに折口は、『古今和歌集』雑部に「うんざりする程多い老い人の述懐も、翁舞の詠歌と見られぬ事もない」(29)とする。『古今和歌集』雑歌上の「老い」の述懐を詠んだ「老人」の和歌を以下に挙げる。

題しらず　よみ人しらず
八八九　今こそあれ我も昔は男山さかゆく時もあり来しものを
題しらず　よみ人しらず
八九二　大荒木の森の下草老いぬれば駒もすさめず刈る人もなし

題しらず　よみ人しらず
八九三　かぞふればとまらぬものをとしと言ひて今年はいたく老いぞしにける
題しらず　よみ人しらず
八九六　さかさまに年もゆかなんとりもあへず過ぐる齢やともにかへると

このような嘆老の歌はもともと翁舞の言祝ぎの歌詞であったとする説である。老いの述懐とともに舞われる翁の登場は饗宴の場では欠かせない表現であった。猿楽能の「翁」の成立に至るまでにこのような翁舞の流れを想定したのが折口であった。翁は、日本の芸能や歌謡に欠かすことのでない主題なのである。

加えて折口は、芸能の「翁」が単なる老人ではなく、その出自は神に由来するものであったことを以下のように論じている。

山姥が山の巫女であつたのを、山の妖怪と考へた様に、翁舞の人物や、演出者を「翁」と称へる様になり、人長（舞人の長）の役名ともなり、其表現する神自体（多くは精霊的）の称号とも、現じた形とも考える様になつて行つたものであります。だから「翁」は、中世以後、実生活上の老夫としてのみ考へる事が出来なくなつてゐるのです。(30)

折口の指摘からも、「翁」が神的存在として取り上げられるようになったのは中世以降である。安藤礼二によれば、そもそも折口のマレビト論は芸能の「翁」に着想されたものである。

「翁」は、折口に原初の舞台、原初の演劇というヴィジョンをもたらしてくれた。「翁」が切り拓いてくれた原初の舞台、原初の演劇では、宗教の発生と権力の発生に区切りをつけることはできなかった。だからこそ、乞食と天皇を二つの極として、宗教の発生をともに射程に収めた折口による芸能の発生学は、折口自身の手によって「翁の発生」と名づけられたのだ。[31]

さらに安藤は、『翁』に日本の伝統芸能すべての起源が求められると論じる。

「翁」は、能楽だけではなく、文楽においても、歌舞伎においても、そのはじまり――現在では初春――に演じられている。[32]

『翁』は、列島に存在している伝統芸能のすべての起源に位置づけられる演目だとするのだが、原初の翁はマレビトとして神性を帯びることによって他界からの来訪者として人々に祝福を与えたのである。伝統芸能の起源となる『翁』は、折口学の根幹となるマレビト論の視点からその本質を理解することができるのである。

結

『石橋』の前シテ「童子」ないし「老翁」という存在は、中世の時代には卑俗なるものの象徴であると同時に神性を帯びた両義的な存在、また神の化現そのものの聖なる存在として認識されていた。

『石橋』の作者は、文殊菩薩の使獣である獅子の後半での登場を暗示するため、その分身ともいえる「童子」もしくは「老翁」を前シテとして登場させた。童子／老翁は、聖地清涼山に相応しい聖性を帯びた存在として劇中での役割を担っているのである。

『石橋』は、文殊菩薩の示現する世界への到達の圧倒的な困難を描いた作品である。その世界への到達が困難であればある程、聖性はその性質を強め、道を求める者にその超えがたさを乗り越えようとする超越を希求させる。人智で図りがたい超越的世界への導者として、童子／老翁が設定される。常世からの来訪神（まれびと）を饗応するため演じられた舞に芸能の発生を考えたのが折口信夫であるが、折口にその着想を与えたのは翁の舞であった。日本の芸能は、翁に集約されていることも確認した。

註

（1）中野千鶴「童形と聖性」『月刊百科』二七一号、平凡社、一九八五年二月、二〇頁。
中野は、一年前に「護法童子と堂童子」『仏教史研究』第二十七巻第一号、一九八四年十月を発表しているが、論旨がわかりやすいのでこちらの論文を引用した。童子が聖なる存在であることを中世史の分野で先駆けて研究したのは、黒田日出男「『童』と『翁』」『歴史地理教育』三六〇号、一九八三年十二月と網野善彦「童形・鹿杖・門前」『『新版絵巻物における日本常民生活絵引』解説』平凡社、一九八四年八月である。

（2）中野千鶴、前掲論文、二〇頁。

（3）田辺美和子「中世の「童子」について」『年報中世史研究』第九号、中世史研究会、一九八四年五月、一〇九頁。

（4）田辺美和子、前掲論文、一〇九頁。
（5）中野千鶴、前掲論文、一九頁。
（6）黒田日出男『境界の中世　象徴の中世』東京大学出版会、一九八六年九月、一八七頁。
（7）山折哲雄「翁と童子――その身体論的時空――」『思想』第六九八号、一九八二年八月、八四頁。後、『神と翁の民俗学』講談社学術文庫、一九九一年一月。
（8）鎌田東二「翁と童の存在論」『悠久』第三十七号、一九八九年四月、六〇頁。『老いと死のフォークロア』新曜社、一九九〇年三月。
（9）右に同じ。
（10）『菊慈童』佐成謙太郎『謡曲大観　第四巻』明治書院、一九三一年二月、八〇七～八一二頁。
（11）『菊慈童』佐成謙太郎、前掲書、八〇六頁。
（12）岡見正雄校注『太平記（二）』角川文庫、一九八二年四月、二五三～二五四頁。
（13）穆大子の事跡を記す文献には、『穆天子伝』のほかに、『史記』「周本紀」・『国語』「周語上」・『竹書紀年』「周紀」・『列子』「周穆王篇」・『博物志』「物名考」・『述異記』巻上・『太平御覧』巻九一六に引く『抱朴子』・『琅嬛記』に引く『元虚子仙志』などがある。『穆天子伝』の新しい研究に、桐本東太監訳、水野卓・川村潮・森和・吉田章人・矢島明希子訳注「『穆天子伝』訳注稿（一）」『史学』第八十巻第四号、二〇一一年十二月・「『穆天子伝』訳注稿（二）」『史学』第八十二巻第一・二号・『穆天子伝』訳注稿（三）」『史学』第八十三巻二・三号がある。
（14）干利器『風俗通義校注』中華書局、一九八一年一月、五九八頁。
南陽の酈県に甘谷があった。その谷の水は甘美であった。伝えによると山の上に大きな菊の花があり流れに従って山の下まで流れてくるので滋液となるのだという。谷の中程に三十軒ほどあり、井戸を掘ることなく、皆この水を飲んだ。長寿を得た者は百二三十歳、普通の者でも百余歳の寿命で、七八十歳で亡くなるのを若死にと言った。菊の花は身を軽くし精気を増して人の体を堅固にするからである。司空王暢・太尉劉寛・太伝袁隗といった大臣たちが南陽の太守だった時、このことを聞いて酈県にその水三十斛（約一八〇リットル）を送らせて飲用したところ、彼らの風眩の病（風邪などによる目まい）は良くなったのだという。

(15) 石洪運点校『荊州記九種　襄陽四略』湖北人民出版社、一九九九年九月、三〇頁。
酈県の北に五十里のところに菊渓があった。水源の石澗山には甘菊があった。村人は渓の水を飲んで多くは長寿であった。

水を掬うと菊の滋液がしみ込んでいてとても香りがよかった。この水を飲んだものは皆長寿であった。

酈県の北に八里のところに菊水があった。その源はよい香であった。菊が崖に生えていた。水はとても甘かった。太尉の胡広久が長いこと風羸を煩っていたが、いつも水を飲んでいるうちに、とうとう病は癒えた。寿命が百歳に及ばなければ若死にでしかない。菊が寿命を延ばすからである。
(16) 中村喬『中国の年中行事』平凡社、一九九八年一月、二〇五頁。
(17) 阿部泰郎「神秘の霊童――児物語と霊山の縁起をめぐりて」『湯屋の皇后』名古屋大学出版会、一九九八年七月、二四二～二四三頁。
(18) 阿部泰郎、前掲書、二四四頁。
(19) 世阿弥『風姿花伝』表章・加藤周一校注『世阿弥　禅竹』(日本思想大系二十四) 岩波書店、一九七四年四月、四〇頁。
(20) 世阿弥『風姿花伝』前掲書、四〇頁。
(21) 狂言綺語観については、山田昭全「狂言綺語成立考」『国文学踏査』復刊一号、一九五六年二月・山田昭全「狂言綺語観の二側面――慶滋保胤の詩観の変遷と天台教学との連関――」『豊山学報』第五号、一九五九年三月・柳井滋「狂言綺語観について――白楽天から保胤への屈折――」『国語と国文学』一九六二年四月・三角洋一「いわゆる狂言綺語観について」『新古今集と漢文学　和漢比較文学叢書』汲古書院、一九九二年十一月・増田繁夫「詩歌は狂言綺語とする文学観」『国語と国文学』第七十九巻第九号、二〇〇二年九月・猪瀬千尋「狂言綺語観の周辺」『仏教文学』三十九号、二〇一四年三月・猪瀬千尋「中世前期における狂言綺語観の展開――唱導文献を軸として――」『国語と国文学』第九十二巻第七号、二〇一五年七月などの諸家の研究がある。
「願以今世世俗文字放言（『管見抄』には「狂言」に作る）綺語之因、点為将来世世讃仏乗点法輪之縁。（願うところは今世の世俗で犯してきた虚構や文飾の多い詩文を作るという業を点じて、遠い後の世まで仏法を讃美し、仏の教えを説いて一切衆生を悟りへと導く因縁とすることである。）」謝思煒校注『白居易文集校注』中華書局、二〇一一年一月、一九九一頁。
(22) 世阿弥『風姿花伝』前掲書、四〇頁。
(23) 山折哲雄「翁と童子──その身体論的時空──」『思想』六九八号、一九八二年八月、七四頁。
(24) 金賢旭『翁の生成──渡来文化と中世の神々──』思文閣出版、二〇〇八年十二月、i～ii頁。
(25)『翁』小山弘志・佐藤健一郎校注・訳『謡曲集①』（新編日本古典文学全集五十九）小学館、一九九七年五月、一九頁。
(26)『翁』小山弘志・佐藤健一郎、前掲書、二二一～二二四頁。
(27) 折口信夫「翁の発生」折口信夫全集刊行会編『折口信夫全集二　古代研究（民俗学篇一）』中央公論社、一九九五年三月、三四八～三四九頁。
(28)『続日本後紀』承和十二年正月十日条　黒板勝美編『日本後紀　続日本後紀　日本文徳實錄』（新訂増補国史大系第三巻）吉川弘文館、一九六六年八月、一七四頁）。
丁巳（十日）。天皇が尾張連浜主を清涼殿の前に召して、舞長寿楽を舞わせた。舞い終わって、浜主は和歌を奏上した。
翁とて侘びやはをらむ　草も木も栄ゆる時に出でて舞ひてむ
老人だからといって悲観ばかりもしてはいられません。草も木も栄える時に私も登場して舞いましょう。
天皇はいたく感じいり、左右の者も涙を流した。御衣一襲を賜り引き下がらせた。
(29) 折口信夫、前掲書、三四九頁。
(30) 折口信夫、前掲書、三四九頁。
(31) 安藤礼二「翁の発生芸能論と権力論の交点」『現代思想』第四十二巻第七号、二〇一四年五月、五七頁、後に『折口信夫』講談社、二〇一四年五月に再録。
(32) 安藤礼二、前掲論文、六〇頁。

第六章　境界としての橋
――彼岸と此岸の架け橋

序

人類は、河川を中心として繁栄してきた。四大文明も河に支えられて生れた。河川や水辺で生活をする中で人類は必要に迫られて、あるいは利便性を求めて、船や橋という交通や生活のための手段を発明した。船や橋は単なる生活のための便宜に終らず、一つの地点ともう一つの地点をわたすというその役割から、人類の想像力をさまざまにかきたてた。

橋の研究をし橋梁工事にも参画した川田忠樹は、『橋と日本文化』において、「橋と人間とのかかわり合いは古く太古の時代、まだ文字による記憶のない文明以前から存在したのである」[1]と述べている。縄文時代、弥生時代の遺跡を基に日本最古の橋は、「江上A′遺跡（弥生時代後期）から出土したもので、今から一八〇〇年ぐらい前のものと推定されている。幸いなことに保存状態がよく、ほとんど架けられたままの姿で出土した」[2]ということである。

本章では、謡曲『石橋』における石橋の象徴性を理解するために、日本人と橋の関わりを神道、説話、民俗、仏教、芸能の分野から探る。これにより、建造物としての橋の物質的な面ではなく、橋が聖なる世界と現世的な世界との境界性を象徴していることを跡づけてゆく。

第一節　神話の橋――天の浮橋

『古事記』には、三つの重要な場面で「天の浮橋」が登場する。最初に、伊邪那岐命と伊邪那美命が、「天の浮橋」に立って最初の国を創ったこと、それが『古事記』上巻「淤能碁呂島」に記されている。

図１　天台山石橋（斉藤忠『中国天台山諸寺院の研究――日本僧侶の足跡を訪ねて――』第一書房、1998 年）

是に、天つ神諸の命以て、伊邪那岐命・伊邪那美命の二柱の神に詔はく、「是のただよへる国を修理ひ固め成せ」とのりたまひ、天の沼矛を賜ひて、言依し賜ひき。故、二柱の神、天の浮橋に立たして、其の沼矛を指し下ろして画きしかば、塩こをろこをろに画き鳴して、引き上げし時に、其の矛の末より垂り落ちし塩は、累り積りて島と成

りき。是、淤能碁呂島ぞ。(3)

次に天の浮橋が登場するのは、『古事記』「葦原中国の平定」の天照大御神の命により、天忍穂耳命を下界を統治させるために遣わす場面である。

是に、天忍穂耳命、天の浮橋にたたして、詔はく、「豊葦原千秋長五百秋水穂国は、いたくさやぎて有りなり」と、告らして、更に還り上りて、天照大神に請しき。(4)

天忍穂耳命は、天の浮橋まで来て様子を窺ってみたが、下界はとても騒がしい状態だと言って高天の原へ引き返してしまう。この例から天の浮橋が天界と下界との境界且つ通過点として位置づけられていることが理解できる。

さらに天照大御神によって天孫迩々芸命を天降らせる「天孫降臨」の場面にも天の浮橋が現れる。

故尓くして、天津日子番能迩々芸命に詔ひて、天の石位を離れ、天の八重のたな雲を押し分けて、いつのちわきちわきて、天の浮橋に、うきじまり、そりたたして、竺紫の日向の高千穂の久士布流多気に天降り坐しき。(5)

この天の浮橋について諸注は、「天と地との間にかかった橋(中略)「天の浮橋」となると急に幻想味がゆらゆらと立ちのぼるのは、それが重力を失って虚空にかかると見えるからであろう」(6)、「天地をむすぶはしご（中略）ハシは空間的に離れたところの間を結ぶものを意味するが、水平の場合にもいった」(7)、「天空に浮かんだ橋。高天原から地上世界に特別な神が天降るに際して立つ場としてあらわれる。通路ではない」(8)、「天地の間にかかる梯はし。ハシは垂直にも水平にも二点を結んで連絡するもの。ウキは虚空にかけられたためにいう」(9)、「天空に浮き架けられた橋」(10)、などとする。

諸注は「天地の間にかけられたもの」か、「天空に浮かんでいるものか」で解釈が二つにわかれるが、天の浮橋は、神々の住む世界と人間の住む世界を結ぶ文字どおりの橋また梯として解釈している。二つの世界の接点、つまり境界を認めて、その二つの世界を結ぶ媒介が橋だと古代人が考えていたことは明かであろう。

川田忠樹『橋と日本文化』第一章「初めに『はし』ありき」には、「天の浮橋は虹か」という問いが立てられている。川田は、『古事記』『日本書紀』に、天の浮橋の構造に関する具体的な記述が無いことを指摘している。

『丹後国風土記』逸文を以下に挙げる。

丹後の国の風土記に曰ふ、与謝の郡。郡家の東北の隅の方に速石の里あり。この里の海に長大き前あり。長さ一千二百二十九丈、広さ或る所は九丈以下、或る所は十丈以上二十丈以下なり。先つ名をば天椅立といひ、後の名を久志浜といふ。然云ふは、国生みたまひし大神伊射奈芸の命、天に通行はむとして椅を作り立てたまふ。故、天の椅立と云ふ。神の御寝坐す間に仆れ伏しぬ。(11)

「天に通行はむ」ために作られたので「天椅」と呼んだと明記されている。川田はこの一節を踏まえて持論を以下のように展開する。

ここでは天の椅（橋）立は、はしごだったということになるわけだが、実は寝ている間に倒れてしまったというところが、昼寝や仮眠など、ほんの少しの間に消えてしまう虹を想像させるという大林太良氏の指摘もある。筆者もこの虹の橋説に同感である。それは日本文化の源流と考えられる地域、すなわち韓国、台湾、中国、インドネシア、ポリネシアといった広い地域にわたって、虹の橋という神話・伝誦があまねく分布していることが知られているからである。(12)

川田の引用する大林太良『銀河の道　虹の架け橋』では、安間清の虹の民俗の研究（『虹の話――比較民俗学的研究』）も参照し、民間には虹を橋と見る考えがあったとする。さらに「虹の橋の観念は古代においては天浮橋として現れる」とする。大林は、北欧神話のビフレスト（Bifröst）の橋に比したカール・フローレンツの解釈や、それにイランのチンヴァット（Cinvat）の橋の例も加えたラファエレ・ペッタツォーニの解釈を踏まえ、天の浮橋は、虹を表象したものだと結論づけている。日本とはあまり関係のない遠くの民族の事例だと二人の説を批判した松村武雄に対して、大林は日本の周辺の民族にも虹を橋と見る考えはあったとし、例えば中国の事例を挙げている。(13)川田は、さらに蒙古神話と北欧神話の例も挙げ、虹が天に架けられた橋であるという説については、「虹が天国に架けられた橋だとする発想は、私達東洋人だけのものではなくて、もっと普遍的なもののようである」(14)と指摘する。

東アジアには、広く虹を橋の表象とみる民族がいたことは確かである。しかし論者は、天の浮橋が虹であるとする大林、川田の説を採らない。

天の浮橋を虹として捉えるために東アジア各地の民間伝承に基づきながら、比較神話学の視点から人類文化の普遍性に立って解釈するのは『古事記』を読み解く方法としてどうであろうか。『古事記』は、上代の文献であるから、その時代の文脈の中で考えていかなければならない。二神による国生みは、創世神話の核心をなす部分であり、そこに虹の表象が出てくるには、虹が重要な観念であるという裏づけが必要である。ところが、『古事記』には一例も「虹」の用例はない。そもそも上代の文献に虹の用例は少なく、『日本書紀』雄略天皇三年条にある『日本書紀』の唯一の「虹」の用例は次のような話である。懐妊の疑いを掛けられた伊勢斉宮栲幡皇女が神鏡を持ち出し五十鈴川のほとりで縊死する。行方が分からない皇女を探していると、上流で蛇のような虹が立ったのでそこを掘ると、神鏡とその傍らに皇女の屍があった。蛇と虹とが関わりをもっていることは民間の習俗からも確かめられる。河村秀根『書紀集解』巻十四に「按霊異之物所㆓隠没㆒必有㆑気而見是其精也[15]」と解釈するように、霊威のある神鏡の発する気が虹として表象されているのだろう。いずれにしても神話の核心を担うような重要な観念に虹が支えられているとはいえない。

日本思想大系本『古事記』では、船・虹・岩梯などの実体説を否定し、その上で、天井と地上とを結ぶ神々が往来する通路が梯子状のものであったことは上代の伝承や神社建築からも確証できるとして、「イザナキ神が「天為㆓通行㆒而椅作立」てていた梯子が倒れて砂洲（天椅立）になった例（丹後風土記逸文）ほか、播磨風土記、印南郡条の八十橋や、天二上命が「小橋」を通って天上に水をもらいにゆく話（大同本記逸文）、天孫が「天能梯建」によって降臨（続後紀、嘉祥二年条の興福寺の僧の寿歌）などの例がある。これも天上にとどく梯子と解される。なお、古代の梯子は登呂遺跡等の出土例や伊勢神宮の御稲倉等で現在も用いられている例のように、太い角材に刻みつけたものである」[16]と記されている。

西郷信綱『古事記注釈』では、天の浮橋を虹とするのは「解釈態度としてよくない」とした上で、前掲の『丹後風土記』に加えて、「この里に山あり。名を斗形山と曰ふ。石を以ちて斗と乎気とを作れり。故れ、斗形山と曰ふ。石の橋あり。伝へて云はく、上古の時に、この橋天に至り、八十人衆、上り下り往来ひき。故れ、八十橋といふ」[17]とある『播磨風土記』を引用している。これらを典拠として西郷は、「天地のへだたりまだ遠からず、その間を往反すること可能だと考えていたわけだ」とし、「ホノニニギの命も、この天の浮き橋よりして高千穂の峯に天降った。蔓や綱をつたって天に上ったという型の昔話が残っているのも、天地いまだ遠からざりし世の記憶をとどめたものである」[18]とまとめている。

西郷はさらに神話特有の表現に注意し、記紀とともに、「天の浮橋に立たして」というフレーズが「一つの決り文句になっていたらしい」と指摘し、天の浮橋「『立たして』といつも表現されるのは、この句が特定の祭式、すなわち高天の原からの降臨の祭式に由来することを暗に示すものではなかろうかと思う」[19]と述べ、神話の背景に祭式があったとしている。

第二節　説話の橋――異人の形象と境界

橋が異界への入り口であり、異人の出没する境界領域であることは中国古代の神仙伝や小説に描かれている。[20]二つの世界を架け渡す橋の説話は、平安時代院政期の『今昔物語集』にも見られる。

平林章仁『橋と遊びの文化史』第一章「鬼が出る恐ろしい橋」[21]に近江の瀬田橋、近江の安義橋、京の一条戻橋が取り上げられている。これらの橋が作中に出てくる物語では、橋で鬼と人とが遭遇する。鬼と遭遇する物語は、この他にも『宇治拾遺物語』巻一第十七「修行者、百鬼夜行に逢ふ事」のように摂津から肥後へと鬼によってテレポートさせられる物語や、『今昔物語集』巻二十九第十八「羅生門登上層見死人盗人語」のように都の内と外の境界での話など、境界性か〈非連続的な存在のもつれ〉に特徴がある。

本節では、京都一条戻橋と近江の安義橋、瀬田橋と鬼の物語を取り上げる。その前にこれらの物語に出てくる「鬼」とはそもそもどのようなイメージのものであるのかを確認しておく。人類学の手法で新しい妖怪学を提唱する小松和彦の著書『妖怪文化入門』には、語としての来歴も古く、民俗現象としても複雑な様相を持つ「鬼」の多義性について、次のように述べられている。

「鬼」は、いいかえれば「鬼」という語は、長い歴史をもっている。早くも「記紀神話」や『風土記』のなかに登場し、古代、中世、近世と生き続け、なお現代人の生活のなかにもしきりに登場している。ということは、当然のことながら、長い歴史をくぐりぬけてくる過程で、この言葉の意味が多様化した、ということを想定しなければならないだろう。(22)

鬼は日本人の心意の中に深く浸透しており、「鬼」という言葉は多義的ではあるが同時に、小松は、「鬼の姿を彫った図像のもっとも古いものは、仏に踏みつけられる鬼の彫刻である。また『北野天神縁起絵巻』に描かれた地獄の獄卒や雷神の姿かたちも、現代人が思い描く鬼とほとんど同じ(23)」であると、鬼の図像イメージの普遍性にも言及する。これを念頭に橋の物語をみてゆこう。

図２　一条戻橋（著者撮影）

最初の橋の物語は、一条戻橋の異名で有名な一条堀川に架かる橋を渡ろうとしていた若者が百鬼夜行に出会うというものである（『今昔物語集』巻十六第三十二話「隠形男依六角堂観音助顕身語」）。信心深い男が十二月の大晦日の夜に——つまり年と年との迫間で——知人宅を訪ねた帰り、一条堀川の橋で鬼に遭遇する物語である。

今昔、何レノ程ノ事トハ不知ズ。京ニ生侍ノ年若キ有ケリ。常ニ六角堂ニ参テ懃ニ仕ケリ。而ル間、十二月ノ晦日、夜ニ入テ、只独リ知タル所ニ行テ、夜深更テ家ニ返ケルニ、一条堀川ノ橋ヲ渡テ西ヘ行ケルニ、西ヨリ多ノ人、火ヲ燃シテ向ヒ来ケレバ、「止事無キ人ナドノ御スニコソ有ヌレ」ト思テ、男橋ノ下ニ窓ギ下テ、立隠レタリケレバ、此ノ侍、和ラ見上ケレバ、早ウ人ニハ非ズシテ、怖ゲナル鬼共ノ行ク也ケリ。或ハ目一ツ有ル鬼モ有リ、或ハ角生タルモ有リ。或ハ手数タ有モ有リ、或ハ足一ツシテ踊ルモ有リ。(24)

古代の民俗信仰として、「大晦日前後は祖霊が来訪する日とされ、魂祭を行った。また、追儺の行事に象徴されるように、悪鬼・悪霊が跳梁する夜でもあった」(25)と注に記されている。この物語は、この後鬼に姿を見えなくされた男が、六角堂の観音菩薩の霊験により元の姿に戻った、と続く。一条戻橋は、晴明神社のすぐそばにある。平安京の北の端にあたり、柳がうっそうとして橋と通りの角度が屈折しているので渡りにくい橋であった（現在は整備されて当時の面影はない）。戻橋という名前の由来について、『撰集抄』巻七第五「仲算佐目賀江水堀出事（六五）」には、浄蔵がこの橋で「観法」をして父親を冥土から蘇らせたことから名づけられたという話が伝えられている。

浄蔵、善宰相のまさしき八男ぞかし。それに八坂の塔のゆがめをなほし、父の宰相の此世の縁つきてさり給ひしに、一条の橋のもとに行きあひ侍りて、しばらく観法して蘇生したてまつられけるこそ、つたへ聞くにもありがたく侍れ。さて、その一条の橋をば戻り橋といへる、宰相のよみがへる故に名づけて侍り。(26)

この一条戻橋では、橋占も行われていた。『源平盛衰記』巻第十「中宮御産」には、中宮徳子に「御産ノ気」があり、一条戻橋で「橋占」をさせた旨記されている。橋占では橋の袂で通行人の話す言葉を聞いて吉凶を占う。この時禿姿の童たちがはやし立てたのは「揺ハ何揺国王揺、八重ノ塩路ノ波ノ寄揺」(27)と、平家の栄華と没落を予言する言葉であった。一条戻橋では、さまざま不思議なことが起きるという話はこのほかにも伝わる。

二番目に挙げるのは、近江の安義橋である。『今昔物語集』巻二十七第十三話「近江国安義橋鬼噉人語」はある男が、安義橋で出会った女の姿の鬼から一度は逃れるものの、弟に変身して再び現れた鬼に喰われるという物語である。

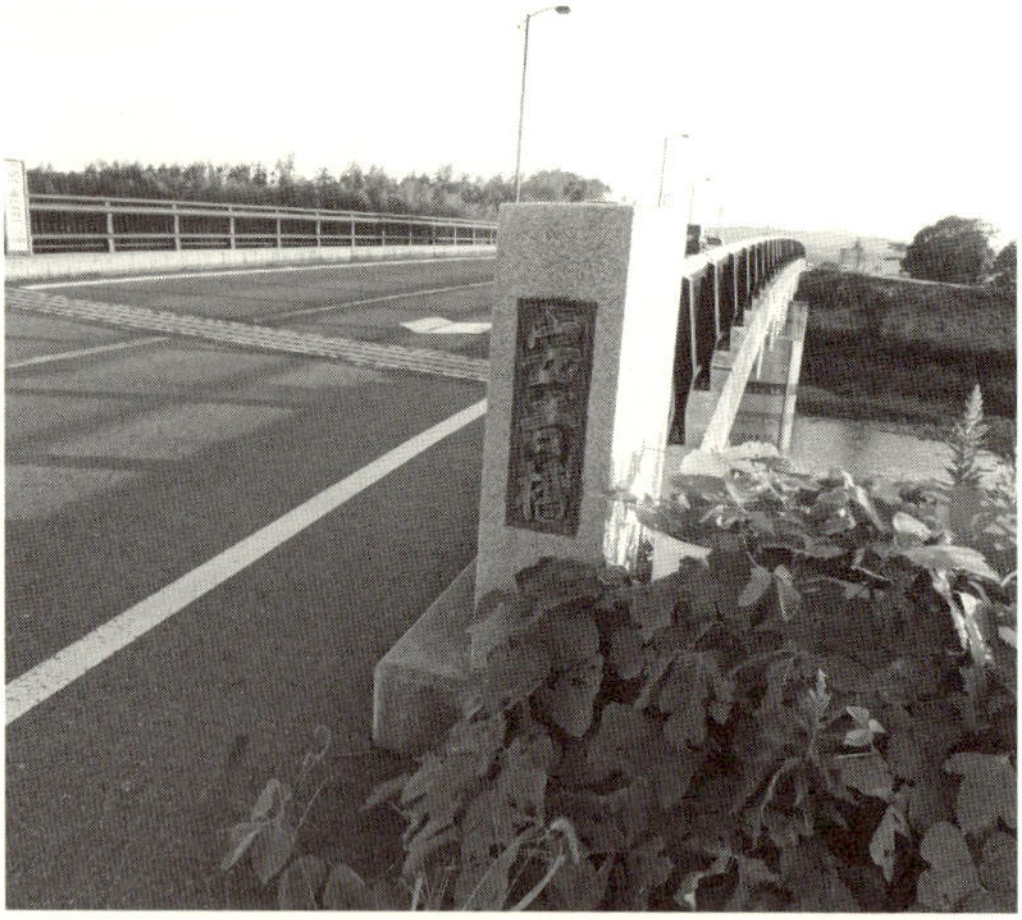

図３　安義橋（著者撮影）

「此ノ国ニ安義ノ橋ト云フ橋ハ、古ヘハ人行ケルヲ、何ニ云ヒ伝タルニカ、今ハ、『行ク人不過ズ』ト云ヒ出テ、人行ク事無シ」ナド、一人ガ云ケレバ、オソバエタル者ノ口聞キ鑭々《きらきら》シク、然ル方ニ思エ有ケルガ者ノ云ク、彼ノ安義ノ橋ノ事、実トモ不思ズヤ有ケム、「己レシモ其ノ橋ハ渡ナムカシ。極ジキ鬼也トモ、此ノ御館ニ有ル一ノ鹿毛ニダニ乗タラバ渡ナム」ト[28]。

近江国にある安義橋には鬼が出るという噂があり、話の弾みで男が肝試しを名乗りでた。橋を通ろうとすると噂の通り鬼が現れ、男の乗る馬に手をかけてきた。鬼の異様な姿は次のように描かれている。

男馳テ見返リテ見レバ、面ハ朱ノ色ニテ、円座ノ如ク広クシテ目一ツ有リ。長ハ九尺許ニテ、手ノ指三ツ有リ。爪ハ五寸許ニテ刀ノ様也。色ハ緑青ノ色ニテ、目ハ琥珀ノ様也。頭ノ髪ハ蓬ノ如ク乱レテ、見ルニ、心肝迷ヒ、怖シキ事無限シ[29]。

怖ろしい鬼の風貌を瞬時に認めた男は、必死に観音を念じなんとか鬼から逃げ切ることができた。しかしいつかは捕まえるという鬼の恐ろしい予告の通り、弟に姿を変身した鬼に男は首を食い切られてしまう。その後さまざまな祈禱により、鬼は退散し、安義橋には再び鬼がでることはなかったと話を結んでいる。安義橋の話は、一条戻橋の話とともに、橋で鬼に遭遇する類話の原型的な構造を持っている。鬼が橋に出現するというのは、橋が二つの世界の境界であるという心意が働いているからだろう。

三番目も鬼に追いかけられる話であるが、上京の男が近江の瀬田橋付近の無住のあばら屋に宿り、深夜鞍櫃の中から出現した鬼に追いかけられ橋まで逃げ延びる話になっている。

図４　瀬田の唐橋（著者撮影）

『今昔物語集』巻二十七第十四話「従東国上人値鬼語」は、「観音」の霊験譚を話の枠とするが、結末を欠いている。この話では、安義橋のような鬼の外見は描かれず恐ろしげな気配と声だけが表現されている。

極テ怖シ気ナル音ヲ挙テ、「己ハ何コマデ罷ラムト為ルヲ。我レ此ニ有トハ不知ザリツルカ」ト云テ、追テ来クル。馬ヲ馳テ逃ル程ニ、見返テ見レドモ、夜ナレバ其ノ体ハ不見エズ。只大キヤカナル者ノ云ハム方無ク怖シ気也。此ク逃ル程ニ、勢田ノ橋ニ懸ヌ。可逃得キ様不思エザリケレバ、馬ヨリ踊下テ、馬ヲバ棄テ橋ノ下面ノ柱ノ許ニ隠居ヌ。「観音、助ケ給ヘ」ト念ジテ、曲リ居タル程ニ、鬼来ヌ。橋ノ上ニシテ極テ怖シ気ナル声ヲ挙テ、「河侍々々」ト度々呼ケレバ、「極ク隠得タリ」ト思テ居タル下ニ「候フ」ト答ヘテ出来ル者有リ。其モ闇ケレバ、何物トモ不見エズ。[30]

この瀬田橋の話では、鬼の「河はいるか」という呼びかけに応えて何者かが出現する。物語終了部分が欠如のためその者の正体はわからないが、橋と川とそれぞれに異人がいることになり、異界が重層化されていることが分かる。

以上の三例からは、中世になって図像化されてゆく前の鬼の形象を抽出することができる。安義橋の鬼は人の恐怖心を反映したかのような異常な外貌で描かれている。瀬田橋の鬼は、闇から聞こえて来る不気味な声でその恐ろしさが表現されている。避けたいと思っている鬼に人が出会うかもしれない場所、それが橋である。二つの世界の堺と見做すならば、橋ではなにが起きても不思議はない。「境界という場はすべて互換性があるというか、共通性があり、そういう場には神や鬼がいた[31]」と小峯和明の指摘するとおり、境界と呼ばれる両義的な場所には神や鬼がいて、人間の動向を窺っているのである。

前出の小松和彦『妖怪文化入門』には、「異人」というものが以下のように定義されている。

「異人」とは、一言で言えば「境界」の「向こう側の世界」(異界)に属すると見なされた人のことである。その異人が「こちら側の世界」に現れたとき、「こちら側」の人びとにとって具体的な問題となる。つまり「異人」とは、相対的概念であり、関係概念なのである。[32]

小松が指摘するように、異界からみて人間界への入り口になる橋に異人が出現したとき、例えば鬼として対象化されることで初めて人間との関係性が生じるわけであるが、このことが『今昔物語集』の説話から読み取れるのである。

境界に当たるものとして峠・辻・隧道などいろいろあるが、「その中でもいかにも境界らしいのが橋、ということになる」(33)と、小峯は指摘する。これらの象徴物のもたらす境界の表象は、どちらかといえば水平的なものである。しかし、「阿弥陀来迎図」のように阿弥陀仏の人間世界への来臨という例もあるので、斜め上からの方向で表象される聖と俗の境界性も考えなければならない。

例えば、当麻寺の「二十五菩薩来迎」は、極楽堂から娑婆堂に掛けられた橋を浄土に迎えるために二十五菩薩が中将姫のもとまで練り歩く行事である。当麻曼荼羅に描かれている阿弥陀如来が聖衆を従えて、中将姫を浄土へと導くため来迎する様を多くの信者たちの前で再現するために橋を練り歩くという行事が生まれたのだろう。橋を架け渡すことによって浄土と地上の信者たちとの関係を表象させているのである。

浄土教の来迎思想に基づいた「来迎図」では、阿弥陀如来と脇侍である観音菩薩・勢至菩薩は紫雲に乗って空中から臨終した往生者を極楽浄土へ迎えるために地上に向かう構図で表現される。この図像中には、仏菩薩の渡る橋自体は描かれていないが、構図そのものの中に浄土と地上との二つの世界の対比が表現されている。橋は、「異人」「異界」との多様な境界性や両義的な性格を最も集約的に表現するトポス（topos）として捉えることができるのである。

第三節　橋の民俗学——橋姫伝説を例に

『古今集』歌「さむしろに衣かたしき今宵もわれを待つらむ宇治の橋姫」にまつわる伝承は、『奥義抄』『色葉集』『八雲御抄』『顕注密勘』などの歌学書に載せられ[34]、橋姫といえば宇治の橋姫を連想するほどであるが、実は日本の各地にはさまざまな橋姫伝説が伝えられている。本節では謡曲の話題も出てくる山梨県の「橋姫」伝説を柳田国男の「橋姫」を基に確認することにする。この論文は、橋姫の〈境の神〉としての性格を民俗学的に分析したものである。

柳田は、「橋姫」の冒頭において、橋にまつわる美しい女神の信仰があったことを以下のように指摘している。

橋姫と云ふのは、大昔我々の祖先が街道の橋の袂に、祀つて居た美しい女神のことである。地方によつては其信仰が夙く衰へて、其跡に色々の昔話が発生した。是を拾ひ集めて比較して行くと、些しづヽ古代人の心持を知ることが出来るやうである。[35]

橋の話として最初に挙げられているのが、山梨県甲府市にある「国玉の大橋」[36]（現存しない）と山梨県大月市にある「猿橋」の物語である。柳田は、「此橋［＝国玉の大橋］を通行する者が橋の上で猿橋の話をすると必ず怪異がある。猿橋の上で此橋の話をしても同様である」と、前置きしている。旅人が猿橋を通過するときに、国玉の大橋の噂をしたら婦人が現れて、手紙を届けて欲しいと頼まれた。男が奇異に感じて、手紙を見ると「此男を殺すべし」と書いてあった。男は、「此男を殺すべからず」と書き直して国玉の橋にたどり着くとまた別の女が立っていたので手紙を渡し、難を逃れることができたという話である。現在の猿橋は、「刎橋」という技法で架けられている。岩盤に穴を開けることにより、刎ね木を斜めに差込みを積み重ねる技法で、橋脚を建てずに架橋するのが特徴である。なお、木造建築で「刎橋」の技法で現存するのは、国の名勝指定されている山梨県大月市の猿橋のみである。

「此橋の上で謡の「葵の上」を謡ふと忽ち道に迷ひ、「三輪」を謡ふと再び明らかになる」[37]と柳田の論文にあるように、橋姫には謡曲の選り好みがあった。これは、時代が経過するうちに変化し、「明治二十年前後に出版せられた山梨県町村誌の中には、現に又更に変つた話になつて居て、此橋の上を過るとき猿橋の話を為し或は「野宮」の謡をうたふことを禁ず、若し犯すときは必ず怪異あり、其何故たることを知らずとある」[38]と、別の謡曲に置き換わっている。

またこの伝承が変化して、ある人が「野宮」を試しに謡ってみると、美しい乳呑み児を抱いた女性が現れて、子供を抱いて欲しいと頼まれ、顔を見上げると鬼女に変貌して食らい付きそうな顔をしていたので一目散に逃げ帰り、玄関で気絶したという物語に発展したと柳田は伝えている。

猿橋の橋姫伝説に謡曲の「葵の上」や「野宮」が言及されること、さらには美しい女が鬼女に変貌することは重要な点である。柳田は、橋姫と謡曲の関係を以下のように述べている。

図５　猿橋（著者撮影）

つまり「葵の上」は女の嫉妬を描いた一曲であつて、紫式部の物語の中で最も嫉妬深い婦人、六条の御息所と云ふ人と賀茂の祭の日に衝突して、其恨の為に取殺されたのが葵の上である。「野宮」と云ふのも所謂源氏物の謡の一つで、右の六条の御息所の霊をシテとする後日譚を趣向したものであるから、結局は女と女との争ひを主題にした謡曲を、この橋の女神がこのまれなかつたのである。「三輪」を謡へば再び道が明るくなると云ふ仔細はまだ分らぬが、古代史で有名な三輪の神様が人間の娘と夫婦の語ひをなされ、苧環の糸を引いて神の験の杉木の上に御姿を示されたと云ふ話を作つたもので、其末の方には「又常闇の雲晴れて云々」或は「其関の戸の夜も明け云々」などゝ云ふ文句がある。併し何れにしても橋姫の信仰なるものは、謡曲などの出来た時代よりもずつと古くからあるは勿論、源氏の時代よりも更に又前からあつたことは、現に其物語の中に橋姫と云ふ一巻のあるのを見てもわかるので、此には只どうして後世に、そんな謡を憎む好むと云ふ話が語らるゝに至つたかを、考へて見ればよいのである。(39)

橋姫は、嫉妬からの女同士の争いの謡曲を好まなかった。それはともかくここで重要なのは、橋姫の伝説それ自体は平安時代の『源氏物語』の時代には既に定着していたという事実である。本節冒頭に引用した和歌、これを収載する『古今和歌集』が既に『源氏物語』のおよそ一〇〇年前に成立していることからも、それは明らかである。「橋姫明神事」に「抑橋姫ト申神ハ、日本国内大河小河橋守ル神也(40)」とあるように、長い歴史の中で各地に橋姫の信仰が広がり、さまざまな説話が生まれた。猿橋の橋姫もその一つである。

ねたみにまつわる話をたどると、もともと橋姫一人ではなく男女双神を橋に祀ったのが最初であるとの指摘が柳田にある。夫婦二体の道祖神と同じように境を守る一対の神として信仰された神性が橋姫の起源ということになる。

> 而して何故に此類（＝ネタミ）の気質ある神を橋の辺に祭つたかと言ふと、敵であれ鬼であれ外から遣つて来る有害な者に対して、十分に其特色を発揮して貰ひたい為であつた。街道の中でも坂とか橋とかは殊に避けて外を通ることの出来ぬ地点である故に、人間の武士が切処《せっしょ》として爰で防戦をしたと同じく、境を守るべき神をも坂又は橋の一端に奉安したのである。しかも一方に於ては境の内に住む人民が出て行く時には何らの障碍の無いやうに、土地の者は平生の崇敬を怠らなかつたので、そこで橋姫と云ふ神が怒れば人の命を取り、悦べば世に稀なる財宝を与へると云ふやうな、両面両極端の性質を具へて居るやうに考へられるに至つたのである。[41]

柳田の指摘するように橋は、人々の往来にとって欠かすことのできない通路であるが、恐ろしい異人と出会うかもしれない場所でもあった。それだけに境を守り、そこを通る人を守護してくれる存在として橋姫は信仰されていたのである。

第四節　橋の神事――雨宮の御神事

橋の神事として国指定無形民俗文化財に指定されている長野県千曲市にある雨宮坐《あめのみやにます》日吉《ひよし》神社の祭り「雨宮の

御神事」がある。この神事は、三年に一度開催されている。生仁川に架かる斉場橋で行なわれるこの祭最大の山場である「橋懸かり」の所作について、鈴木正宗「橋をめぐる神事——雨宮の祭りを中心に——」に、「これは橋の上から獅子が逆さ吊りになり頭を流れに突っ込んで振り回し、水しぶきを上げて踊る勇壮な離れ技である。斉場橋とは、斉場（ゆば、いつきば）という名称から明らかなように神霊を送迎する場所であった[42]」と指摘する。

「雨宮の御神事」は、斉場橋を舞台として四人の獅子に扮した人が橋の欄干からゆっくりと逆さ吊りに降ろされる。川の水面に獅子の髪を濡らし、汚れを洗い流す「橋懸かり」を見せ場とする神事である。この神社は、「昔はハウリ大権現（祝神社）という名称で、近江の比叡山麓、坂本の山王社を勧請して以後は雨宮山王と呼ばれていたが、明治以降に現在の名称となった[43]」。

「雨宮古老談」によると、由比の種津殿は、妻である雲井の前がいながらにして、里に住む美人と評判の飛連という女性と密会をしていた。雲井の前は、このことを怨みながら亡くなり怨霊となり、災害が絶えず起こるようになった。そのため霊を慰撫する社が建立された経緯について、「古老談」は以下のように記す。

雲井の前甚だ妬ましく思い煩るゝ身を怨み侘びる思いの積もりてや終に身まかり給いしと云う后に其魂魄形を結び夜毎にあらはれ出で、忿怒の焔火に胸を焦し苦しみ給う事年を経て止まず見る人は皆狂乱となり又は死するもあり時ならぬに雷鳴、晴天と雖も俄かに雲を起し洪水漲り大風起りて人家田畑を損亳し或は火災を起し釼難に会い人民牛馬野獣鳥類に至る迄で病み付き死する者夥し里人之れを嘆き又は憐と思いければ一つの小社を建て数多の郷民鼓笛をならし唄い舞其の怨霊の悪念を慰め安じ奉りければ忽ち忿怒鎮まらせ給ひしと云う其の後数百年を経て清和天皇の皇孫経基王の苗裔肥後の守源の朝臣頼清公当国に下向ありて後此の小社に参詣あり縁の起りを聞召され大願を発し数多の郷村に下知して大社に建立あり是れ康平年中の創建なり此の時不思議の霊瑞ありて坂本山王大権現と神号し奉れりと承はり候(44)

村上頼清が山王社を勧請して始まる祭礼は、川中島の合戦で村上一族が滅亡したことにより一旦中絶する。しかし、慶長十（一六〇五）年には再開されたことが以下のように記されている。

村上義清公御盛り迄では中絶なき由隅々其の後永く中絶したる儀は無之由天文年中義清公浪人後川中島合戦にて大祭礼は久敷中絶いたし候慶長十巳年四月松井上総介様御入郡翌年より又々大祭礼は発り申候(45)

鈴木はこの祭りの特徴について、「春の農作祈願を基盤にしながらも、御霊送りや怨霊鎮めに諏訪や山王の祭祀の影響が加わった祭で、郷を単位とする大規模なものであった。元来は、雨宮・土口・生萱・倉科・森の五つの村が主体で、岩野・小森・東福寺も加わっていたという。明治二十二（一八八九）年までは、祭日の前日にあたる未の日に各村々を巡って歩いた。現在は雨宮地区（一二〇戸余）を中心として執行されている」(46)と記している。橋がかりの時に獅子のたてがみを水に流すのは、雲井の前のたたりを川に鎮め送るためだと伝えられていた。また祭具をすべて水に流すのも疫神を鎮めるためだとする。夕暮から始まる橋がかりの神事での川に逆落としになる獅子の荒々しいまでの所作は、鈴木正宗の言うとおり御霊・怨霊の鎮めに相応しい(47)。

ところで、歌舞伎舞踊の「石橋物」において獅子が長い毛を振る毛振りの所作は、「髪洗い」と名づけられている。落合清彦・服部幸雄は、『歌舞伎事典』「かみあらい　髪洗い」に以下のように記述している。「獅子の髪洗いは、たとえば長野県更埴市雨宮の御神事に、獅子が橋から水面すれすれに宙吊りになって獅子頭を振りまわす儀式（橋がかり）があることから、神事の獅子をめぐる民俗の反映が考えられている[48]」。

髪洗いは、「鏡獅子」「連獅子」などの長唄の獅子物作品においても後ジテが立役となり、勇猛さを強調した獅子の狂いであるために能と女方舞踊には無い独特な所作である。

服部幸雄『宿神論――日本芸能民信仰の研究』第四章「逆髪の宮」には、謡曲『蟬丸』[49]のシテの狂女の逆髪の象徴性に関する鋭い分析がある。服部によれば、「少なくとも近世初頭にあっては、女性の「逆立つ髪」は激しい嫉妬の心を象徴的に表現すると一般に認識されていたこと、また「逆立つ髪」は決して単なる乱れ髪・蓬髪を意味する日常次元の姿ではなく、不具・業病または憑依によって荒々しい神に変身した者の超人的な貌、グロテスクな貌として世間から忌避され、懼怖される存在として考えられている[50]」と指摘する。

「雨宮の御神事」の起源は、伝承によれば嫉妬に狂った女性の怨霊の鎮魂を目的としていた。「橋懸かり」という神事は、歌舞伎の獅子物作品の民俗的基盤となっていた。次節では、歌舞伎の獅子物作品の源流に立つ能『石橋』と橋との関係を見ることにする。

第五節　石橋――芸能と仏教の接点

前節での「雨宮の御神事」の山場「橋懸かり」と同じ名であるが、能の舞台構造には鏡の間から舞台へとつながる通路「橋懸かり」がある。能の「橋懸かり」について、山中玲子「能の舞台と演出・演技」に次のような記述を見いだすことができる。

現在能の場合、橋掛は登場人物が歩む道となる。たとえば人商人にさらわれた我が子を探し求める母親が、自分の故郷から遠く離れた土地まで、狂女となって旅をしてくる、その道程を、橋掛は表現する。一方、夢幻能の場合、橋掛は現実の世界とあの世をつなぐ通路となる。（中略）そもそも「橋」にはそういう異界との接点というイメージがあることは、よく知られている。だから、能の橋掛に「あの世とこの世の接点」という意味が残っていることは、重要かつ本質的なことではある。(51)

能の本舞台は、演者にとって現実から、作品に描かれている異世界へと移行するための重要な役割を果たす場である。謡曲『石橋』は、文殊菩薩の浄土である聖地清涼山を背景にした能である。清涼山とは中国山西省五台山のことであるが、「石橋」そのものは五台山には存在せず、中国浙江省天台山にある。(52)ワキ寂昭法師(53)は、山また山を踏みわけて文殊菩薩のいる浄土、清涼山との境にある「石橋」の前にまで辿り着く。

あれに見えて候ふは石橋にありげに候。向ひは文殊の浄土、人を待ち詳しく尋ね、この橋を渡らばやと存じ候。(54)

物語世界において寂昭法師は、この橋を渡り文殊の浄土へ行こうと望んでいる。

さては石橋にて候ひけるぞや。さあらば身命を仏慮にまかせ、この橋を渡らばやと思ひ候(55)。

寂昭のこの石橋を渡る決意は固いが、この橋が渡るに難しい危険な橋であることを現れた童子が説明する。

上の空なる石の橋、上の空なる石の橋、まづ御覧ぜよ橋もとに、歩み臨めばこの橋の、面は尺にも足らずして、下は泥梨も白波の、虚空を渡るごとくなり。危しや目も昏れ、心も消え消えとなりにけり。おぼろけの行人は、思ひも寄らぬ御事(56)。

このように、空高く架けられ、幅も一尺にも満たず、下は底知れないほど深い橋であると地謡が謡い、シテが中入りした後に地謡の謡は続く。

それ天地開闢のこの方、雨露を下して国土を渡る、これすなはち天の浮橋ともいへり(57)。

この詞章は、神代、天と地とを取り結んでいた前述の「天の浮橋」を効果的に織り込んでいる。続いて「石橋」が人間によって建てられたものではなくおのずと出現したものであることを、地謡は説明する。

しかるにこの石橋と申すは、人間の渡せる橋にあらず、おのれと出現して、続ける石の橋なれば、石橋と名を名づけたり。その面わづかに、尺よりは狭うして、苔はなはだ滑かなり。その長さ三丈余、谷のそくばく深き事、千丈余に及べり。上には滝の糸、雲より懸りて、下は泥梨も白波の、音は嵐に響き合ひて、山河震動し、雨土塊を動かせり。橋の景色を見わたせば、雲に聳ゆるよそほひの、たとへば夕陽の雨の後に、虹をなせる姿、また弓を引ける形なり。(58)

文殊菩薩の浄土への架け橋である石橋は、人智を超えた仏の加護を得た者でなければ渡ることはできない。修行を積んだ寂照でさえも恐れ戦くほど険しく厳しい橋だと表現されている。『石橋』は、文殊菩薩の浄土という聖なる世界がいかに俗界と断絶して厳しくこれと対峙するものであるかを描いている。(59)高僧の「寂昭」も橋を渡ることはできなかった。石橋の傍らで文殊菩薩の使獣である獅子が牡丹に遊び戯れている。深い谷を隔てた向こうにある仏世界の超越性を〝石橋〟が見事に象徴しているのである。

結

天と地とを架け渡す天の浮橋、恐ろしい異人と遭遇する戻橋・安義橋・瀬田橋、境の神として橋を行き交う人々を守る橋姫、御霊・怨霊を鎮め川に送りやる雨宮の橋懸かりの神事、文殊浄土の遙かな高みを象徴する石橋、橋の境界性や両義性、また説話や伝承を産出する橋の象徴性を神話や説話、また民俗事象にわたって検討してきた。橋は二つの世界を架け渡すとともに、時にその両者を峻拒し、現実世界の彼方にある宗教的な超越性を表現する。謡曲『石橋』から読み取れるのは、この聖なるものの超越的な彼岸性である。

註

（1）川田忠樹『橋と日本文化　増補版』大巧社、二〇〇八年六月、一〇頁。
（2）川田忠樹、前掲書、一二頁。
（3）山口佳紀・神野志隆光校注・訳『古事記』（新編日本古典文学全集一）小学館、一九九七年六月、三一頁。
（4）山口佳紀・神野志隆光校注・訳、前掲書、九九頁。
（5）山口佳紀・神野志隆光校注・訳、前掲書、一一七頁。
（6）西郷信綱『古事記注釈』第一巻、平凡社、一九七五年一月、一〇二頁。
（7）青木和夫・石母田正・小林芳則・佐伯有清注『古事記』（日本思想大系一）岩波書店、一九八二年二月、三一九頁。
（8）山口佳紀・神野志隆光校注・訳、前掲書、三一頁。
（9）小島憲之・直木孝次郎・西宮一民・蔵中進・毛利正守校注・訳『日本書紀①』（新編日本古典文学全集二）小学館、一九八四年四月、二四〜二五頁。
（10）中村啓信訳注『新版古事記現代語訳付き』角川文庫、二〇〇九年九月、二四頁。
（11）植垣節也校注・訳『丹後国風土記』『風土記』（新編日本古典文学全集五）小学館、一九九七年十月、四七二頁。
（12）川田忠樹、前掲書、一七頁。
（13）大林太良『銀河の道虹の架け橋』小学館、一九九九年七月、二二九〜三〇〇頁。
（14）川田忠樹、前掲書、一九頁。
（15）河村秀根・益根編著、小島憲之補注『書紀集解　三』臨川書店、一九七四年九月、八二〇頁。
（16）青木和夫・石母田正・小林芳則・佐伯有清注『古事記』（日本思想大系一）岩波書店、一九八二年二月、三一九頁。
（17）植垣節也校注・訳『播磨風土記』前掲書、二七頁。
（18）西郷信綱『古事記注釈第一巻』平凡社、一九七五年一月、一〇二〜一〇三頁。
（19）西郷信綱、前掲書、一〇二〜一〇三頁。
（20）相田洋『橋と異人　境界の中国中世史』研文出版、二〇〇九年九月、第一部「境界の世界」第四章「橋と境

界」第四節「橋と異人」（二二一〜二五〇頁）には、橋の上では正と負、価値の逆転が起こるという興味深い説話を紹介している。張良が橋で出会った怪しげな老人が「黄石の精」であったとする『史記』巻五十五に伝える話や、「陰生」という橋の下にいる乞食が自在に姿を消したり、泥水をかけた者の家を突然倒壊させたという『列仙伝』下に見える話などである。

(21) 平林章仁『橋と遊びの文化史』白水社、一九九四年七月、九〜二四頁。

(22) 小松和彦『妖怪文化入門』角川ソフィア文庫、角川学芸出版、二〇一二年六月、一三一頁。

(23) 小松和彦、前掲書、一三四頁。

(24) 馬渕和夫・国東文麿・稲垣泰一校注・訳『今昔物語集②』（新編日本古典文学全集三十六）小学館、二〇〇〇年五月、二七一頁。

(25) 馬渕和夫・国東文麿・稲垣泰一校注・訳『今昔物語集②』前掲書、二七一頁。

(26) 西尾光一校注『撰集抄』岩波文庫、一九七〇年一月、二一〇〜二一一頁。

(27) 松尾葦江校注『源平盛衰記　二』（中世の文学）三弥井書店、一九九三年五月、一一一頁。

(28) 馬渕和夫・国東文麿・稲垣泰一校注・訳『今昔物語集④』（新編日本古典文学全集三十八）小学館、二〇〇二年六月、四六頁。

(29) 馬渕和夫・国東文麿・稲垣泰一校注・訳『今昔物語集④』前掲書、四九〜五〇頁。

(30) 馬渕和夫・国東文麿・稲垣泰一校注・訳『今昔物語集④』前掲書、五三〜五四頁。

(31) 小峯和明『今昔物語集の世界』岩波ジュニア新書、二〇〇二年八月、六五頁。

(32) 小松和彦、前掲書、二〇一頁。なお、小松には民俗社会の暗部にある異人を掘り下げた『異人論——民俗社会の心性』青土社、一九八五年七月という詳細な研究がある。

(33) 小峯和明、前掲書、五二頁。

(34) 神作光一編『歌学書被注語索引』新典社、一九九一年七月、四九頁・一五二頁。

(35) 柳田国男「橋姫」『一目小僧』（柳田国男全集七）筑摩書房、一九九八年十一月、四八三頁。

(36) 柳田国男、前掲論文、四八三頁。

柳田は、「大橋など丶云ふ名にも似合はぬ僅かな石橋で、甲府市中の水を集めて西南に流れ、末は笛吹市に合する濁川と云ふ川に架つて居る。今の国道からは半里ほど南であるが、以前は此筋を往還として居たらしい。一説には大橋ではなく逢橋であつたと云ひ、又育逢橋と云ふ別名もある。」と指摘している。

(37) 柳田国男、前掲論文、四八三～四八四頁。

(38) 柳田国男、前掲論文、四八四頁。

(39) 柳田国男、前掲論文、四八九頁。

(40) 『神道集』「橋姫明神事」(近藤喜博編『神道集　東洋文庫本』角川書店、一九五九年十二月、二〇八頁)。

(41) 柳田国男、前掲論文、四九五頁。

(42) 鈴木正宗「橋をめぐる神事――雨宮の祭りを中心に」『悠久』(特集神の橋) 六十七号、一九九六年十一月、二五頁。

(43) 鈴木正宗、前掲論文、二八頁。

(44) 長野県教育委員会編『雨宮の御神事』(長野県無形文化財調査報告書第二集) 長野県教育委員会、一九六五年三月、八六頁。

(45) 長野県教育委員会編『雨宮の御神事』前掲書、八七頁。

(46) 鈴木正宗、前掲論文、二五頁。

(47) 鈴木正宗、前掲論文、二八頁。

(48) 服部幸雄・富田鉄之助・広末保編『新版　歌舞伎事典』平凡社、一九八三年十一月、一三一頁。

(49) 帝の子でありながら盲目のため捨てられた蟬丸の名は平安時代の文献から見えるが、逆髪については謡曲『蟬丸』以前には見当たらない。

(50) 服部幸雄『宿神論――日本芸能民信仰の研究』岩波書店、二〇〇九年一月、一三六～一三七頁。
さらに服部は、以下のように指摘している。「また「逆立つ髪」は決して単なる乱れ髪・蓬髪を意味する日常次元の姿ではなく、不具・業病または憑依によって荒々しい神に変身した者の超人間的な貌、グロテスクな貌として世間から忌避され、懼怖される存在と考えられていることが明らかになった」『宿神――日本芸能民信仰の研究』前掲書、一三七頁。

(51) 山中玲子「能の舞台と演出・演技」服部幸雄監修『日本の伝統芸能講座　舞踊・演劇』淡交社、二〇〇九年二月、一三八〜一三九頁。

(52) 天野文雄「獅子の能と獅子舞」『観世』第四十八巻第四号、檜出版、一九八一年四月、五頁。「石橋は本曲では清涼山の入り口にある橋とされているが、これは誤解で、石橋は天台山にある橋なのである。清涼山は五台山とも呼ばれるから、これと天台山とを混同したものか」。

(53) 円珍「在唐記」や成尋『参天台五台山記』に記す石橋と現在の景観とがそれほど変わっていないことについては、実地調査をもとに斎藤忠の報告がある。斎藤の『中国天台山諸寺の研究――日本僧侶の足跡を訪ねて』第一書房、一九九八年十二月には現在の石橋と瀧（石梁飛瀑）の写真を載せる。

寂照と表記するのが普通であるが、このように表記されることもある、本稿では原資料に従う。

(54) 小山弘志・佐藤健一郎校注・訳『石橋』『謡曲集②』（新編日本古典文学全集五十九）小学館、一九九八年二月、五八四頁。

(55) 小山弘志・佐藤健一郎校注・訳『石橋』前掲書、五八五頁。

(56) 小山弘志・佐藤健一郎校注・訳『石橋』前掲書、五八六〜五八七頁。

(57) 小山弘志・佐藤健一郎校注・訳『石橋』前掲書、五八七頁。

(58) 小山弘志・佐藤健一郎校注・訳『石橋』前掲書、五八七〜五八八頁。

(59) 渡辺保は、「なぜ文殊菩薩はあらわれないのか。私たちが石橋を渡れない――「悟り」を得ていない人間ならば、たとえ文殊菩薩があらわれても見えないからです。獅子をはるかに見て、その存在を感じるしかないのです。そのことを知ったからこそ寂照法師は帰るのです。いや、寂照ほどの人ですから、あの獅子の霊気のなかに菩薩の存在を感じたからでしょう。「石橋」一番は、仏教の真理を描くと同時に、その壮大な世界構造の絶景を描いています。そしての構造を描く能という演劇の本質もまた実によく示しています」と指摘している（『能ナビ誰も教えてくれなかった能の見方』マガジンハウス、二〇一〇年四月）。

第七章　獅子の舞

序

『石橋』は、文殊菩薩の使獣である獅子の舞により、絢爛さにおいて他の謡曲作品の群を抜いている。『石橋』の英訳として、増田正造『能百十番』には「The lion dancing on the stone bridge」(1)と記されている。

謡曲の作品が歌舞伎所作事の演目へと引き継がれていった理由は、獅子の扮装と舞の華やかさである。時代を遡れば、そもそも日本の獅子舞の源流は、飛鳥時代に日本に伝えられた伎楽にあったと考えられている。伎楽は、古代インド・チベットの仮面劇でシルクロードを通って中国の南朝にまず伝えられ、さらに朝鮮半島の百済を通して遠く日本にまで伝来した。大陸伝来の芸能として最古のものである。また、伎楽に続いて入ってきた舞楽にも「獅子」があった。これは宮廷や寺院の法会の場で演ぜられた。このように獅子舞の歴史は長く、現在日本各地には、その流れを汲む民俗芸能の獅子舞が数多く伝えられている。

観世七郎元能が父世阿弥の芸談を筆録した『申楽談義』(永享二(一四三〇)年成立)に、『石橋』の創作される以前に、「獅子舞」が民俗芸能として既に定着していたことを窺うことのできる記述がある。

図１　『石橋』（シテ：味方玄、牛窓雅之撮影）

一、シ、マヒハ、カワチノエナミニ、トクジユトテアリ。ジンベンジ、也。ゾウア、チゴニテ、ロクヲンキンノ御マエニテマイシ、ヲモシロカリシ也。[2]

引用箇所について脚注には、「シ、マヒ…以下二條の追記は、元能が後年に書加えたものであろうか[3]」とある。元能は、世阿弥元清の二男である。『石橋』が創作された時代には、既に獅子舞が存在していたのだ。ちなみに、序章に言及したとおり、『石橋』の一番古い記録は、寛正六（一四六五）年であると推定される。

本章の執筆にあたり、第三章第七節に言及した児玉信「民俗芸能の獅子芸」（『観世』第七十五巻第三号）の調査結果を確認すべく論者が、平成二十七年十月十一日、獅子博物館（埼玉県白岡町）高橋裕一館長に聞き取り調査をしたところ、獅子舞の伝承数は、平成十五年の時点で七九三五件にのぼる。この数からも、神事・芸能としての獅子舞が日本各地に広汎に流布していることが確認できる。

『石橋』が創作された時代背景を考えるためにも、「獅子」または「獅子舞」についての理解が当時どれほど浸透していたのかを検証する必要がある。本章では「獅子」と「獅子舞」の系譜を確認することを目的とするが、その前に、まずは『石橋』の現代における「獅子の舞」の演出を概観し、『石橋』においての舞についてそのイメージを描いてみたい。

第一節　『石橋』の獅子の舞

三宅襄『観世流謡い方講座（続編）』には、同じ獅子の演目であっても『望月』と『内外詣』と『石橋』とでは本質的に違うことが指摘されている。

『望月』と『内外詣』（金剛流）にも獅子はありましたが、『石橋』の獅子は霊獣が御代万歳と舞い納めるめでたい舞であり、『望月』は宿屋の亭主が客に請われて座興に舞う獅子舞、『内外詣』は神主が神前に舞い納める獅子舞ですから、手順はほぼ同様でも、本質が違います。(4)

三宅紘一『謡い方百五十番』(5)は、『石橋』についての記述に関する限り、それに先だって上梓された『曲趣の解釈と謡ひ方』(6)とほぼ同内容であるが、そこでは『石橋』を「遊楽物」と定義し、獅子の遊舞の特徴を次のように記している。

後シテは百獣の王者獅子である。能では獅子口という特殊の面に赤頭または白頭をいただき、法被《はっぴ》――半切《はんぎり》の姿を以てこれを象徴する。単にこの形貌からいえばまさに怪異物に入るべきであるが、出現の目的が舞台に設けられた紅白の牡丹に戯れる遊舞のためであるから、五番目物ではあるがやはり遊楽物と見るのが至当である。この曲も素謡よりは能として大した曲である。遊楽物としてこれほど壮快な曲はなく、切能としてこれほど大舞台の曲はない。（中略）前場から急転して、囃子方が妙技を尽す乱序、露の拍子となり、後シテ獅子は、一旦下半身を見せるだけで幕をおろし、やがて急調の囃子につれて走り出て壮絶を極むる獅子舞をまう。舞あとも謡につれて台上台下に飛び遊ぶのであるから、ここは前場とはまるで違って、急速に勢いあふれて謡い、終末を全然静めずピタリと謡い切る。[7]

図２「木造文殊菩薩坐像及び侍者立像　獅子」（『竹林寺の仏像』五台山竹林寺、2003年）

「壮絶を極むる」獅子の舞という三宅評と同様に、増田正造『能百十番』にも、『石橋』の獅子舞の豪快さが以下のように説かれている。

赤頭の一人獅子が本来だが、白頭、赤頭の親子獅子や、大勢出る演出もある。牡丹をたてた作り物の位置や数もさまざまで、なかには品字形に一畳台を三つ重ねた危険な演出もある。台を離して置き、宙返りをうって跳ぶ型もあるという。この獅子にかぎり、手に何ももたず両袖をピンと張って舞う。（中略）後半の獅子舞だけを上演することが多いが、秘境の様がじっくり描かれてこそ、後段の獅子の絢爛もひきたつ。能には、期待の時間の長さ、積み重ねが必要なのだ。獅子の登場は、アイ狂言の仙人によって予告された。出を囃す乱序の豪快。深山の万物静まりかえる露ノ拍子の奥深さ。おどり出た獅子の舞。「万歳千秋と舞ひ納めて。獅子の座にこそ直りけれ」。はげしい動きは、一瞬の不動の姿と化して、永遠の時間への回帰を果たす。この奇瑞を目撃した法師寂昭は、再び橋を渡ろうとしたのであろうか。人生の前にはいつか石橋のごとき、試練あるいは幻影の彼岸への架け橋が横たわるものであろうか。能は神秘を提示するだけで、他は黙して語ろうとしない。この鮮明な余白。(8)

増田が、「深山幽谷。豪壮華麗な乱序の囃子で獅子が出現し、咲き匂う紅白の牡丹に戯れて乱舞。喜多流の一人獅子は特殊な巻毛で、特別重い扱い」(9)と指摘しているように、喜多流の獅子の髪型は、赤もしくは白の直毛ではなく巻髪を扮装としているのが特徴である。幻影の彼岸への架け橋を暗示して後を余白として残すという指摘も、作品の理解にとって大事である。

三宅襄の前掲書『観世流謡い方講座』には、獅子の舞の演出法と謡との密接な関係について次のように記されている。

瞭乱たるぼたんの花、裂帛の気合をこめた囃子の掛声、飛鳥のような乱舞の様、一言にして言えば『石橋』の獅子は絢爛にして豪華そのものです。本来はひとり獅子でありまして、赤頭の獅子が一人出て舞います。

「大獅子」の小書では、前シテは老翁となり、後は白と赤の獅子が出て舞い、「師資十二段之式」の小書では、牡丹の花を挿した山の作り物を出し、引回しをとるとシテが白練を被いて伏しています。またの獅子の舞では、赤の獅子がこの作り物を出入りします。「師資」は、獅子の文字をかざしたものです。十二段は舞の段数です。二人獅子のことを他流では「連獅子」または「和合」などと称えますが、金剛右京（廿三世金剛流宗家）創意の「狻猊《さんげい》之《の》式《しき》」は少し変わっています。大僧正のことを猊下と敬って言いますが、それから着想した小書で、いかにも右京氏らしい考案と思います。前半を省いて、後半の獅子の舞だけを演じる「半能」では、祝言の心持は一層強くなります。近頃は殆ど半能で演じられますが、前半の居グセを静かに鑑賞してこそ、後の獅子が一段と価値を増すのです。クセの謡にそれだけの苦心が払われているのですから、ジックリ聴きたいものです。つまり静に対する動であり、閑寂な趣を謡で聞かせて、そして後の烈しい動きが生きてくる訳であります。五番目の切能物として、とかく謡の方が軽視されがちなのは残念です。この能は、前と謡とであり、後は磐石の腰の獅子の舞であります。しかし、いかに獅子の舞が眼目だからと言っても、獅子さえ舞えば『石橋』だという訳にはいかないのです。謡も完璧であってはじめて完全な獅子の舞が演奏され得るのであり、謡と舞は車の両輪の如しです。『石橋』を正しく真実に鑑賞するには、この事を頭に入れておいてください。特に面倒な節扱いや繊細な心持は少ないけれど、十二分に、いわゆる重習物としての位を会得し、節扱いを駆使して、初めてこの難曲を謡い得るのです。(10)

長い引用になったが、昭和の初めから能楽評論家として活躍した三宅だけに、『石橋』の演出のツボを丁寧に説いている。『石橋』は舞と謡がともに力を尽くさないと舞台が成り立たない難曲である。「後シテ」の演出法について三宅は、さらに意を尽くして説明している。

後シテ　深山幽谷の狭間にしたたり落ちる雫の音になぞらえた露の拍子の後で、シテは厚板の袖口を摑んでピンと張り、頭の毛を後になびかせながら、出になります。獅子の舞の段を知るには白獅子でも赤獅子でも、舞い出すと頭を左右に振り動かして、一段落するとちょっと静まります。これを段を取ると言いまして、一番優しい素人の見方です。頭の振り方については、のの字に振るとか、頭のあたりに小虫がいて喰うので痒いから、数字の8の字を横に振って、首をまわしてこれを払い落とすのだなどと言います。獅子身中の虫はこれから出た言葉です。囃子方にそれぞれやかましい口伝がありますが、ここでは略します。獅子の舞で特に印象に残っているのは、廿四世観世左近の師資十二段之式、宝生重英・英雄父子、桜間金太郎・龍馬父子、喜多実・長世父子のそれぞれ連獅子、また、喜多六平太があの流儀独特のカールした頭（巻毛の赤頭）で舞った一人獅子、これらは皆、厚板の両袖を強く突っ張り、些のユルミもタルミもなく、指す袖の尖きにキッと視線をつけて、鮮やかな獅子の舞を見せてくれました。宝生英雄君が獅子の稽古で両膝を紫色に腫れ上らせたと話してくれましたが、さもありなんと思われます。獅子は美しく正しい舞でありたい。台の飛び下りにしても、パッパッと奇麗にやって欲しい。総て早く、強く、大きく、鮮やかに、シッカリ動いて欲しい。獅子の囃子は、追いかけ追いかけ囃す心持を忘れてはならない。殊にキリのところは囃子が頭を勢って打つから、謡い方も特に気にかけて勇ましく油断なく謡い続けます。半能の場合は、勇気一杯に寸分の弛みもなく、殊に豪快に謡います。太鼓や大鼓の頭に負けぬ英気颯爽たるものでなければなりません。(11)

以上、勢いや強さ、大きさのあるはっきりとした所作と、太鼓や大鼓に負けない豪快な謡とで、観客を印象づけることが『石橋』を演出するに当たっての眼目だと、三宅は指摘する。

第二節　中国の獅子舞

児玉信「民俗芸能の獅子芸」は、『観世』の「石橋」特集号に掲載された論考であるが、世界各地の獅子舞の現状を以下のように指摘している。

現在、獅子舞の行われている国や地域は、中国・モンゴル・台湾・日本・タイ・ベトナム・カンボジア・ラオス・マレーシア・シンガポール・インド・ネパール・ブータン・チベット・バングラデシュ・スリランカ・インドネシア…と、東アジアに集中する。このうち中国系の獅子舞が世界各地の中国人街にも広く分布している由だ(12)。

児玉の指摘通り、「獅子舞」は民俗芸能として東アジアに広く浸透している。なかでも、中国の獅子舞は、アジアの中国文化圏の地域や世界中の華僑社会の祭事と不可分に結びついている。周知のように、横浜の中華街では、春節に二人組の獅子が招福祈願のために通りを練り歩く。

中国の獅子舞の起源について、寺尾善雄『新装新版中国文化伝来事典』「獅子舞」項に以下を見いだすことができる。

正月や祭り、さてはお座敷に無くてはならぬ景物だが、これも中国伝来。中国の漢代の壁画や石刻に〝舞巨獣〟というのがあり、これが中国南北朝時代（日本では古墳時代）になると獅子舞として、百戯の一つとなり、唐代には〝五方獅子舞〟と称せられた。この唐の獅子舞が日本に伝わり、舞楽として演奏されているうちに、太神楽などで悪魔払いや豊作の祈禱として民間に定着したものである。中国近世の獅子舞には、南方と北方とで多少の差はあるが、やはり慶事には各地で行なわれている。広東地方では、正月に、日本と同様、芸人が民家を廻って、おめでたの意を表すが、その際に獅子には、頭と尾の部分に二人が入って舞う。だが、昨今、日本では簡略化して、一人の場合が多い。もっとも獅子舞（獅子はserという古イラン語を漢字に音訳したもので、中国にはいなかった動物）はイラン原産で、シルクロードを経て中国へ入って来たといわれている。なお、イランの国旗には獅子がシンボルマークとして付けられている。(13)

中国では、獅子舞は一般に舞獅（wǔshī）という。現代に至るまで長い歴史のある舞獅の起源については、漢代の頃から西域より徐々に伝えられ唐代に盛んになったとするのが定説となっている。舞獅は、正月のめでたい芸能として中国社会で定着し、正月以外にも寺院の縁日やお祝い事で演じられるようになったことは、『中国歳時節令辞典』において「舞獅」について「伝統元宵節期間等的主要娯楽活動。表演者扮成獅子形、模仿獅子動作而舞。獅子是威武勇猛的象徴、舞獅是初是用来駆邪逐魔、祈求和平安寧的、後来為重要節慶日及廟会的一項重要娯楽活動」(14)とあるとおりである。

中国社会で歴史の長い舞獅が、時代的な特徴と豊かな地域色を持って民俗芸能としての強い生命力を保ちながら現在に至っていることは、羅斌・朱梅著『舞龍舞獅』に以下、述べられているとおりである。

獅舞、是我国節令性民俗活動中最普遍的民間舞踏。長期以来、獅子是人們心中的「祥瑞之獣」、象征着威武与吉祥。因此、毎逢春節、元宵灯節、廟会等重大大慶典活動時、各地群衆必定敲鑼打鼓地舞起獅子、自誤的同時、也寄托駆邪求吉的美好意愿。舞獅的発展歴史長遠。自漢代的「象人」、北魏的「避邪獅子」、唐代的「五方獅子舞」、宋代的「獅子戯球」、明代「大小獅舞」、不断積蓄積累演進着。随着時間的遷移、獅舞逐漸発展為具有強大生命力、蘊涵豊富文化内涵的成熟絢麗的芸術瑰宝、広受各地区、各民族人民的喜愛。(15)

シルクロードを通って中国に伝わった獅子舞であるが、右の一文からは中国では正月や元宵節等における予祝芸能として定着したことが分かる。『漢書』「礼楽志」の「常従象人四人」に付された孟康注の「象人、若今戯魚蝦師子者也」に見られる「象人」などが中国の獅子舞の直接の起源かともされているが、今一つ確証はない。杜祐『通典』「楽典一百四十七」など史料類に見える「五方獅子舞」は、唐代になって盛んに行なわれようになった。五方とあるように東西南北と中央に五色の背の高い獅子が並ぶ大規模なものである。その後の時代の変遷を経て、獅子舞は現在では銅鑼や太鼓、鉦の音とともににぎやかに演じられて、正月の大きな楽しみになっている。瑞獣である獅子によって邪気が遠ざけられ、幸せがもたらされることを願いながら、人々はそのアクロバティックな技に目を楽しませているのである。

舞獅には、現在長江を境にして北獅と南獅との地域によって大きな違いがあるという。李英儒の説明を借りれば次のようになる。

舞獅発展現在、形成南北両大派。北獅的特点是有成獅（或称大獅、太獅）和崽獅（或称少獅、小獅）、成獅有時遠分文獅和武獅両種。文獅主要表演獅子的温馴神態、如舔毛、抖毛、搔毛、打滚等。武獅主要表演獅子的勇猛性格、如躍撲、爬高、騰躍、踩球等。大獅由両人表演、小獅由一人表演、獅子身上的装飾全由長毛遮住、舞獅時只見獅子不見人。南派的造型要大一些、獅子身的装飾是大片鱗甲状的花紋、每個獅子由両個人来表演、但在做各種動作中可以露出人来。引獅子的人可以是個武士、也可以是個大頭仏。無論南派還是北派、舞獅中都伴有鑼鼓奏楽、舞時也有程式性的套路、如獅子滚綉球、武士戯獅、兄妹戯獅等。獅子也因各地風俗不同而其舞也有差別、如河北有双獅、安徽有青獅。(16)

北獅は獅子の生態を真似た軽快な動きと玉乗りなどの曲芸の要素を採り入れ、それを成獣として表現する大獅は二人で、仔獣の小獅は一人で演ずる。南獅は、獅子の鱗状の紋様に特徴があり、演技中に、中の人が姿を現すこともよしとされる。北獅・南獅ともにそれぞれの地域ごとの違いや特徴のあることは、先に引いた羅斌、朱梅の『舞龍舞獅』に写真付きで紹介されているとおりである。

このように中国の獅子舞は、時代色や地方色が豊かであるが、悪霊の退散や招福を願うという点で、また民間で行なわれる芸能であるという点で、共通している。民間芸能として今日でも盛んに行なわれながら、他方で、能や歌舞伎舞踊といった舞台芸能の中で「獅子の舞」が独自の発展を遂げるようなことは、中国にはなかった。

第三節　伎楽の獅子

獅子舞の芸能としての歴史は長く、伎楽とともに「獅子舞」は日本に伝わった。伎楽は、宮廷や寺院の法会の場で演ぜられていた。『日本書紀』推古天皇二十（六一二）年の記事に、百済から来朝した味摩之が豊浦寺のある奈良県桜井の地に少年を集め、南朝の呉から百済に伝わった伎楽の舞を教えたことが記されている。

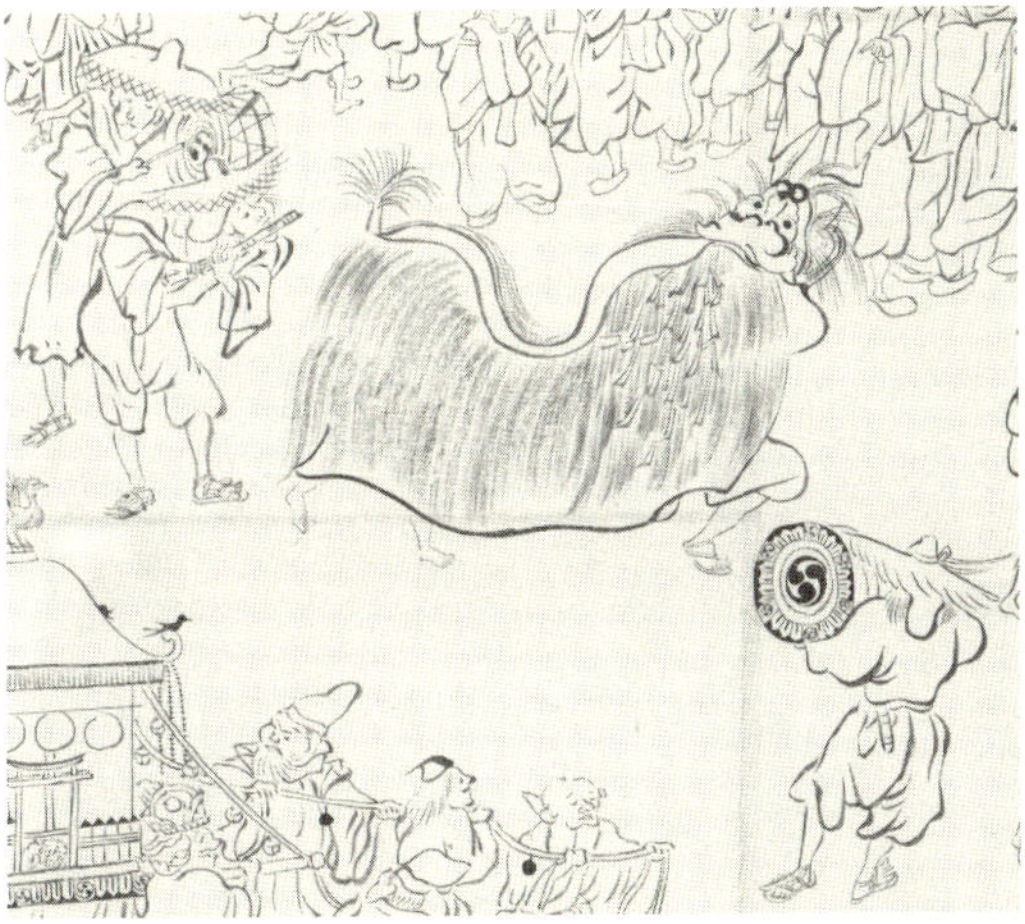

図３　藤原光長『年中行事絵巻』江戸期模写（国立国会図書館デジタルコレクション）

百済人味摩之、帰化て曰く、「呉に学びて、伎楽の儛を得たり」といふ。則ち桜井に安置らしめて、少年を集へて、伎楽の儛を習はしむ。是に、真野首弟子・新漢斉文、二人習ひて其の儛を伝ふ。此今の大市首・辟田首等が祖なり。[17]

伎楽は、大唐楽・百済楽・高麗楽・新羅楽より以前に渡来した舞楽である。呉（二二二〜二八〇年）から始まる六朝の時代に百済に伝わったものとされる。伎楽は仮面を付け滑稽な所作が主な特徴となる。伎楽において獅子は、治道とともに行道または神幸の先導者として露払いをする役割を担っている。治道にあやされた獅子は邪鬼を追い払うのである。
その後奈良時代になり、唐楽や高麗楽を伴奏とする舞楽が伝わると、寺院の法要の場で獅子の舞楽が演じられるようになる。平安時代には、「舞楽四箇法要」といわれる新堂新塔の落慶供養の法会の場で儀式の進行役として獅子の舞楽が演じられている。面をつけた獅子の舞楽に合わせながら梵音・唄・錫杖・散華と儀式が進行してゆくのである。「舞楽四箇法要」は、四天王寺の精霊会など現在にまで伝わり、獅子の舞が見られる。

作者不明の『信西入道古楽図』（舞図）に「蘇芳菲図」と「獅子図」とが描かれている。蘇芳菲は、『教訓抄』巻第四に「左『蘇芳菲』の身は獅子の姿なり。頭は如犬頭也」とあるように、獅子の舞である。番曲となっているのは、「狛犬」である。神輿の左側に蘇芳非の獅子が舞い、右に狛犬（狛龍）が獅子の引き立て役として両手足で四つの獅子頭を使い、さまざまな曲芸技を演じた。

平安中期になると、宮中行事に獅子や蘇芳菲の舞が採り入れられたことは、『栄花物語』巻第二十三「こまくらべの行幸」で「蘇芳菲、駒形などさまざま舞ひ出で、今は東の対に渡らせたまふ」[18]に描かれている通りである。『教訓抄』巻第四には以下のように笛、太鼓、鉦鼓に合わせて獅子の舞が法要や儀式の場で演じられたことが記されている。

獅子
　有序破急云々。笛節与太鼓・鉦鼓許也。
此曲御願供養ニ舞。笛者、小部氏為レ曲。舞者、獅子舞役也。
　有レ詠

図４　「獅子」（正宗敦夫他編『信西古楽図』日本古典全集刊行会、1929年、国立国会図書館デジタルコレクション）

獅子天竺　問学聖人　瑠璃大臣　来朝太子　飛行
自在　飲食羅刹
全身仏性　尽未輦車　毘婆太子　高祖大臣　随身
眷属
故我稽〔首〕礼（略）[19]

『信西古楽図』の「獅子」の絵図には、獅子をつないだ縄を手に持った二人の人物が描かれている。近世模本の一つ東京美術学校本の藤原貞幹の書込には、「持縄者服飾崑崙状」とある。獅子については同書込に、「唐太平楽亦謂五方獅子舞」と書かれている。後晋の劉昫等撰の『旧唐書』巻二十九「音楽志二」には以下のように記されている。

太平楽、亦謂之五方獅子舞、獅子摯獣、出於西南夷天竺、獅子等国。綴毛為衣、人居其中、象其俛仰馴狎之容。二人持縄払、為習弄之状。五獅子各立衣其方色、百四十人歌太平楽、舞以足、持縄者服飾皆作崑崙象。[20]

太平楽または五方獅子と『信西古楽図』の獅子とはほぼ同じ舞楽だと見ることができる。インドやスリランカからの伝来の舞楽として記されている五方獅子だが、「二人持縄拂、為習弄之状」と、獅子を二人の獅子使いが練り歩かせるというのは、『信西古楽図』の獅子の図に描かれている二人の獅子使いと同様である。この獅子使いは、現在、各地の寺社の法要や祭礼で行われている練供養で先導役の獅子の綱を持つ口取役の原型に当たるものと考えられる。

平安時代の獅子舞が、唐代の獅子舞の流れを汲むことを確認した。平安時代の仮名文学から獅子舞の用例を挙げる。清少納言『枕草子』「見物は」の段には五月の節会のとき、帝が式場から還御になる御輿の先に獅子や狛犬に扮した舞人が舞う様が描かれている。ここの「獅子」は、前述の「蘇芳菲」の舞を指すものと考えられる。

還らせたまふ御輿の先に、獅子、狛犬など舞ひ、あはれ、さることあらむ、郭公うち鳴き、ころのほどさへ似るものなかりけむかし。[21]

また「関白殿、二月二十一日に」の段には、積善寺の一切経供養のため行啓になった中宮の御輿が寺の総門に到着した時に、高麗や唐土の楽が一斉に奏され、獅子と狛犬の踊り舞がまことに素晴らしいと描かれている。この「獅子」は、前述の「獅子」の舞を指すと考えられる。

おはしまし着きたれば、大門のもとに、高麗、唐土の楽して、獅子、狛犬をどり舞ひ、乱声の音、鼓の声に、ものもおぼえず。(22)

『枕草子』の能因本だけの異文であるが、「むとくなるもの」段には、狛犬や獅子を舞う者が、いい気になって調子づいて、出て踊る足音はかたなしだと批評する場面がある。時には批判もしたくなるほど、平安時代の人々は獅子の舞を観る機会が多かったことを推測することができる。

むとくなるもの（中略）狛犬、獅子舞ふ者の、おもしろがりはやりて、出でをどる足音。(23)

『栄花物語』巻第三十九「こまくらべの行幸」は、これも行幸に際しての獅子舞の場面である。ひときわ大きな太鼓の音とともに獅子と狛犬が舞う様がひときわ素晴らしいと評している。

船楽、打たぬに鳴ることぞなかりけれと、太鼓かけたるさまことごとしう、獅子、狛犬の舞ひ出でたるほどもいみじう見ゆ。(24)

伎楽から発展した舞楽の「獅子」は、平安時代になると寺院での法要ばかりでなく、宮廷儀式の晴れの場でもしばしば演じられており、これが獅子舞が日本の民俗社会に浸透してゆく下地になっていることは、右に引用した仮名作品の記述から推測することができる。

第四節　『石橋』と類似した獅子舞

古野清人『獅子の民俗』「一、獅子舞の起源」には、多様な獅子舞の起源が紹介されている。その中で古野は、栃木県下都賀郡赤津村に伝わるとされる「御獅子之曲由来」という古文書を取り上げ、その現代語訳を掲載している。残念なことに、同書にはこの文書についての詳細な情報が記されていないので、論者は未だこの文書を直接に確認することが出来ていない。赤津村の文書は明らかに謡曲『石橋』を下敷きにしている。以下、古野の現代語訳の全文を掲げておく。

敏達天皇の皇孫である大江貞基武臣が、職を退いて法師となって寂照と号した。入唐渡天して石橋に至った。この石橋と申すは、人間が渡した橋ではなく、おのずと出現して、文殊の山嶽へかかり、文殊の山あいに谷川が流れ、この川へかかる橋であって、長さ三丈余で深さ数千丈におよんでいる。橋の面はわずか一尺よりも狭く、その下は白い流れで足が定まらず、心も動揺して渡ることもできない。それに雨露に打たれて橋の上には苔がはなはだ滑らかで渡りにくい。寂照法師はこの橋を渡ろうとして、橋に至って谷底を見おろすと、数千丈の谷の下、流るる水は落ちるようで、橋はわずか二尺にも足らない。青苔がいっぱいで雨の後の虹のような形をしていて渡ることもできない。しかし、身命をなげうって文殊の嶽に至ろうと、目を閉じて渡ろうとしたところに、どこからともなく老翁が一人にわかに現われて寂照に向かっていうには、師はこの石橋を渡って文殊の嶽に至ろうと思われるのか、そのかみ権現の僧師たちの多くの人々がここまでは来るが、この石弓を渡る人はない、このような権現の名僧たちでさえ渡ることのできない石橋である、玩花行人思いもよらぬことゆえ、わが言葉にしたがってこの橋元に憩い、文殊の要号を拝し給え、ことに今日は獅子の乱があってのち文殊の要号なく、その時節もいまよりよいときはあるまいというかと見れば、その形が忽然と失せた。寂照も奇異の思いをして待っていたら、しばらくして石橋の左右の岩くずに牡丹の花咲きみだれ、音楽が山粧をゆるがした。ところが獅子一つ出て牡丹の花に現われ、音楽の拍子に合わせて飛びはねるのは、誠に奇妙な獅子の曲である。しばらくして、また獅子一つ出て三匹の獅子が花にたわむれ、枝にころび伏し、音楽が速まればまた獅子三つ飛び出し、五匹の獅子が岩に飛びあがって、石橋を飛び渡って、山上に飛びあがって、獅子が入りみだれ、伏しころび、実にこの上ない獅子の乱舞である。寂照はこれをよくよく見て音楽を聴きすまして考えていると、さっきの老翁が現れ出てきて、〈如何に寂照汝が厚心を感じ、最初老翁言語をなす音楽之名題、笛吹の簫歌、獅子之舞、曲中曲乱、悉く此巻物に誌せり〉と一巻を寂照に授けた。そして石橋を渡って文殊の嶽に入った。まもなく光明煥々となり石橋の上にある山の岩の上、大照文殊獅子の座にあらわれ給うのを寂照が拝しているうちに、雲霞が立ちこめて文殊は浄土に入り給う。寂照は信心肝に銘じて、それから日本に帰朝され、その後文武帝の御宇にかの一巻を奏上され、代々御楽器を伝えた。(25)

以上の「御獅子之曲由来」は、『石橋』を基にして創作されたものである。なお、「三河守大江定基」は「大江貞基武臣」と微妙に変更されている。

平成二十四年の靖国神社で催された「夜桜能」の冊子の解説に寂照法師が「鎌倉時代の武士」と記載されているのも、この『獅子の民俗』に紹介された「御獅子之曲由来」に引きずられて、錯誤が生じたものか。

さらに上記の獅子舞の結びの詞章に注目するならば、「寂照は信心肝に銘じて、それから日本に帰朝され、その後文武帝の御宇にかの一巻を奏上され、代々御楽器を伝えた」とある。

この文書の筆録者は、寂照をめぐる史実に関して知るところがなかったのか、あるいは創作の上から寂照を帰朝させるというストーリーを採用したのかは明らかではないが、能の『石橋』に基づいて創作されたことは疑う余地が無い。

第五節　歌舞伎「石橋物」

「獅子物」の演目には、女形と立役の二種類の舞踊がある。そもそも「獅子」を題材とした所作事は、謡曲『石橋』をもとにして考案されたものと考えられている。

女歌舞伎（阿国歌舞伎）が風紀を乱すことが問題となり野郎歌舞伎として再興することになってからも女形の所作事は禁じられていた。しかし、美形の女形があまりにも好評だったために、芝居の後の幕間に女形の所作事が採り入れられてゆくようになった。

最初に上演された「獅子物」演目は、享保十九（一七三四）年、江戸中村座にて当時人気絶頂だった女形役者、初代瀬川菊之丞が初演した「相生獅子」である。次に、寛保二（一七四二）年、江戸市村座にて、これもまた初代瀬川菊之丞が「枕獅子（英獅子乱曲）」を上演した。その後、宝暦四（一七五四）年中村座にて初代中村富十郎により「執着獅子（英執着獅子）」が初演された。さらに明治二十六（一八九三）年に歌舞伎座では、九代目市川団十郎が「春興鏡獅子」を初演した。またこの他にも天保五（一八三四）年に吉原の情景を折りこんだ四代目杵屋六三郎が作ったと伝えられている「俄獅子」という作品もある。

『観世』の石橋の特集号に掲載された村尚也「『石橋』近世・現代に架け渡す橋」には、『石橋』が歌舞伎の「獅子物」演目に多大な影響を及ぼしたことが論じられている。

村の示す歌舞伎舞踊の獅子物の分類は、以下の通りである。

一、石橋系―女方＝相生獅子・枕獅子・執着獅子
（獅子団乱旋をさらに砕いて、俄獅子）
―立役＝石橋・連獅子
―女方から立役に変化＝鏡獅子

二、立役―望月・今様望月

三、角兵衛獅子系―角兵衛・（忠臣蔵五段目）角兵衛獅子・越後獅子
（鞍馬獅子は太神楽系[26]）

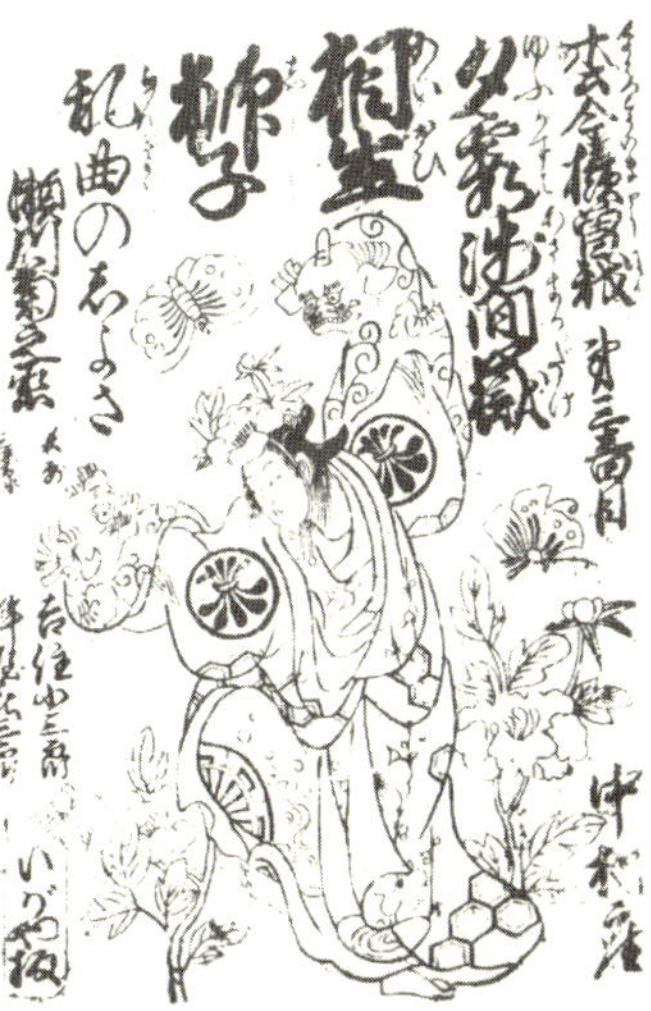

図５　川上邦基編『江戸長唄』第１巻「相生獅子」珍書刊行会、1916年（国立国会図書館デジタルコレクション）

村尚也は、「長唄『石橋』は舞踊曲としてではなく、あくまでも演奏用の曲として、文政三（一八二〇）年に四世杵屋三郎助（のちの十世六左衛門）が謡曲の歌詞を借用して作曲したもの[27]」であると指摘している。

図6　歌川豊国「姿八景滝詣の夜雨　石橋の晴嵐」安政２年（国立国会図書館デジタルコレクション）

謡曲『石橋』の赤や白の長い振り毛は、歌舞伎に採り入れられることによって、「髪洗い」という毛振りへと発展した。この獅子の毛について村尚也は次のように指摘している。

能の後シテの毛の長さはせいぜい膝裏くらいまでだが、歌舞伎の場合は現行では床に一尺ほど引き摺るくらいになっている。この毛が長くなったのは化政期に活躍した三世中村歌伊右衛門あたりからで「赤頭は五尺五寸の長毛のさばき、その勢い大当り〳〵」（『歌舞伎評判記』の「傾城石橋」に対する評）とある。このように長くなって毛を振り出す動きが誕生する前と後をつなぐ存在として、長い鳥毛をつけた獅子頭を地面を叩くように振り回す東北地方の鹿踊りや、長い毛を橋の上で洗い清める信州の雨宮の神事を思い浮かべる。舞踊において、能にはなかった演技の、長い毛を巴・菖蒲打ち・髪洗いなどで振りさばく演技を導入していった過程には、民間神事における穢れを水で洗い浄めるという発想がまずはあったと考えられる（舞踊人の中には、獅子の体毛のついた虫を、牡丹の露で洗い浄めるとの説もある）(28)。

右の引用には、第六章「橋の境界性——聖と俗の架け橋」で取り上げた「雨宮の御神事」の獅子の毛振りの関係とも示唆されている。舞台上での獅子が激しく毛を振り動かす演技を通して表現される「狂い」や「神がかり」は、「獅子物」演目において最も昂揚する場面である。村尚也は、「現代でも、歌舞伎の観客が単純な動きである毛振りのシーンになると、待っていたとばかり拍手するのは、毛を同方向に何度も回転させ狂う様態を目撃しただけで、共にある種の恍惚＝擬似神がかりを体験できるからに他ならない(29)」とする。

結

歌舞伎座さよなら公演において、平成二十二年二月には五代目中村富十郎親子の『石橋』が、三月には十八代目中村勘三郎親子三人による『連獅子』が上演された。さらには、平成二十四年九月三十日、京都南座において「古典への誘い」として能『石橋』が金剛永謹・片山九郎右衛門・梅若紀彰らによって演じられ、市川海老蔵・中村壱太郎の歌舞伎『連獅子』が上演された。

能と歌舞伎では、その演出法や舞台空間が異なるのだが、それらを観賞することができたのは、無論、「獅子物」演目が『石橋』の舞を引き継いだからである。

現在、日本の各地に伝わる民俗芸能の「獅子舞」は、もとは大陸から正月の予祝芸能として伝えられたものである。それが日本の芸能に採り入れられ、長い時を経て芸能として洗練され、能や歌舞伎舞踊の定番の演目となっていった。室町時代、舞台の一番の山場で獅子が荒れ狂う演出法が確立するのである。日本の芸能はもともと神事と深い関係にあり、演者と神とが一体となるその瞬間が芸能の一番の山場となる。神が憑りつき演者が神とともに舞い狂うのが日本の芸能の本質となるが、それを演劇的な様式で完成させたのが能の獅子舞である。物狂いの芸能を演劇的な様式美へと昇華させた能の獅子舞が、歌舞伎舞踊の獅子物の演目へと引き継がれていったのも、演劇としての完成度の高さがあったからであり、何よりも獅子が演技する舞台が観客を喜ばせたからにほかならない。

註

（1）増田正三造『能百十番』平凡社、一九九六年十二月、五五頁。
（2）表章校註『世阿弥　申楽談義』岩波文庫、一九六〇年四月、一一四頁。
（3）表章校註、前掲書、一一四頁。
（4）三宅襄『観世流謡い方講座（続編）』檜書店、一九九五年八月、一六七頁。
（5）三宅杭一『謡い方百五十番』秀英社、一九七一年十月。
（6）三宅杭一『曲趣の解釈と謡ひ方』秀英社、一九五七年五月。
（7）三宅杭一『謡い方百五十番』前掲書、二七九～二八〇頁。
（8）増田正造、前掲書、五六頁。
（9）増田正造、前掲書、五七頁。
（10）三宅襄、前掲書、一六七～一六八頁。
（11）三宅襄、前掲書、一七〇～一七二頁。
（12）児玉信、前掲論文、三七頁。
（13）寺尾善雄『新装新版　中国文化伝来事典』河出書房新社、一九八二年二月、七五～七六頁。
（14）喬継堂・任明・朱瑞平等編『中国歳時節令辞典』中国社会科学出版社、一九九八年五月、一六〇頁。獅子舞は（略）伝統的な元宵節の間の主な娯楽である。演者が獅子の扮装をし、獅子の動作を真似て踊る。獅子舞は勇猛果敢の象徴であり、獅子舞は元来邪気を払い、平安を願うものであった。後に重要な節日や祝日、廟や寺の縁日での大事な娯楽活動になった。

(15)　羅斌、朱梅著『舞龍舞獅』中国文聯出版社、二〇〇九年一月、七〇頁。
獅子舞は我が国の節供の民俗的行事のなかでも最も一般的な民間舞踊である。長いあいだ、獅子は人々の心のうちで瑞獣であり、威武と吉祥の象徴であった。そのため、春節や元宵、縁日などの大事な祝賀行事に、各地の人々は銅鑼や太鼓を叩いて獅子を舞う。自ら楽しむとともに、邪気を払い福を求める願いを託した。獅子舞の発展の歴史は長い。漢代の「象人」以降、北魏の「避邪獅子」、唐代の「五方獅子舞」、宋代の「獅子戯球」、明代の「大小獅舞」と、たゆみなく蓄積され発展していった。時間の推移に従って、獅子舞は段々発展していくとともに力強い生命力が備わっていった。獅子舞は文化的な豊富な内容をともなった歴史の長い美しい芸術の宝物で、広く各地で受け入れられ、それぞれの民族の人たちに喜ばれている。

(16)　李英儒『春節文化』山西古籍出版社、二〇〇三年一月、一六四頁。
獅子舞は発展して現在、南北二大流派が形成されている。北方の獅子舞の特色は、成と獅―大人獅子（大獅、太獅ともいう）と崽獅―子どもの獅子（少獅、小獅ともいう）である。成獅は、文獅と武獅とに分けられることもある。文獅はおとなしい獅子の姿を主に演じる。毛をなめたり、振り回したり、かいたり、また転げ回ったりする。武獅は、獅子の勇猛な性格を主に演じる。飛びかかったり、よじ登ったり、飛びはねたり、球を踏んだりする。大獅は二人、少獅は一人で演じる。獅子の身につけた装飾は長い毛によって隠されている。獅子を舞うときは獅子だけを見ていて人を見ない。南の流派の多くは、獅子の装飾が大きな鱗の模様である。どの獅子も二人で演じられる。ただ演技中に中の人間が現れてもかまわない。南方派もまた北方派も獅子を舞う間、銅鑼や太鼓が伴奏する。演じるとき、型で決まった動作があり、例えば琇球ころがしの獅子舞、武士の獅子舞、兄妹の獅子舞いなどである。獅子舞は地方によって違い、例えば河北には双獅、安徽には青獅がある

(17)　小島憲之・直木孝次郎・西宮一民・蔵中進・毛利正守校注・訳『日本書紀②』（新編日本古典文学全集三）小学館、一九九六年十月、五六九頁。

(18)　山中裕・秋山虔・池田尚隆校注・訳『栄花物語②』（新編日本古典文学全集三十三）小学館、一九九八年三月、四二一頁。

(19)　林屋辰三郎・植木行宣他校注『古代中世芸術論』（日本思想大系二十三）岩波書店、一九七三年十月、八七頁。

(20) 劉節等点校『旧唐書』中華書局一九七五年五月、一〇五九頁、なお『通典』巻第一四六も参照（中華書局本、三七一八頁）。

太平楽、また五方獅子舞とも謂う。獅子は猛獣で、西南夷の天竺や獅子などの国の産す。毛皮を連ねて衣装とし、人がその中にいる。体を前後に動かして、従順な様子を表す。二人が太い縄と払子を持ち、調教、訓練するさまを表す。五獅子はそれぞれの方角の色を飾る。百四十人が低平楽を歌う。足で踊り、縄を持つ人の服装は崑崙の形を描いたものである。

獅子使の崑崙には、長い東西交流の歴史がある。最近の研究に、黒田彰「崑崙と獅子――祇洹寺図経覚書『京都語文』二十一号、二〇一四年十一月がある。

(21) 石田穣二訳注『新版枕草子　下巻』角川文庫、一九八〇年四月、九〇頁。

(22) 石田穣二訳注、前掲書、一三六頁。

(23) 『枕草子』には四系統の写本があり、原本の形態を守っているとされているのが三巻本と能因本で、二系統を比較したとき、本文がより原態に近いとされているのが三巻本である。松尾聰・永井和子校注訳『枕草子』（日本古典文学全集十一）小学館、一九七四年四月、二六一頁。底本は、学習院大学蔵三条西家旧蔵本。なお、新編全集の底本は三巻本。

(24) 山中裕・秋山虔・池田尚隆校注・訳『栄花物語③』（新編日本古典文学全集三十三）小学館、一九九八年三月、四九七頁。

(25) 古野清人『獅子の民俗』（民俗双書三十二）岩崎美術社、一九六八年七月、二一一〜二一二頁。

(26) 村尚也「『石橋』近世・現代に架け渡す橋」『観世』（特集・石橋）第七十五巻第三号、二〇〇八年三月、二九頁。

(27) 村尚也、前掲論文、二九頁。

(28) 村尚也、前掲論文、三二頁、橋という特別な場所で行われる所作として、獅子と髪洗いとが密接な関連をもつことは、服部幸雄も指摘している（『大いなる小屋　江戸歌舞伎の祝祭空間』平凡社、一九九四年三月、二二〇頁）。

(29) 村尚也、前掲論文、三二頁。

第八章　獅子と牡丹

序

『石橋』は、紅白の牡丹を配置した所作台にて獅子に扮装した後ジテが、舞狂う場面を見せ場とする。獅子は文殊菩薩の使獣として舞うのであるから、花を配するなら仏教と関係の深い蓮の花との組み合わせが自然と思われるが、『石橋』では、いずれの流派においても、能道具の一畳台に「牡丹」を立てることを決まり事としている。

詞章中にも「牡丹の花房、匂ひ満ち満ち」等とあり、明確に獅子と牡丹とが関連づけられている。この組み合わせを言う「獅子と牡丹」または「唐獅子牡丹」は、現在慣用表現ともなっている。このような取り合わせになった理由を考えるならば、「獅子」は〈百獣の王〉であり、富貴の象徴の「牡丹」は「百華の王」とされているからである。

無敵の獅子にも天敵がいる。それは獅子自身の身体に寄生する虫である。この虫を退治できるのは、牡丹の花に溜まる夜露（朝露）だけであり、それ故に獅子は、牡丹の下で眠るとされる。これが「獅子と牡丹」の関係

図1　『石橋』（シテ：今井克紀、廣田泰能、牛窓雅之撮影）

である。この両者の関連づけの一端は、仏典に由来する。ところが事情はそれほど単純ではない。仏教経典に典拠が求められるのは、いわゆる「師子（獅子ニ同ジ）身中の虫」のみである。『梵網経』及び『仁王経』がその典拠である（後述）。しかし、そこに「牡丹」は登場しない。

江戸研究に大きな功績を残した西山松之助の著作に『花――美への行動と日本文化』がある。西山は、文化史的な視点から、桜、牡丹、朝顔、蓮、菊、虞美人草、梅を取り上げ、これらの花と日本人との関わりを考察している。西山は、牡丹が日本の文化に受容された機縁として謡曲『石橋』を挙げ、次のように指摘している。

中国に比べると、日本の牡丹文化は比較のしようがないほど貧弱である。牡丹の花を論じた日本の本はまだ見たことがない。ひょっとすると一冊もないのではなかろうか。今でも椿や蘭はブームを呼んでいるが、牡丹に数万金を投じて世人がこれに狂じたということをきかない。しかし牡丹の文化がないわけではない。絵や彫刻のほかでは、まず能の「石橋」をあげねばなるまい[1]。

西山は、後世の芸能に与えた『石橋』の影響の大きさにも言及している。ではそもそも『石橋』における獅子と牡丹の取り合わせはどのような背景をもっているのであろうか。この疑問を念頭に、日本における牡丹の文化的受容について、謡曲『石橋』成立以前の「牡丹」に関する諸資料を検討することが本章の目的である。

第一節　日本古代の「牡丹」

中村裕一『中国古代の年中行事』には、牡丹が「唐代末期からすでに花王と評価されている[2]」と指摘している。『和歌植物表現辞典』「ふかみぐさ　深見草」の項には、以下のように記されている。

ボタン　ボタン科。落葉低木で、高さは一～一・五メートル。枝は太く、葉も四～十センチ。色は白、紫、紅、黄など多彩。中国原産で、古代から地上部を薪に、根を薬用にしたと伝えられる。観賞は東晋（三一七～四二〇年）の頃に始まったとされ、唐代には広く栽培され人々の間でもてはやされた。日本への渡来は平安時代初めの空海の入唐のおりとする説がある。以降栽植され、江戸時代には多くの園芸品種が作り出された[3]。

中国では、清代に「牡丹」を国花として制定していたが、一九二九年中華民国政府は、文人の高潔に喩えられる「梅」を国花と定めた。富貴の象徴「牡丹」は、国家の品格に相応しくないとの理由からである。

牡丹は、中国原産で学名は、Paeonia suffruticosa andrewsである。(4)「Paeonia」はギリシア神話の神アポロンの別名であり、医術を司る意味を含み持っている。実際に古来牡丹は、薬草として用いられていた。

中国ならびに日本において牡丹の古い別称は多数ある。「木芍薬・洛陽花・穀雨花・富貴草・百華王・花王・花神・百両金・花中の王・天香国色・深見草・二十日草・忘れ草・鎧草・ぼうたん・ぼうたんぐさ・やまたちばな・てりさきぐさ・なとりぐさ」などが挙げられる。

例えば、「木芍薬」とあるのは、芍薬が草本性の植物であるのに対し、牡丹が木本性に分類されているからである。「洛陽花」の異名は、河南省洛陽市が古来より牡丹の名花の地であることによる。玄宗皇帝が洛陽から、長安に牡丹を取り寄せたことも有名である。

中国では梅と人気を二分する牡丹は、花の豪華さから「百花王・花王」と称され、「富貴」の象徴とされてきた。牡丹の開花期間は、約二十日前後と比較的に短く、白居易が「花開花落二十日」と詠んだことから、日本では「二十日草」とも名づけられた。「名取草」「鎧草」などは日本での異名である。

中村の前掲書によれば「日本の古名は布加美久佐《ふかみくさ》といい、平安時代に渡来したもので平安以前の日本にはなかった」(5)とある。この記述は「牡丹」の用例が、奈良時代の文献にあるのでさらに検討を要する。牡丹が「中国から日本に伝えられたのは、奈良時代(聖武天皇の治世)のころ」(6)とする説もある。天平五(七三三)年の成立とされる『出雲国風土記』「意宇郡」の条に、「凡そ諸の山野に在らゆる草木」の一つとして、「牡丹」が見える。この「牡丹」(7)という漢字表記は、通例の解釈では、深根輔仁撰『本草和名』の「牡丹(中略)和名布加美久佐、一名也末多知波奈」(8)の釈例に従って「ふかみくさ」という和名で訓んでいる。一名として挙げられている「ヤマタチバナ」は庭木として一般的な藪柑子の異名である。

一名が「ヤマタチバナ」なので、ここでの「牡丹」は後世の鑑賞用のものとは違う。『出雲風土記』の記述からも、「ふかみくさ」は、出雲の国の山野にふつうに自生していた植物と見るのが自然である。一方、源順撰『和名類聚抄』（平安中期）「草木部」には、他の草花とともに「牡丹」が載せられており、こちらは鑑賞用の牡丹に当てることができる。しかしこの「牡丹」について、狩谷棭斎撰『箋注和名類聚抄』巻十は、以下のように注している。

雖下知三也末多知波奈是百両金非二賞レ花牡丹一刪上之、然未レ知三布加美久佐亦為二所レ謂呉牡丹一、而不レ削、皆誤(9)

狩谷棭斎の指摘は、本草に謂う「百両金」「呉牡丹」と同じ植物である「ふかみくさ」を源順が誤り、花の列に入れているということである（本章を擱筆してから、牡丹を薮柑子と見る狩谷棭斎説を評価した、久保輝幸「牡丹・芍薬の名物学的研究（1）牡丹とヤブコウジ属植物の比較」『薬史学雑誌』第四十六巻第二号、二〇一一年の研究があることを知った）。「百両金」「呉牡丹」は、「藪柑子」と呼ばれ、冬に赤い実を付ける庭木である。平安時代の中期以降、中国渡来の牡丹が定着するまでは、「牡丹」の表記であっても日本自生の「藪柑子」を指していたのである。『出雲国風土記』の「牡丹」は、花を観賞する今日の牡丹とは全く別の植物ということになる。

第二節　生薬から観賞用へ

通説では牡丹は薬草として渡来したと考えられている。松田修は、「漢方ではこの根を利用し、牡丹皮は頭痛、腰痛などに鎮痙薬とし、また婦人諸病に賞用する」[10]と述べている。延喜五（九〇五）年勅令により編纂された『延喜式』巻三十七「典薬寮」には、「中宮臈月御薬…牡丹二両」[11]、「伊勢国五十種…橘皮五斤。牡丹七斤十両」[12]、「備前国四十種…大戟牡丹天門冬桑螵蛸各一斤」[13]と記されている。「典薬寮」とは、宮廷の医療機関である。薬草として平安時代初期に牡丹が栽培されていたことが分かるが、これが観賞用の牡丹と同種なのかは慎重な検討が必要になってくる。

日本人が牡丹の花を観賞用に栽培したことが確証できるのは、平安時代中期以降になってからである。清少納言『枕草子』（一〇〇〇年以降）「殿などおはしまさで後」の段に、「台の前に植ゑられたりける牡丹などのをかしきこと」[14]の用例がある。「牡丹」は、「ぼうた」と字音で読まれている。「たいのまへ」は、「対の前」と考え、対の屋の前にとする解釈が多いが、萩谷朴は「「たい」は、牡丹が中国人の最も愛した花であり、第九十四段にも見えたシナ趣味の明順宅であるから、露台と牡丹との配合で、「台」と解する」[15]と注を付す。

この場面は、実家が没落して謹慎状態にある藤原定子の近況を、源経房が里下がりをしている清少納言に語るところである。萩谷の注では、末枯れた牡丹に中宮定子の心情が託されているという。それは『白氏文集』巻九「秋題牡丹叢」（〇四一五）と題する「晩叢白露夕、衰葉涼風朝。紅艶久已歇、碧芳今亦銷。幽人坐相対、心事共蕭条」[16]という詩を踏まえたものだとする。この詩は、中宮の悲しみ沈む心情に託して枯れ衰えた牡丹の花の寂しさを詠んだものである。花の観賞がただ目を楽しませるものであるばかりでなく、人それぞれの心情表現を託すものにもなっていたのである。

隋唐の時代になると、中国式の生花である挿花が芸術的にも格段に発展した。[17] 唐代に高まった牡丹愛好と、花々の新しい鑑賞法は、唐代文化の強い影響を受けた平安時代の日本に伝わっていたに違いない。

また、『栄花物語』「たまのうてな」には、「高欄高くしてその下に薔薇、牡丹、唐瞿麦、紅蓮花の花を植ゑさせ給へり」[18] という用例がある。藤原道長の阿弥陀堂の描写である。堂の前の池に面して高欄があり、その下に薔薇、牡丹、唐撫子（石竹）、蓮花が植えられていて、「極楽に参りたらん心地」がしたという。牡丹が観賞用の花として貴族達の間で珍重されていたことが分かる。

以上、貴族社会での牡丹受容の例を挙げた。今日謂う所の「牡丹」の用例が確証できる文献は、十世紀の初頭にまでさかのぼることができる。菅原道真の詩「法花寺白牡丹」がそれである。後節で詳述するが、「色即為貞白　名猶喚牡丹」[19] 云々と、清浄な白牡丹を仏の教えの象徴として詠んだものである。寺の荘厳として、当時珍しかった牡丹が栽培されていたのであろう。後述するように、白牡丹への関心は、白居易の詩とも深く関わっている。いずれにしても、この段階では、牡丹は純然たる美的鑑賞の対象になってはいなかったのだろう。牡丹鑑賞との関わりでいえば、華道の文化にも言及しなければならない。

室町時代に成立した初期のいけばな伝書である『仙伝抄』「十二月の花の事。した草いづれもこゝろへ有」には、四月の花として、「四月ぼたん青草三つ。一つは葉おほく。二つは葉少」[20] が挙げられていて、牡丹とそれに配する下草のことが記されている。さらに同書「一絵をうけてたつる花の事」には、各種の花と取り合わされるものが記されていて、牡丹についても興味深い記述がある。

図２　葛飾北斎「唐獅子図」（辻惟雄・小林忠他『ボストン美術館所蔵肉筆浮世絵　江戸の誘惑』朝日新聞社、2006 年）

くわんおんにやなぎ　天神にさくら（異本に梅と有）
とらに竹　りやうにまつ
古人にふりたる木　唐人にまたのある木
から子に色ある物　歌人に風情ある物
獅子にあれたるぼたん　馬ぎきやうに草
山水に山野の木水邊草花（異本水邊の草花）
鳥にゑにしある物を心にかけて立べきなり(21)（傍点筆者）

「獅子にあれたるぼたん」は、これを「あれたる獅子にぼたん」と解釈することができれば、能『石橋』の終曲で牡丹の枝に伏し転び戯れる獅子の力強い舞を彷彿させる。

室町時代の天文年間に成立した、池坊専応（文明十四（一四八二）年～天文十二（一五四三）年）による『池坊専応口伝』「専祝言に用べき事」の中にも「牡丹」の名が見える。

松、竹、梅、椿、柳、海棠、石竹、鷄頭花、岩躑躅、葱花、桔梗、菊、桃、柘榴、仙翁花、岸比、節黒、牡丹、金銭花、山橘、白槇、芙蓉、長春、水仙花、仙蓼菓、百合、菁莪、杜若、常磐木、此等用べき也(22)（傍点筆者）

『立華指南』にも、牡丹を高貴な花だとし、貴人・高官を請待する特別の時にだけ「牡丹」を用いたとの記述がある。

三四月　一牡丹通用草　中やく　異名ふかみ草廿日草鎧草花の王名取草鼠姑草姚黄花
さま〳〵異名あり色亦品々有尤花の高位なる物ゆへ古来無左と立花に不レ用貴人高官を請待の時たつる物とぞ但去年の茎を切そへて根をよく焦せば水につよし今年生の青き茎ばかりにては間なくしぼむなり(23)

牡丹が高貴な花であったことは、『立花秘伝抄之二』「通用物之部」にも記されている。

牡丹祝言上中
異名　木芍薬　百両金　国色　酔西施
和名　ふかみ草　はつか草　てるほ草　名とり草
　万葉　名はかりは咲ても色もふかみ草花咲くならはなにゝしてまし
　蔵玉集　人の心なしとや名とり草花見るときはとかくすくなし
群花品の中に牡丹を以て第一とす故謂二花王一似三其花似二芍薬一宿幹似レ木名二木芍薬一通用の證文也（中略）
牡丹は花王と云名を貴び。高位高官の御方にて宗匠の外門弟の指ことをゆるさず。古代は花大切なる故木を残して茎より切。筒に入。胴に用て請副に不遣。誠に立花の道理さも有るべきことなり(24)

日本人がいつから牡丹の花を鑑賞するようになり、「をかし」と見るようになったか、その時期を正確に特定することは論者には出来ない。ただし、そこに中国文化の深い影響を認めることができるとともに、室町時代になると、「生け花」の花材の一つになり、牡丹鑑賞が上流階級の間に広まって、中国とは違った牡丹文化が形成されていたことを文献から知ることができる。

第三節　唐詩の「牡丹」

『石橋』という仏教文化を背景とした謡曲での牡丹の意味を検討するために、本節ではその前提として、唐詩における牡丹を取り上げ、次節での『石橋』に引用されている白居易の詩「牡丹芳」に繋げてゆく。そもそも中国で牡丹が鑑賞のために栽培されるようになるのは、隋代からである。中国における牡丹研究を集大成した『中国牡丹全書』には、牡丹の鑑賞は六朝時代に始まり、園芸種が栽培されるようになったのは隋からだとしている。

> 関於牡丹観賞栽培之有据可査的，是宋・余仁中『顧虎頭列女伝』中有画描絵了院中栽培植的木芍薬，顧虎頭即晋大画家顧愷之，公元三四四～四〇五年在世，可見牡丹的観賞栽培至今已有一六〇〇年左右。至于牡丹栽培品種的出現，則自隋始。(25)

宋の高承撰『事物紀原』からは、隋代から人々が牡丹に関心を持ち始め、唐代に入ると長安や洛陽に牡丹の栽培が伝わって、ますます人々が牡丹を愛好するようになったことを確認することができる。

隋煬帝世。始伝牡丹。唐人亦曰木芍薬。開元時宮中及民間競尚之。今品極多也。一説武后冬月遊後苑。花俱開。而牡丹独遅。遂貶於洛陽。故今言牡丹者。以西洛為冠首。(26)

右の記事の中では、武后（則天武后）に疎んじられ牡丹が洛陽に追放されたので洛陽が牡丹の名所となったする付説も伝えている。

唐代の人々の牡丹愛好を、白居易以前に牡丹を詠んだ王維、李白、柳渾の詩から確認する。

王維（七〇一～七六一年）の「紅牡丹」と題する五言絶句は、愁いを帯びた紅の牡丹の風情を擬人化して咏んだものである。

緑艶閒且静、　緑艶　閒にして且つ静なり
紅衣浅復深。　紅衣　浅にして復た深なり
花心愁欲断、　花心　愁へて断えんと欲す
春色豈知心。(27)　春色　豈心を知らんや

李白（七〇一～七六二年）の「清平調詞三首」は、唐代の牡丹詩を代表する作である。詩体は、七言絶句。玄宗皇が楊貴妃を伴い興慶宮の沈香亭での遊宴の席で、李白に命じて詠ませたものである。その第三首で李白は、「名花」の牡丹と「傾国」の美人楊貴妃とがともにその美しさを競いあっているさまを表現する。

其一

雲想衣裳花想容、
春風払檻露華濃。
若非群玉山頭見、
會向瑤台月下逢。

雲には衣裳を想ひ花には容を想ふ
春風　檻を払つて露華濃やかなり
若し群玉山頭に見るに非ずんば
会ず瑶台月下に向ひて逢はん

其二

一枝紅艶露凝香、
雲雨巫山枉断腸。
借問漢宮誰得似、
可憐飛燕倚新粧。

枝の紅艶　露　香を凝らす
雲雨巫山　枉しく断腸
借問す漢宮　誰か似るを得たる
可憐の飛燕　新粧に倚る

其三

名花傾国両相歓、
長得君王帯笑看。
解釈春風無限恨、
沈香亭北倚欄干。(28)

名花傾国　両つながら相歓ぶ
長えに君王の笑ひを帯びて看るを得たり
春風無限の恨みを解釈して
沈香亭北　闌干に倚る

『全唐詩』に一首しか詩を残していない柳渾（七一六〜七八九年）の「牡丹」と題する七言古詩は、牡丹が人気のあまり手が届かないほどの高値が付けられていたことを伝えていて、当時の牡丹流行の貴重な証言となっている。

近来無奈牡丹何。　近来　牡丹奈何ともする無し
数十千銭買一顆。　数十千銭一顆を買ふ
今朝始得分明見。　今朝始めて分明に見るを得たり
也共戎葵不校多。(29)　也た戎葵と共に校べざること多し

中唐の早い時期の李益（七四八〜八二九？年）の「牡丹」と題する七絶も参考に挙げておく。人々が争い求める牡丹には目を向けまいとする他の多くの牡丹詩とは異なった内容になっている。

牡丹一作詠牡丹贈従兄正封

紫蕊叢開未到家、　紫蕊叢り開くも未だ家に到らず
棨教遊客賞繁華。　却つて遊客をして繁華を賞せしむ
始知年少求名処、　始めて知る　年少名を求むる処
満眼空中別有花。(30)　満眼　空中　別に花有るを

牡丹に心を奪われることなく自分の未来への志を持ち、功名心を忘れなかった青年の詩であるが、この詩からは一般の人がいかに熱中していたかも窺える。

以上、『全唐詩』中の牡丹詩約二〇〇首中のわずかな例であるが、盛唐に入り詩人たちが牡丹へ関心を持ちはじめたことが推測できる。なかでも李白の作からは、華やかな牡丹を愛で観賞することが宮廷文化を背景に根づいていったことを知ることができる。

第四節　白楽天の「牡丹」

牡丹の花の鮮明な造形について、日本人影響を与えたのは、白居易（七七二～八四六年）の漢詩である。白居易が日本の文化・文学に多大な影響を与えたことは周知の通りである。例えば、菅原道真は白居易を敬慕し詩作の模範とした。平安貴族たちの間に好まれ、大江維時撰の七言佳句集『千載佳句』では、一〇八三首のほぼ半数を白居易の詩が占めている。また、『和漢朗詠集』では、中国の詩句二三〇首余りの六割弱を占めている。その影響は、時代が下って謡曲『石橋』の詞章中にも見ることができる。

白居易の詩が印象的に引かれている『石橋』終曲の地謡の詞章は以下のとおりである。

獅子団乱旋の、舞楽の砌、獅子団乱旋の、舞楽の砌、牡丹の花房、
匂ひ満ち満ち、大筋力の、獅子頭、
打てや囃せや、牡丹芳、牡丹芳、黄金の蘂、あらはれて、

花にたはぶれ、枝に伏し転び、げにも上なき、獅子王の勢ひ、
靡かぬ草木も、なき時なれや、千秋万歳と、舞ひ納めて、
千秋万歳と、舞ひ納めて、獅子の座にこそ、直りけれ。(31)

「牡丹芳」が、白居易の「牡丹芳」（『白氏文集』巻第四）によることはいうまでもない。『石橋』の白詩引用箇所を訓読で示すと次のようになる。

牡丹芳　牡丹芳。　牡丹芳　牡丹芳
黄金蘂綻紅玉房。　黄金の蕊《はなぶさ》は綻ぶ　紅玉の房《はなぶさ》
（中略）
花開花落二十日。　花開き花落つること　二十日。(32)

「牡丹芳」は、白居易の風諭詩の代表作である「新楽府」五十首中の一首である。風諭は、政治的諷刺を主題とする。以下に七言古詩「牡丹芳」の全文を挙げておく。『石橋』における引用は冒頭部分である。

「牡丹芳　美天子憂農也」
牡丹芳，牡丹芳、黄金蕊綻紅玉房。千片赤英霞爛爛、百枝絳点燈煌煌。
照地初開錦繡段、当風不結蘭麝嚢。仙人琪樹白無色、王母桃花小不香。

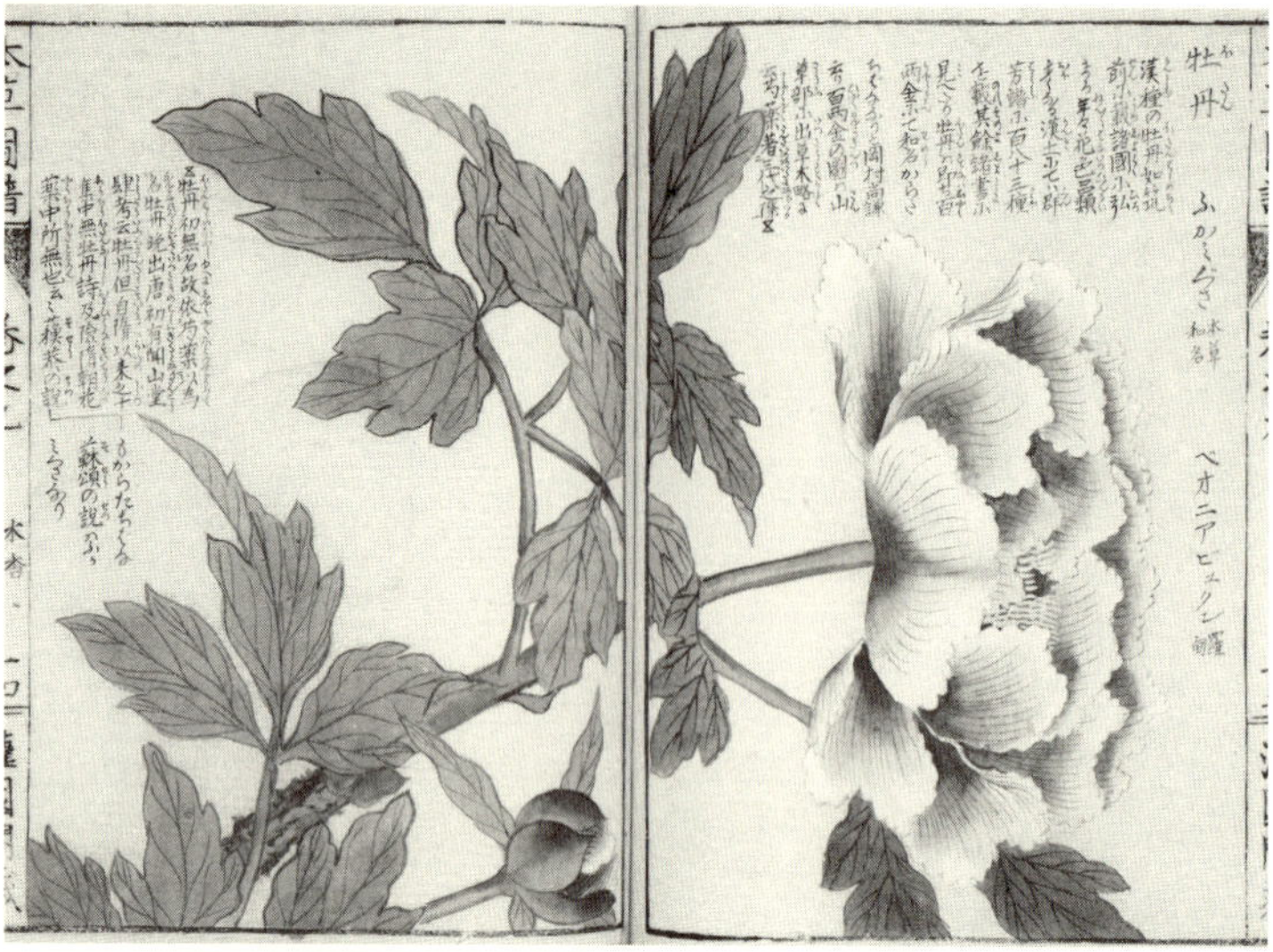

図３　岩崎灌園『本草図譜』（国立国会図書館デジタルコレクション）

宿露軽盈泛紫艶、朝陽照耀生紅光。紅紫二色間深浅、
向背万態随低昂。
映葉多情隠羞面、臥叢無力含酔妝。低嬌笑容疑掩口、
凝思怨人如断腸。
穠姿貴彩信奇絶、雑卉乱花無比方。石竹金銭何細砕、
芙蓉芍薬苦尋常。
遂使王公与卿士、遊花冠蓋日相望。庳車軟輿貴公主、
香衫細馬豪家郎。
衛公宅静閉東院、西明寺深開北廊。戯蝶双舞看人久、
残鴬一声春日長。
共愁日照芳難駐、仍張帷幕垂陰涼。花開花落二十日、
一城之人皆若狂。
三代以還文勝質、人心重華不重実。重華直至牡丹芳、
其来有漸非今日。
元和天子憂農桑、恤下動天天降祥。去歳嘉禾生九穂、
田中寂寞無人至。
今年瑞麦分両岐、君心独喜無人知。無人知、可歎息。
我願暫求造化力、

減卻牡丹妖艶色。少回卿士愛花心、同似吾君憂稼穡(33)。

この詩も、先に引いた中唐の李益の詩と同じく、純粋に牡丹の美しさを讃えたものではなく、逆に牡丹の美しさに目を奪われることへの戒めを詩想の核に据えている。

詩題に「美天子憂農也」との白居易の自注が付されているように、牡丹の花の美しさに夢中になることなく農事に勤しむ心を天子が忘れないでいることをほめた詩である。「牡丹芳　牡丹芳　黄金蕊綻紅玉房」の詩句が、謡曲『石橋』に採り入れられた部分である。謡曲作者の知識源になっていた『和漢朗詠集』などの選集類にこの「牡丹芳」は採られていないので、『石橋』の未詳作者は、白居易のこの詩を直接知っていたことになる。

『詞花和歌集』春の部の「咲きしより散りはつるまでみしほどに花のもとにて二十日へにけり(34)」という藤原忠通の牡丹を詠んだ歌は、「花開花落二十日」の句を踏まえたものだと、顕昭『詞花集注』は指摘している(35)。この歌が、牡丹の異名「はつかぐさ」の由来となっている。院政期の漢詩作品にも「花開花落二十日」の詩句を引いたものがある。

「賦牡丹花」　藤原通憲

造物迎時尤足賞　牡丹栽得立沙場　衛公旧宅遠無至　白氏古篇読有香
千朶露薫幽砌下　一条霞聳廃籬傍　若非道士無竜脳　定是美人忘麝嚢
唯惜飄颻風底色　不堪二十日間粧　饒匂未去褰簾客　耽艶遅帰擁箒郎
蘭尽微忠花裏傑　菊嫌尊号草中王　窓間暁訝呉綾彩　庭上夜疑斉燎光

庾嶺春梅還謝粉　洞庭秋葉更慙黄　豈如入夏斯叢錠　折翫終朝独断腸(36)

牡丹の花の芳香は、道士が竜脳香を投じたものでなければ、美人が麝香の香袋を置き忘れたに違いないと詠んだものである。一瞥すればこの詩が白居易の「牡丹芳」を下敷にしたことがわかる。本間洋一『本朝無題詩全注釈一』は、作中の「二十日間」の詩句に次のように注を付けている。

「花開花落二十日。一城之人皆若レ狂」（白楽天「牡丹芳」）のように牡丹を楽しむのも晩春のこの二十日間程であることを言う(37)。

牡丹の異名「はつかぐさ」の由来になるほど、白居易の「牡丹芳」中の「花開花落二十日、一城之人皆若狂」の詩句は日本で親しまれていたのである。牡丹の花が咲いている二十日間、あまりにも美しい牡丹の花に皆が見惚れてしまい、その熱中ぶりはまるで狂ったかのようだと表現したものである。唐代の人々が現実を忘れるぐらい牡丹の花に没頭しきっていた様子を想像させる。

牡丹と白居易との深い関係(38)も含め（「金銭買得牡丹栽　何処辞叢別主来」と詠む「移牡丹栽」（一二九九年）の作から、白居易が邸の庭に牡丹を栽培していたことが分かる）、唐代における牡丹の流行については、陳寅恪『元白詩箋證稿(39)』に筆記小説など関係資料が集められているが、ここでは簡潔にまとめられている石田幹之助『長安の春』を引きたい。

長安に於ける牡丹の花期は、三月の十五日を中心として前後二十日間のことであつた。「花開き花落つ二十日。一城の人皆狂ふが如し」と云はれ、「三条九陌花時の節、万馬千車牡丹を看る」と詠まれ、「花開く時節京城を動かす」と思はれ、（中略）柳渾をして、「近時牡丹を奈何ともするなし、数十千銭一窠を買ふ」と歎ぜしめ、「種ゑて以て利を求め、一本にして値数万なるものあり」と記さるゝに至つたが、一時の風尚は容易に衰ふる様も見えなかつた。(40)

『石橋』における、紅白の牡丹の下での獅子の舞いは、牡丹の花に気が触れんばかりに浮き立つ人々の昂揚感と重なってゆく。

第五節　牡丹と仏教

平安時代中期の『菅家文草』巻四に、讃岐守時代（仁和二（八八六）～六（八九〇）年）に菅原道真が讃岐の国分尼寺法花寺に参詣して境内に咲く白牡丹を詠んだ詩（「法花寺白牡丹」）がある。

色即為貞白。名猶喚牡丹。
嫌随凡草種。好向法華看。
在地軽雲縮。非時小雪寒。
繞叢作何念。清浄写心肝。(41)

この詩では白牡丹を、浄土の「蓮華」にも比すべき清浄な花として詠んでいる。大系本の補注には、「文集、白牡丹詩にも「素華人不レ顧、亦占二牡丹名一」の句がある」と指摘されている。「白牡丹」（〇八四八）の詩は、赤い牡丹ほどには世間から人気はないが、名前が同じ白牡丹を自分は好むと詠んだ詩である。菅原道真は白居易の「白牡丹」の詩に学ぶところがあったのだろう。道真は、菊の花もよく詠んでいる。中国では黄菊が一般的であるから、道真が唐風に黄菊のみを詠んでいるかといえば、そうではなく、彼は白菊も詠んでいる。貞潔や清浄の色として、菅原道真は白を好んだようである。

仮名文学では『蜻蛉日記』中巻に「ぼうたんぐさ」として牡丹が登場する。道綱母が山寺に参籠した記事の中に牡丹が出てくる（天禄二年六月）。

まづ僧坊におりゐて、見出だしたれば、前に籬ゆひわたして、また、なにとも知らぬ草どもしげき中に、牡《ぼう》丹草《たんくさ》どもいと情なげにて、花散りはてて立てるを見るにも、「花も一時」といふことを、かへしおぼえつつ、いと悲し[42]。

この箇所は、散りはてた牡丹を見て、人の愛情の薄れやすいことを嘆いた一節で、道真の漢詩に見られるような宗教的な心情を述べたものではない。しかし、牡丹の植えられているのが寺の中だということは、先の道真詩と重なる。このとき道綱母が参籠した山寺は、右京区鳴滝にあった般若寺と推定されている。花の時期の過ぎた牡丹に「いと悲し」と諦観的に見ている点には、仏教的な無常観が綯い交ぜになっている。

第二節で指摘しように、『栄花物語』「たまのうてな」における記載からは、牡丹が鑑賞用として栽培されていたことが窺われる。[43] また、『作庭記』の異本で、鎌倉時代初期に書写された『山水抄』「前栽」には、薄・刈萱・萩など背の高い植物の前に桔梗や女郎花などと共に「牡丹ヤウノ物ヲ植ウベシ」[44] と記されており、庭で牡丹を栽培し観賞する文化が平安時代に既に存在していたことは確実である。これと軌を一にして、平安時代以降、衣裳に好んで「牡丹文様」が用いられるようになった。例えば藤原信実筆とされる京都神護寺所蔵の、一説には源頼朝ともいわれる肖像画の装束には、牡丹文様が描かれている。近衛家の家紋は車紋に由来しており、故実書『大要抄』の「車文事」に「近衛家の牡丹」があり、「一の人、上は白くして袖は牡丹」[45] とある。一の人とは関白であり、近衛実家（一一七九～一二四二年）のことを指している。このような衣装紋や車紋は、今の家紋の基となっている。さらに、人物を牡丹に喩える例が、『平家物語』「千手前」に見える。

「先年この人々を花にたとへ候しに、此三位中将をば牡丹の花にたとへて候しぞかし」と申されければ、「誠にゆうなる人にてありけり」とて、琵琶の撥音、朗詠のやう、後までも有難き事にぞの給ひける。[46]

藤原親能（義）が平重衡は風流の人であったと回想する場面である。平家の人物を花に喩えた「平家花揃」にも、「ぼたんのはなの、にほひおほく、さきみだれたる、あさほらけに、はつほととぎすの、ひところゑ、おとづれたるほどとや、聞えむ」[47] と、重衡は牡丹に喩えられている。

鎌倉時代の「牡丹と仏教」との関わりを見ることができる史料として、『明月記』寛喜元年四月十五日条の「折牡丹花供仏」の記事[48] を挙げることができる。仏前に牡丹の花を供えたという内容である。五山文化が日本における牡丹受容に大きな影響を与えたとの指摘は、西山松之助『花――美への行動と日本文化』に見出される。

牡丹が一般の人々に鑑賞されるようになるのは、園芸文化が成立する江戸時代になってからである。このような牡丹観賞の一般化を背景に、例えば、元禄時代に成立した伊藤伊兵衛『花壇地錦抄』には、「位、形、色、重、実、蘂、葩、葉、木」[49]の九品に分けての牡丹の鑑賞法が説かれている。

先にも見たように、『菅家文草』や『蜻蛉日記』には牡丹が寺には植えられていた記述があるが、そこにはどのような宗教的な意味合いがあったのであろうか。讃岐出身の観賢（斉衡元（八五四）～延長三（九二五）年）が再興した鳴滝の般若寺は真言宗であり、讃岐国分尼寺法花寺も、近隣の讃岐国分寺が空海本人の再興ということもあり、道真が白牡丹を詩にした当時、既に真言宗に属していたと考えられる。白居易の牡丹の詩、「有西明寺牡丹花時憶元九」（八〇四年）に言及される「西明寺」、そこに留学僧空海は八〇五年二月から寄居している[50]。この年に、白居易も牡丹の開化期に西明寺を再訪していることは興味深い[51]。このように、仏教と牡丹との関係は、歴史的にも浅からぬものがある。

第六節　獅子と牡丹

鎌倉初期建久七（一一九六）年の定慶作「木造維摩居士坐像」（国宝、興福寺東金堂所蔵）の台座には、「獅子」と「牡丹」の彫刻が施されている。藤岡穣「解脱房貞慶と興福寺の鎌倉復興」[52]には、「台座腰部を獅子と牡丹の浮彫によって装飾するのも、宋工人陳和卿による新大仏寺阿弥陀如来像にみられるごとく、宋代図様にならったものと考えられる」[53]と指摘されている。

新大仏寺の重要文化財阿弥陀如来像本尊の附属として指定されている石造基壇と、東大寺南大門に残る重要文

図４　西本願寺「唐門」（国宝、著者撮影）

化財「石の獅子」、これらの作品は、いずれも「当時新たに渡来した宋風によるもの」[54]であることが確認されている。

室町時代の歌僧、臨済宗の正徹の歌集『草根集』に、「牡丹」と題して「唐獅子」と「牡丹」を採り合わせた歌が詠まれている。

ともに見んことわりあれやもろこしの獅子をえがけばぼうたんの花（二四一二）[55]

「もろこしの獅子」と「牡丹」とを一つの絵に描いているのには何か理由があるのだろうかといぶかりの気持ちを残しながらも、正徹は獅子と牡丹の取り合わせを認めている。

各種の意匠をはじめ、いけばなの伝書『仙伝抄』にも「獅子にあれたるぼたん」と「獅子と牡丹」の取り合わせがあった（本章第二節）。中世の時代、牡丹には獅子を取り合わせるという理解が定着し、『石橋』も

図5 「獅子牡丹蒔絵鏡箱」14世紀（『不滅のシンボル　鳳凰と獅子』サントリー美術館、2011年）

これに従っている。『石橋』の場合は、時代の流行を意欲的に取りこんだ舞台演出といってもいいかもしれない。「獅子に牡丹」という取り合わせの流行に『石橋』の作者が乗ったのか、それとも『石橋』そのものがその流行を主導していたのか、そして、後世において「獅子と牡丹」という取り合わせの一般化に『石橋』がどの程度寄与していたのかは、現段階で判断はできない。

仏教経典に見られる「獅子身中の虫」についてであるが、不空訳『仁王護国般若波羅密多経』[56]「嘱累品下」第八と、鳩摩羅什訳『梵網経』「蘆舎那仏説菩薩第十下心地戒品」とに用例を見いだすことができる。両経典とも中国撰述の偽経と考えられている。偽経であっても東アジアで大乗戒の経典として重視されてきた『梵網経』の該当箇所を引くと、以下の通りである。

若仏子。以好心出家。而為名聞利養。於国王百官前説七仏戒者。横与比丘比丘尼菩薩戒弟子作繫縛事。如獄囚法如兵奴之法。如師子身中虫自食師子肉。非外道天魔能破。[57]

はっきりとした典拠は不明だが、体内に寄生する獅子身中の虫の害を除くには、牡丹の夜露（朝露説もある）が効果的だと考えられるようになった。そこで、虎がその天敵象の牙が竹に弱いことから竹林に身を潜めるのと同じように（竹に虎）、獅子は牡丹の花の下で眠ることになった（獅子に牡丹）。竹林の虎のように、牡丹と獅子の取り合わせも、図様の恰好の題材となった。それが頻出するようになったのが、室町時代以降であり、武具・仏具にその最初の形態を認めることができる。

二〇一一年にサントリー美術館で開催された『不滅のシンボル鳳凰と獅子』の特別展に範囲を限って、獅子と牡丹をデザインした室町以前の工芸品を挙げる。

「獅子螺鈿鞍⑱」は、平安末期から鎌倉初頭にかけて制作されたとされている。謡曲『石橋』の「獅子団乱旋」を想起させる図様の起源は獅子舞にあるのだろう。当時の螺鈿細工に「獅子」を装飾されたものは、管見の及ぶ限り、日本には他に存在しない。

鎌倉時代に作られた「牡丹と獅子羯磨獅子薪絵戒体箱」は、愛知県の万徳寺所蔵で、「密教の法要の際に導師の脇に置き戒に関する文書等を入れるのに用いる⑲」ため使われたものである。「獅子と牡丹」が仏教とも結びついていることが窺われる。これが密教儀礼の道具の一つであることも見過ごせない。鎌倉時代作の「銅鏡獅子牡丹蝶鳥文様⑳」、南北朝時代作の「獅子牡丹蒔絵絵箱㉑」も「牡丹と獅子羯磨獅子薪絵戒体箱」と同様の作品となる。

室町時代になると、武具にも用いられるようになった。「獅子と牡丹」という取り合わせが徐々に一般化してゆく過程で、武具甲冑の装飾に獰猛な「獅子」を用いるとともに、その唯一の弱点を補う牡丹を添えることは自然な発想である。「獅子牡丹図目貫無銘祐乗㉒」は、互いを見つめ合う獅子二頭のうち一頭が牡丹を咥えている。また「獅子牡丹図目貫無銘乗真」も、一頭の獅子が牡丹を咥えている。

室町時代に「獅子身中の虫」に「牡丹」の薬効が効果的であるという伝説が流布していたことが分かる。無敵の獅子に牡丹が加わることで不死身の強さが得られることから、武具におけるこの取り合わせは縁起担ぎの意味がある。

結

謡曲『石橋』に「獅子」と「牡丹」が取りあわされた要因をまずは牡丹の伝来と文学から探った。薬用の牡丹からより文化的な意味を帯びた牡丹へと、平安時代の「牡丹」受容の変化に大きく寄与をしたのは、白居易である。

白居易の時代には「花開き花落つ二十日。一城の人皆狂ふが如し」と詠まれるほど流行していたが、そもそも中国での牡丹の歴史は古い。仏教伝来以前から中国では、牡丹を生薬として珍重してきた。中国河南省の洛陽で、後漢時代（六八年）最古の仏教寺院白馬寺が創建されたが、この洛陽が「牡丹」栽培に適した土壌であったことから、「仏教」と「牡丹」とが繋がる素地が出来た。唐の時代、楊貴妃が「牡丹」を好み、また李白や白居易の詩などを介してもてはやされた結果、牡丹は遣唐使らによって我が国にもたらされた。仏教との関連でいえば、洛陽に隠棲して仏教に帰依した白居易を媒介にしている可能性もある。真言宗における空海の牡丹将来説を取れば、日本における仏教と牡丹との結びつきをうまく解くことができるが、西明寺を媒項とする白居易の牡丹詩と空海との繋がり以外の手がかりを見るけることはできなかった。「仏教」と「牡丹」との繋がりが、「文殊菩薩と牡丹」、つまり「獅子と牡丹」へと固定化し、これが、奈良時代以来受け継がれてきた獅子舞の伝統と融合して、室町時代に創作された『石橋』が作られた。

謡曲『石橋』が、百獣の王である「獅子」と百花の王である「牡丹」との組み合わせを、アクロバティックなパフォーマンスで表現したことを機縁にして以降、この組み合わせは、今日に至るまで、芸能の分野を中心に、日本文化の各方面で変奏曲を奏でることになった。

註

（1）西山松之助『花――美への行動と日本文化』（NHKブックス三二八）日本放送出版協会、一九七八年十月、四六頁。
（2）中村裕一『中国古代の年中行事　第一巻春』汲古書院、二〇〇九年一月、七五頁。
（3）平田喜信・身崎寿『和歌植物表現辞典』東京堂出版、一九九四年六月、二八九頁。
（4）牧野富太郎『原色牧野植物大図鑑』北隆館、一九九七年三月、三二四頁。
（5）中村裕一、前掲書、七三一～七三二頁。
（6）江川一栄・芝沢成広・青木宣明編『ボタン・シャクヤクNHK趣未の園芸――よくわかる栽培十二か月』（NHK出版、二〇〇四年四月）などの園芸書が記す奈良朝渡来説は、寺島良安『和漢三才図会』に「本朝聖武帝時盛賞之」と記すあたりから始まったと思われる（和漢三才図会刊行委員会編『和漢三才図会（下）』東京美術、一九七〇年三月、一二九四頁）。
（7）植垣節也校注・訳『出雲風土記』（新編日本古典文学全集五）小学館、一九九七年十月、一五三頁。
（8）『本草和名　上冊』二二丁裏。早稲田大学古典総合データベースで公開されている、寛政八年刊の板本の画像データに拠る。
（9）京都大学文学部国語国文学研究室編『諸本集成倭名類聚鈔（本文篇）』（増訂版）臨川書店、一九六八年七月、四六七頁。

山橘は百両金のことで花を嘆賞する牡丹でないのを知っていてこれを削除しているけれど、しかし深見草が呉牡丹だと知らずに削除していないのはすべて誤りである。

(10) 松田修『古典植物辞典』講談社、二〇〇九年八月、二四六頁。

(11)『延喜式』巻三十七「典薬寮」黒板勝美編『交替式・弘仁式　延喜式』（新訂増補国史大系第二十六巻）吉川弘文館、一九六五年三月。「中宮臈月御薬…牡丹二両。」八一七頁。「伊勢国五十種…橘皮五斤。牡丹七斤十両。」八三〇頁。「備前国卌種…大戟。牡丹。天門冬。桑螵蛸各一斤」八四〇頁。

(12)『延喜式』前掲書、八三〇頁。

(13)『延喜式』前掲書、九八七頁。

大戟は、トウダイグサ、利尿剤。天門冬は、クサカズラ、滋養強壮剤・鎮咳剤。桑螵蛸は、カマキリの卵鞘、頻尿・遺尿の治療剤。

(14) 松尾聰・永井和子校注・訳『枕草子』（新編日本古典文学全集十八）小学館、一九九七年十一月、二六一頁。

(15) 萩谷朴校注『枕草子　上』（新潮古典集成）新潮社、一九七七年四月、三二三頁。

(16) 岡村繁『白氏文集　二下』（新釈漢文大系一一七）明治書院、二〇〇七年七月、四八〇頁。

枯れかかった牡丹の群がりに露が降りる夕方、しおれた葉に涼しい風が吹く朝。紅の花の艶麗さは随分前に尽きてしまい、緑の葉の芳しさも今は消え失せようとしている。憂愁に沈む人は坐ってこの牡丹と向かい合い、心中の思いは牡丹も人もともにものわびしげである。

(17) 黄永川『中国挿花史研究』西泠印社出版社、二〇一二年九月、参照。

(18) 山中裕・秋山虔・池田尚隆校注・訳『栄花物語②』（新編日本古典文学全集三十二）小学館、一九九七年一月、三〇六頁。

(19) 本間洋一『本朝無題詩全注釈一』新典社、一九九二年三月、参照。

(20) 華道沿革研究会編『仙伝抄』（花道古書集成第一巻）思文閣、一九三〇年十一月、一三頁。

(21)『仙伝抄』前掲書、三九～四〇頁。

(22)『池坊専応口伝』（花道古書集成第一巻）前掲書、九頁。

(23)『立華指南』（花道古書集成第一巻）前掲書、五八頁。

(24)『立花秘伝抄之二』（花道古書集成第二巻）思文閣、一九三〇年十一月、四四～四五頁。

（25）中国牡丹全書編纂委員会編『中国牡丹全書（上）』中国科学技術出版社、二〇〇二年三月、五頁。牡丹の観賞栽培について調べてみると、宋の余仁中の「顧虎頭列女伝」の画中に庭園に植えられた木芍薬が描かれている。顧虎頭は晋代の三四四年から四〇五年まで在世した大画家顧愷之のことなので、牡丹の観賞栽培は約一六〇〇前からのこととなる。牡丹の栽培種が現れるようになるのは隋代からである。

（26）（宋）高承撰『事物紀原』（『事物紀原　実賓録　書叙指南』（四庫類書叢刊）上海古籍出版社、一九九二年四月、二八七頁）。

隋の煬帝の時代に初めて牡丹が伝わった。唐人は木芍薬とも言っている。開元期（七一三〜七四一）年に宮中や民間で争って牡丹を尊んだ。今の品種はとても多い。一説に、武后が十一月（陰暦）に後苑に遊んだ時、花がそろって咲いたのに牡丹だけが遅れた。そのため牡丹は洛陽に貶された。だから今では牡丹は洛陽を第一とすると言う。

（27）陳鉄民校注『王維集校注』中華書局、一九九七年八月、六四〇頁。

艶やかな緑の群がりはいかにももの静かである。紅い衣装は色が浅かったり深かったりする。花の心は愁いのため今にも折れてしまいそうである。春の景色はその心をどうして分らないのだろう。

（28）詹鍈『李白全集校注彙釈集評』百花文芸出版社、一九九六年十二月、七六六・七六九・七七三頁。

（29）『全唐詩』巻一一九六（王全等点校『全唐詩』中華書局、一九六〇年四月、二〇一四頁）。

近頃は牡丹の花は高値でどうすることもできない。数万銭でわずか一本を買うだけだ。今朝始めてはっきりと見ることができたが、立葵などとはとても比べようもない。

（30）『全唐詩』巻二八三、前掲書、三二二五頁。

紫の蕊が叢り咲きだしたが君はまだ家に着かない。かえって遊覧の客に咲いた花を観賞させているところだ。年若く名声を求めるところ、見わたすかぎりの空に別の花があることを始めて知った。

（31）謡曲『石橋』（小山弘志・佐藤健一郎校注・訳『謡曲集②』（新編日本古典文学全集五十九）小学館、一九九八年二月、五九〇〜五九一頁。

（32）唐代の鈔本の流れを汲む金沢文庫本の訓点を参照した。川瀬一馬監修『金沢文庫本白氏文集（一）』勉誠社、一九八三年十月、五四四頁。

(33) 謝思煒撰『白居易集校注』中華書局、二〇〇六年七月、三七九頁。

牡丹の花がかんばしく咲いた。紅玉のような花房の中からポッカリ顔をだした黄金色のおしべめしべ。幾千ものあかい花は、まるで夕焼空のかがやくようだし、百枝に咲きにおうまぶしいまでの花の絳《あか》さは、灯のてりかがやくようだ。それが地面を照らす美しさは、錦の織物をひろげたばかりのようだし、風の前にはなつ香しさは、蘭麝の香ぶくろの口紐をときはなしたよう。仙人の家にあるという玉の樹も、白いだけで牡丹のような美しい色はなく、西王母の桃だってちっぽけなもの、牡丹のようにはにおわない。朝露はつやつやしい色をした紫牡丹にうかび、朝日に光りをまして照りかがやく紅牡丹。紅紫二つの色が、深紅、うす紅、深紫、うす紫と入りまじれば、こちらむくもの、あちらむくもの、とりどりの姿。それがまたあるいは低くあるいは高く、思い思いの姿勢をとる。それらが葉かげにチラチラするさまは風情にとみ、まるで美人がはにかむ面を隠すようだし、くさむらに臥しかけたところは、酔うて力のぬけた美人が、酔いのよそおいをつつんだようだ。また低くたれた愛くるしさは、美人が口に袖あてて笑う姿とまちがえるし、ジッと思いつめた姿は、怨める美人が切ない思いに腸ちぎるかのようである。こってりとあでやかな姿、高貴ないろどりはまことに奇絶と言うべく、さまざまな草花も、これに肩をならべうるものはない。これに比べたら、石竹花、金銭花など、なんとみすぼらしいことか。芙蓉《はす》の花や芍薬の花とても、きわめてありふれたものだ。牡丹の花めでんとくりだす王公大臣たち、その冠や車の蓋が、前後望みあって、日日ひきもきらずにうちつづく。また腰のひくい車、乗心地安らかな肩車に召された姫宮さまも出むかれれば、香たしきめたひとえの上衣はおって、こがねの名馬にまたがった金持の若様もお出かけだ。衛公の家内総出とみえてひっそりしたもの、東の奥庭はとざされたままである。これに反して牡丹の名所西明寺では、奥行深い境内の北の廊下を開放して、花見の客を迎えるといったにぎわしさ。花の上を胡蝶が二匹、たわむれて舞う、人は飽かずにいつまでもながめている。おりから一声鶯のさえずり、春の日は長くて暮れようともしない。牡丹を愛する人たち、誰も彼もが心配なのは、太陽が花を照らして、かんばしさをとどめおくのがむつかしいこと。そこで、横に上にとテントをはりめぐらして涼しいかげを垂れさせる。花が開き落ちる、その期間は二十日間、その間、城中の人はみな気も狂わんばかりのさわぎである。古典時代の三王朝このかた、華美が質樸にかつようになってから、人の心は派手を重んじて地味を貴ばない。その派手ごのみの風が、そのまま牡丹芳に狂うところまで来てしまった。それも昨日や今日にはじまったのではなく、次第次第にそうなったのだ。かかるおりからわが君は、農業のことを御心配になって、人民をいつくしみ給い、それが天を感動させると、天はめでたきしるしを降された。去年は、よい稲が一本の茎から九本穂をだした。だというのに田んぼの中はひっそりかん、誰一人も見にこない。今年はまた、めでたい麦がふたまたに分かれてでたが、喜ばれるのは天子お一人、誰一人知るものがない。かかる瑞祥知るものがないとは、なげかわしことだ。ほんの暫くでよい、造物者の力をかりて、あやしいまでに美しい牡丹の色をすりへらし、大臣たちの花をめでる心を少しでも他の方面にむけかえて、農事を憂い給うわが君の大御心に、ともどもにあやからせたいものだ。

「牡丹芳」の訳文は、川合康三訳注『白楽天詩選（上）』岩波文庫、二〇一一年七月、一七五～一七七頁。

(34) 川村晃生・柏木由夫・工藤重矩校注『金葉和歌集　詞花和歌集』（新日本古典文学大系九）岩波書店、一九八九年九月、二三三頁。

(35) 久曽神昇編『日本歌学大系　別巻四』風間書房、一九八〇年四月、四六〇頁。

(36) 本間洋一、前掲書、一一八頁。

自然は暮春を迎え最も佳境となる。
牡丹は植えられて砂場にある。
衛公の旧宅から遠いので届かないが、
その香りは白氏の詩篇を読めば知られる。
静かな石畳のもと多くの茎は露に香しく、
うち捨てられた垣根に一筋の霞は高く伸びている。
この花の香りは道士が龍脳香を投じたのでなければ、
きっと美人が麝香袋を忘れたのに違いない。
ただ風にひるがえる花の色を惜しむばかりだ。
わずか二十日間という装いは感にたえないものがある。
簾を巻き上げた客はその香りを楽しむままにまだ帰らない。
庭掃除をする者は存分に花の美しさを楽しんで遅く帰る。
花中の傑物の蘭はわずかに忠義を尽くすだけで、

百草の王の菊もその尊号をいとわしく思うだろう。
明け方の窓辺に呉の綾絹があるのではといぶかしみ、
また夜の庭にかがり火があるかしらと疑う。
大庾嶺の春梅の美しい装いもわびねばならず、
洞庭湖の美しい黄葉も恥じ入ることだろう。
夏になるとこの花の咲くのに及ぶものはない
手折って楽しんでは一日物思いにふけった。

(37) 本間洋一、前掲書、一二〇頁。

(38) 白居易の牡丹を詠んだ詩には、「牡丹芳」のほかに、五言古詩「白牡丹」和銭学士作」（〇〇三一）謝思煒『白居易詩集校注』中華書局、二〇〇六年七月、七二頁、五言古詩「鄧魴張徹落第」（〇〇四四）謝思煒、前掲書一〇一頁、五言古詩「傷宅」（〇〇七七）謝思煒、前掲書一六二頁、五言古詩「買花」（〇〇八四）謝思煒、前掲書一八一頁、五言古詩「歎魯二首（其二）」（〇一二〇）謝思煒、前掲書二五八頁、五言古詩「西明寺牡丹花時憶元九」（〇三九二）謝思煒、前掲書七二一頁、五言古詩「秋題牡丹叢」（〇四一五）謝思煒、前掲書七四一頁、五言古詩「和元九悼往　感旧蚊幬作」（〇四二二）謝思煒、前掲書七五一頁、五言律詩「代書詩一百韻寄微之」（〇六〇八）謝思煒、前掲書九九七頁、七言律詩「看渾家牡丹花戯贈李二十」（〇六三二）謝思煒、前掲書一〇一四頁、七言律詩「自城東至以詩代書戯招李六拾遺崔二十六先輩」（〇六三四）謝思煒、前掲書一〇一八頁、七言絶句「酔中帰盩厔」（〇六四三）謝思煒、前掲書一〇二三頁、七言絶句「見元九悼亡詩因以此寄」（〇七一八）謝思煒、前掲書一〇七三頁、七言律詩「重題西明寺牡丹時元九在江陵」（〇七二一）謝思煒、前掲書一〇七五頁、七言絶句「微之宅残牡丹」（〇七三四）謝思煒、前掲書一〇八四頁、七言律詩「惜牡丹花二首　一首翰林院北庁花下作、一首新昌竇給事宅南亭花下作。」（〇七四三）謝思煒、前掲書一〇九二頁、七言絶句「白牡丹」（〇八四八）謝思煒、前掲書一二〇〇頁、「燕子樓三首　並序」（〇八五九）謝思煒、前掲書一二〇八～一二〇九頁、七言絶句「畫木蓮花圖寄元郎中」（一一二七）謝思煒、前掲書一四四七頁、七言絶句「移牡丹栽」（一二九九）謝思煒、前掲書一五七三頁があり、唐詩中の牡丹詩のなかでも異彩を放つ。括弧内の数字は、花房英樹『白氏文集の批判的研究』の定める作品番号。

（39）陳寅恪『元白詩箋證稿』上海古籍出版社、一九七八年三月、二三五〜二四〇頁。なお路成文は、「牡丹玩賞之風習、在玄宗朝由宮廷波及市井「士庶之家」，表明這種風俗正在広泛伝播。恰恰在這個時候、発生了李白沈香亭酔賦『清平調』這様一件極富伝奇色彩的事情。這対於正在伝播中牡丹玩賞風習無疑起到了推波助瀾的作用。従以上両点可知、李白沈香亭酔賦『清平調』之事具有重要的民俗学義意義」（『詠物文学与時代精神之関系研究：以唐宋牡丹審美文化与文学為個案』曁南大学出版社、二〇一一年十二月、二〇頁）と指摘していて、玄宗・楊貴妃の牡丹愛好と、牡丹の美しさを賞美しその牡丹にも勝る楊貴妃の美しさを詠んだ李白の「清平調」の波紋が、牡丹流行に大きく拍車をかけたと論じている。

牡丹鑑賞の風習は、玄宗朝の時に宮廷から市街の「士庶の家」にまで及んだので、この風俗が広く普及したことが明らかである。ちょうどこの時期に、李白が沈香亭で酔いながら「清平調」を賦すという伝奇的な色彩の豊かな出来事が生まれた。このことは広がりつつあった牡丹鑑賞の風俗に疑いなく大きな影響を与えた。以上の二点から分かるのは、李白が沈香亭で酔いながら賦した「清平調」の持つ重要な民俗学的意義である。

（40）石田幹之助『長安の春』（東洋文庫九一）平凡社、一九六七年五月、一〇頁。

（41）「法花寺白牡丹」『菅家文草』巻第四（川口久雄校注『菅家文草　菅家後集』（日本古典文學大系七十二）岩波書店、一九六六年十月、三六〇頁。

色はまさに真っ白であるが、
名は丹の字のついた牡丹という。
牡丹は普通の草なみに植えられるのを嫌う。
仏の花と見るのにふさわしい。
地上に薄い雲が凝り集まったようだ。
時ならぬあわ雪のような白さに寒さをおぼえる。
白牡丹の草むらをめぐりながらどういう念願が起こってくるのだろう。
白牡丹の清浄な姿に私の心肝を写したい。

（42）菊地靖彦・木村正中・伊牟田経久校中・訳『土佐日記・蜻蛉日記』（新編日本古典文学全集十三）小学館、一九九五年九月、二二八頁。

(43) 山中裕・秋山虔・池田尚隆校注・訳『栄花物語②』前掲書、三〇六頁。
(44) 森蘊『「作庭記」の世界』日本放送出版協会、一九八六年三月、一九七頁。
(45) 『大要抄』は、『消息礼事及書礼事他　尊経閣善本影印集成第五五』八木書店、二〇一五年十一月、七二頁による。丹羽基二『家紋の由来と美』南雲堂、一九九九年五月も参照。
(46) 梶原正昭・山下宏明校注『平家物語　下』(新日本古典文学大系四十五)一九九三年十月、二二四頁。
(47) 横山重・松本隆信編『室町物語大成　第十二　ふん―みし』角川書店、一九八三年二月、一三六頁。
(48) 財団法人冷泉家時雨亭文庫編『冷泉家時雨亭叢書　明月記四』朝日新聞社、二〇〇〇年八月、三五七頁。
(49) 加藤要校注『花壇地錦抄　草花絵前集』(東洋文庫二八八)平凡社、一九七六年四月、五頁。
(50) 空海「請来目録」(高楠順次郎編『大正新脩大蔵経　第五十五巻　目録部』大正新脩大蔵経刊行会、一九九一年二月、一〇六五頁)。
「二十四年仲春十一日大使旋軔本朝。唯空海孑然准勅留住西明寺永忠和尚故院。(延暦二十四(八〇五)年二月十一日、大使は帰国の途についた。ただ空海だけは独り勅に従って、西明寺の永忠和尚の住していた一院に留まった。」
(51) 「重題西明寺牡丹」の作は、この年に作られている。花房英樹『京都府立大学学術報告　人文』第十四号、一九六二年十月、三二～三三頁、朱金城『白居易年譜』文史哲出版社、一九九一年十二月、三二頁を参照。
重題西明寺牡丹時元九在江陵(〇七二一)　重ねて西明寺の牡丹に題す

往年君向東都去、　往年　君　東都に向つて去り
曾嘆花時君未廻。　曾て嘆く　花の時　君が未だ廻らざるを
今年況作江陵別、　今年　況んや江陵の別をすをや
惆悵花前又独来。　惆悵す　花の前　又た独り来たるを
只愁離別長如此、　只だ愁ふ　離別の長く此の如くなるを
不道明年花不開。　明年　花開かずとはず

謝思煒、前掲書、一〇七五頁。
(52) 「解脱房貞慶と興福寺の鎌倉復興」『学叢』(京都国立博物館)第二十四号、二〇〇二年五月所収。

(53) 藤岡穣、前掲論文、一九～二〇頁。
(54) 文化庁監修『文化財講座　日本の美術七彫刻（鎌倉）』第一法規出版、一九七七年二月、一六一頁。
(55) 編集委員会編『新編国歌大観　第八巻　私家集編』角川書店、一九九〇年四月、一二二頁。
(56)（唐）不空訳『仏説仁王般若波羅密経』（高楠順次郎他編『大正新脩大蔵経　第八巻　般若部四』）大正一切経刊行会、一九二四年八月、八四四頁。
大王我滅度後四部弟子。一切国王王子百官。乃是任持護三宝者。而自破滅如師子身中虫。自食師子肉非外道也。壊我法者得大過咎。正法衰薄民無正行。諸悪漸増其寿日減。無復孝子六親不和。
(57)（後秦）鳩摩羅什訳『梵網経』（高楠順次郎他編『大正新脩大蔵経　第二十四巻　律部三』）大蔵出版、一九八九年六月、一〇〇九頁。
「もし仏子が、素晴らしい心懸けで出家したのに名声や利欲を貪るために、国王や諸官僚の前で仏戒を説くなら、比丘や比丘尼、菩薩の弟子に不正に束縛をかけるさまは、まるでライオンの体内の虫が自らライオンを食らうかのようである。異教徒や天界の魔物が〔外部から〕破滅させるのではない。」船山徹『東アジアの仏教の生活規則　梵網経――最古の形と発展の歴史――』臨川書店、二〇一七年三月、三二二～三三三頁。
(58) 石田佳也、上野友愛、丹羽恵理子編『不滅のシンボル鳳凰と獅子』サントリー美術館、二〇一一年六月、一八四頁。
(59) 石田佳也他編、前掲書、一七七頁。
(60) 石田佳也他編、前掲書、一七八頁。
(61) 石田佳也他編、前掲書、一七八頁。
(62) 石田佳也他編、前掲書、一八四頁。

終章

本書は、謡曲『石橋』の物語世界について歴史的・思想的・宗教的な背景を第一章から第八章において考察した。その中で、五台山文殊信仰の東アジア周辺地域への波及、文殊信仰の日本への伝来に果たした入唐僧・入宋僧の役割、また西域から中国に伝わった獅子の芸能の日本への伝来とその後の変容など、仏教を軸とした中国と日本との長い文化交流の歴史、その一端を明らかにすることができた。さらに、『古事記』『日本書紀』『風土記』などにおける記載内容が——神話への信仰が失われて——説話化してゆくとともに、民間信仰の新しい要素も加わって、重層的な民俗文化を形成していることも、確認してきた。

唐代に成立し詩文とともに発展していった牡丹文化と、同じく唐代に芸能として確立した獅子舞の文化とが前後して日本に伝わると、両者は中国的な要素を継承しながらも、日本の風土の中で独自に変容していき、「獅子と牡丹」というトポスを形成し、美術・工芸や文学、そして芸能といった領域において日本独自の文化を形作していった。このような点をふまえて、謡曲『石橋』の背景にある豊かな文化的な水脈が浮き彫りになった。無論、その中には、今後の研究に俟たねばならない論点も数多くある。

『石橋』が、聖と俗との交錯、さらには俗なるものから聖なるものへの昇華を主題とする、精神性の高い作品であることは、各章がそれぞれの視点から示している通りである。テキストとしてはごく短い作品であるが、その包含するものは深く広い。

序章において述べたように、『蜷川親元日記』において寛正六（一四六五）年三月九日条に将軍足利義政の前で三世観世大夫音阿弥が『志ゝ』を演じたことが記されている。これが『石橋』の最古の上演記録か、とされている。異説もあることは、既に言及したとおりだが、この説が正しいとすると、『石橋』は「獅子」であり、後半のシテである獅子の舞が最大の見所であると成立の当時から認められていたことになろう。この謡曲は、まさにこの獅子の舞の激しさ故に危険な演目と見做され、室町時代末期に一旦上演が中絶し、江戸時代になってから能の各流派で再び上演されるようになった。

六朝から唐代にかけて形成された文殊菩薩信仰とともに『華厳経』などの教説に基づいて文殊浄土となった清涼山、この霊山に本来は天台山にあるはずの石橋を配することで、『石橋』は彼岸の浄土と此岸との超えがたい隔たりを描き出す。ワキに配された寂照は、入宋し五台山巡礼を果たした実在の高僧であるとともに、説話世界では愛執に苦しんだ過去を持つ求道者である。此岸的なものにたいする執着を乗り越え彼岸的なものへと身命を賭して向かってゆくという、深みのある人物像を我々はこのワキに見て取るべきである。かかる高僧が熾烈な信仰心を持ちながらも石橋を渡ることが叶わないことで、謡曲『石橋』が表現する文殊の浄土の超えがたい超越性が浮き彫りとなる。だが、寂照は文殊の眷属である獅子が牡丹の花のもとで舞うのを見ることができた。アクロバティックに乱舞する獅子のこの法悦の表情は、仏教世界の到り難さを示しながらも、同時にそこへと誘う魅力を備えている。寂照と獅子、そして舞台となる「石橋」を一つに組み合わせることで、仏教的世界観を印象深く描いた『石橋』の構成力、そこに室町時代の能楽師たちの知識レベルと芸術的造形力を窺うことができる。

寂照は「円通大師」という称号を真宗皇帝から賜る程の高僧であり、文殊浄土である五台山への参拝も果たしたことで、末世の到来に怯えていた当時の人々にとっては、仰ぎ見んばかりの人物である。『十訓抄』など説話のなかで清涼山（五台山）で往生を遂げたと伝えるのは、遥かに仰ぎ見ることしかできない極楽世界への人々の切実な願いが投影しているだろう。

新旧の『清涼伝』では文殊菩薩の示現など、奇跡を目撃した人々の話が載せられている。円仁の『入唐求法巡礼行記』や成尋の『参天台五台山記』にも文殊菩薩の奇跡を体験できた感動が記されている。また、行基が文殊菩薩の化現であったとするなど、説話の世界には文殊菩薩の奇跡や信仰がさまざまに描かれている（平林治徳・境田四郎・和田克司他編『増補改訂日本説話文学索引』清文堂出版、一九七六年八月、一〇一二〜一〇一四頁、参照）。

中世の人々は、騎獅文殊と四人の脇侍を伴う五台山文殊の尊像を拝する機会もあっただろう。尊像のなかには、安倍文殊院の、二〇一三年六月に国宝に指定された快慶作五尊像など、名作もある。彼らにとって、文殊菩薩は身近な仏であった。「文殊の知恵」という言葉も謡曲『卒塔婆小町』などに見られる。

前シテの「さん候これこそ石橋にて候。向ひは文殊の浄土清涼山にて候。よくよく御拝み候へ」という言葉に、観客は自ずと文殊菩薩の登場を期待するが、実際登場するのは文殊ではなく、童子もしくは樵翁、そして文殊菩薩の使獣である獅子で、曲の後半は獅子の舞という思いがけない展開となる。百華の王・牡丹と百獣の王・獅子との取り合わせは、たんに華やかさのみならず仏教世界の厳粛さも醸し出す。祝儀物演目に位置づけられた所以である。

神事から始まった日本の獅子舞文化は、民俗芸能として地域に根付くとともに、舞台芸能としても独自な発展をして、現在でも盛んに上演されている。謡曲『石橋』はその舞踊文化の原点の一つになっている。『石橋』の華やかな演出を採り入れた上で歌舞伎の様式美を遺憾なく発揮した獅子物演目は、江戸時代から明治時代に亘って幾つか成立し、それらは現在でも人気を博している。

文殊菩薩の浄土を演目の中心に据えたことにより、『石橋』の獅子舞は崇高な次元へと昇華された。民俗芸能として根づいていた日本の獅子舞文化はこれを転換点として芸術の領域にも取り込まれていったのである。

参考文献目録（章別・発行年月順）

序章

原資料

佐成謙太郎『謡曲大観』第二巻、明治書院、一九三〇年十二月

竹内理三編『親元日記　十』（『続史料大成』十巻）臨川書店、一九六七年八月

研究論文

香西精「『石橋』――作者と本説」『能謡新考Ⅱ』檜書店、一九七二年九月

天野文雄「獅子の舞と獅子舞」『観世』第四十八巻第四号、檜書店、一九八一年四月

表章「能『石橋』の歴史的研究」「能『石橋』の間狂言」『能楽史新考・二』一九八五年三月（初出一九六五年八月）

柳瀬千穂「作品研究〈石橋〉試論――趣向と構成について」『観世』第七十四巻第十二号、檜書店、二〇〇七年十二月

第一章　第一章　ワキ「寂昭法師」の人物像――大江定基（寂照）に関する史実と説話

原資料

岩野眞雄『国訳一切経和漢撰述部　史伝部十九』大東出版社、一九三八年五月

黒川勝美編『日本高僧伝要文抄　元亨釈書』（新訂増補国史大系第三十一巻）吉川弘文館、一九六五年六月

黒板勝美編『日本紀略後篇　百錬抄』（新訂増補国史大系第十一巻）吉川弘文館、一九六五年八月

黒板勝美編『扶桑略記　帝王編年記』（新訂増補国史大系第十二巻）吉川弘文館、一九六五年十二月

黒板勝美編『尊卑分脉　第四篇』（新訂増補国史第六十巻）吉川弘文館、一九七二年四月
高楠順一郎他編『大正新脩大蔵経　第五十一巻　史伝部三』大正新脩大蔵経刊行会、一九七三年四月
井上光貞・大曽根章介校注『往生伝　法華験記』（日本思想大系七）岩波書店、一九七四年九月
大曽根章介校注『往生伝　法華験記』（日本思想大系七）岩波書店、一九七四年九月
池上洵一校注『三国伝記（下）』（中世の文学）三弥井書店、一九七六年十二月
川村晃生『能因法師集・玄々集とその研究』三弥井書店、一九七九年六月
岩野真雄編『国訳一切経和漢撰述部史伝部十八』大東出版社、改訂版一九八〇年五月
「新編国家大観」編集委員会『新編国歌大観第一巻　勅撰集編』角川書店、一九八三年二月
竹鼻績校注・訳『小大君集注釈』（私家集注釈叢刊Ⅰ）貴重本刊行会、一九八九年六月
山田昭全他校注『宝物集・閑居友・比良山古人霊託』（新日本古典文学大系四十）岩波書店、一九九三年一月
松尾芦江校注『源平盛衰記（二）』三弥井書店、一九九三年五月
久保田淳・平田喜信校注『後拾遺和歌集』（新日本古典文学大系八）岩波書店、一九九四年四月
市古貞次校註・訳者『平家物語②』（新編日本古典文学全集四十六）小学館、一九九四年八月
田中健夫編『新訂善隣国宝記　続善隣国宝記』（訳注日本史料）集英社、一九九五年一月
小林保治・増古和子校注・訳『宇治拾遺物語』（新編日本古典文学全集五十）小学館、一九九六年七月
浅見和彦校註・訳『十訓抄』（新編日本古典文学全集五十一）小学館、一九九七年十二月
小山弘志・佐藤健一郎校註・訳『謡曲集②』（新編日本古典文学全集五十九）、小学館、一九九八年二月
馬渕和夫・国東文麿・稲垣泰一校注・訳『今昔物語集②』（新編日本古典文学全集三十六）小学館、二〇〇〇年五月
錦仁・柏木由夫『金葉和歌集　詞花和歌集』（和歌文学大系三十四）明治書院、二〇〇六年九月
藤善真澄訳注『参天台五台山記上』関西大学出版部、二〇〇七年十二月
王麗萍校点『新校参天台五台山記』上海古籍出版社、二〇〇九年十一月

研究論文

西岡虎之助「入宋僧寂照に就いて研究（第一回）」『史学雑誌』第三十四編第九号、一九二三年八月
久曽神昇「三河入道寂照の研究」『愛知大学綜合郷土研究所紀要』第五号、一九六〇年四月

所功「平安時代の菅家と江家」『皇学館大学紀要』第十三輯、一九七五年一月
廖志豪「蘇州普門禅寺碑与日僧寂照」『文物』一九七九年第九期
久保木哲夫「三河入道寂照とその入宋をめぐって」『国語と国文学』第五十七巻第十一号、一九八〇年十一月
久曽神昇「三河入道寂照」『三河地方と古典文学』（愛知大学綜合郷土研究所研究叢書四）愛知大学綜合郷土研究所、一九八九年一月
佐藤道生「寂照の遺迹」『日本漢学研究』第一号、一九九七年十一月

研究書

幸田露伴『幻談』日本評論社、一九四一年八月
木宮泰彦『日華文化交流史』冨山房、一九五五年七月
蘆田伊人校訂『大日本地誌大系40　近江国輿地志略第二巻』雄山閣、一九七一年十月
川口久雄『三訂平安朝漢文学史の研究　上篇』明治書院、一九七五年十二月
小峯和明『新潮古典アルバム九今昔物語集・宇治拾遺物語』新潮社、一九九一年一月
柴田実編『日本歴史地名大系第二十五巻　滋賀県の地名』平凡社、一九九一年二月
岡崎和夫『成尋阿闍梨母日記の研究　再建本文索引篇』明治書院、一九九五年六月
石田瑞麿『例文　仏教語大辞典』小学館、一九九七年二月
小田切文洋『渡宋した天台僧達　日中文化交流史一斑』翰林書房、一九九八年三月
池澤滋子『丁謂研究』巴蜀書社、一九九八年四月
今泉淑夫『日本仏教史辞典』吉川弘文館、一九九九年十月
杉原たく哉『中華図像遊覧』大修館書店、二〇〇〇年六月

第二章　聖地清涼山

原資料

（唐）菩提流志訳『文殊師利宝蔵陀羅尼経』（高楠順次郎他編『大正新脩大蔵経　第二十巻　密教部三』）大蔵出版、一九六〇年二月

（東晋）仏駄跋陀羅訳『大方広仏華厳経』（六十華厳）（高楠順次郎他編『大正新脩大蔵経　第九巻　法華部・華厳部上』）大蔵出版、一九六〇年八月
（唐）実叉難陀訳『大広方仏華厳経』（八十華厳）（高楠順次郎他編『大正新脩大蔵経　第十巻　法華部・華厳部下』）大蔵出版、一九七〇年二月
（西晋）聶道真訳『仏説文殊師利般涅槃経』（高楠順次郎他編『大正新脩大蔵経第十四巻　経集部一』）大蔵出版、一九七一年五月
（後秦）鳩摩羅什訳『維摩詰所説経』（高楠順次郎他編『大正新脩大蔵経第十四巻　経集部一』）大蔵出版、一九七一年五月
塚本善隆訳注『魏書釈老志』（東洋文庫五一五）平凡社、一九九〇年二月
（唐）慧祥撰『古清涼伝　巻上』（高楠順次郎他編『大正新脩大蔵経第五十一巻　史伝部三』）大蔵出版、一九九〇年十一月
（宋）延一撰『広清涼伝』（高楠順次郎他編『大正新脩大蔵経第五十一巻　史伝部三』）大蔵出版、一九九〇年十一月
（唐）道世撰、周叔迦・蘇晋仁校注『法苑珠林校注』中華書局、二〇〇三年十二月
小山弘志・佐藤健一郎校註・訳「石橋」『謡曲集②』（新編日本古典文学全集五十九）小学館、二〇一二年三月

研究論文
小野玄妙「五台山金閣寺含光大徳と霊仙三蔵」『密教研究』第十一號、一九二三年六月
小野玄妙「唐宋時代に於ける五台山の仏教文化」『大乗仏教芸術史の研究』大雄閣、一九二七年二月
井上以智為「五台山仏教の展望」『支那仏教史学』第二巻第一号、一九八三年三月
向井隆健「不空三蔵の文殊菩薩信仰」『大正大学研究紀要』第七十号、一九八五年二月
頼富本宏「五台山見聞記」『仏教史学研究』第二十八巻第一号、一九八五年十一月
頼富本宏「五台山の文殊信仰」『密教学研究第十八号』一九八六年三月
藤井教公「五台山の概要と唐代における五台山仏教」『大倉山論集』第十九号、一九八六年三月
米山孝子「行基説話伝承考」『密教文化』第一六八号、一九九〇年一月
山本兼治「五台山における聖地信仰の形成――五台山信仰の一側面――」『人文科学』第十一号、一九九一年三月

小野勝年「文殊菩薩と五台山」『仏教その文化と歴史　日野賢隆先生還暦記念』永田文昌堂、一九九六年十一月
相馬一意「五台山近辺の道教的雰囲気——六世紀初頭の北魏仏教の一面」『行信学報』第十号、一九九七年五月
小島岱山「仏教の霊山　五台山——入唐僧もめざした仏教の聖地」『月刊しにか』第十一巻第八号、二〇〇〇年八月
坂上雅翁「五台山大聖竹林寺について」『印度学仏教学研究』第五十一巻第二号、二〇〇三年三月
崔福姫「『古清涼伝』から『広清涼伝』への文殊信仰の変遷——文殊概念を中心に——」『印度学仏教学研究』第五十二号第一号、二〇〇三年十二月、一九三頁
胡莉蓉「奝然来華対五台山文殊信仰在日本伝播的影響」『中北大学学報（社会科学版）』二〇一二年第三期
岩崎日出男「五台山・金閣寺の構造とその教理的背景について」『東洋の思想と宗教』第三十号、二〇一三年三月
高瀬奈津子「中唐期における五台山普通院の研究——その成立と仏教教団との関係」『札幌大学総合論叢』第三十六号二〇一三年十二月

研究書

吉田靖雄『日本古代の菩薩と民衆』吉川弘文館、一九八八年七月
久曽神昇編『不空三蔵表制集　他二種』汲古書院、一九九三年五月
日比野丈夫・小野勝年『五台山』平凡社、一九九五年九月
中村八郎『能・中国物の舞台と歴史』能楽書林、一九九九年三月
崔正森『五台山仏教史（上）（下）』山西人民出版社、二〇〇〇年七月
新編森克己著作集編集委員会編『増補　入宋文化交流の諸問題』（新編 森克己著作集第四巻）勉誠出版、二〇一一年一月

第三章　日本への五台山文殊菩薩信仰の将来とその流布

原資料

南条文雄他編『大日本仏教全書　阿娑縛抄』仏書刊行会、一九一三年十月
南条文雄他編『大日本仏教全書　覚禅抄』仏書刊行会、一九一六年一月
東京大学史料編纂所編纂『大日本史料　第二篇之一』東京大学出版会、一九二八年三月

高楠順次郎・望月信亨編『大日本仏教全書　遊東伝叢書第四』大日本仏教全書刊行会、一九三一年二月
黒板勝美編『新抄格勅符抄・法曹類林・類聚符宣抄・続左丞抄・別聚符宣抄新抄格勅符抄』（新訂増補国史大系第二十七巻）吉川弘文館、一九六五年一月
黒板勝美編『類聚三代格・弘仁格式』（新訂増補国史大系第二十五巻）吉川弘文館、一九六五年八月
竹内理三編『建治三年記・永仁三年記・斉藤基恒日記・斉藤親基日記・親元日記』（続史料大成第十巻）臨川書店、一九六七年八月
東京大学史料編纂所編『大日本史料　第二編之四』東京大学出版会、一九六九年四月
奈良国立文化財研究所編『西大寺叡尊伝記集成』法蔵館、一九七七年十月
塩入良道校注『入唐求法巡礼行記二』平凡社、一九八五年二月
石原道博編訳『新訂旧唐書倭国日本伝　他二篇』岩波文庫、一九八六年四月
大曽根章介・金原理・後藤昭雄校注『本朝文粋』（新日本古典文学大系二十七）岩波書店、一九九二年五月
久曽神昇編『不空三蔵表制集　他二種』汲古書院、一九九三年五月
宋庠整理『楊文公談苑　倦遊雑録』上海古籍出版、一九九三年八月
田中久夫校注『鎌倉旧仏教』（日本思想大系十五）岩波書店、一九九五年八月（叡尊「興正菩薩御教戒聴聞集」）
中田祝夫校注・訳『日本霊異記』（新編日本古典文学全集十）小学館、一九九五年八月
小林保治・増古和子校注・訳『宇治拾遺物語』（新編日本古典文学全集五十）小学館、一九九六年七月
小野勝年『入唐求法巡礼行記の研究第二巻』法蔵館、一九九九年四月
馬渕和夫・国東文麿・稲垣泰一校注・訳『今昔物語集①』（新編日本古典文学全集三十五）小学館、一九九九年四月
細川涼一訳注『感身正学記1――西大寺叡尊の自記』（東洋文庫六六四）平凡社、一九九九年十二月
馬渕和夫・国東文麿・稲垣泰一校注・訳『今昔物語集②』（新編日本古典文学全集三十六）小学館、二〇〇〇年五月
臼田甚五郎・新間進一・外村南都子・徳江元正校注・訳『梁塵秘抄』（新編日本古典文学全集四十二）小学館、二〇〇〇年十二月

研究論文

白化文・李鼎霞・許徳楠校注『入唐求法巡礼行記校注』花山文芸出版社、二〇〇七年十一月

石崎達二「奈良朝に於ける五台山信仰を論じ東大寺大仏造顕思想の一端に及ぶ（二）」史学会『史学雑誌』第四十一編第十号、一九三〇年九月
久曽神昇「三河入道寂照　力寿姫伝説」久曽神昇編（『愛知大学綜合郷土研究所紀要』第十号）愛知大学綜合郷土研究所、一九六五年一月
道端良秀「中国仏教と文殊信仰」仏教史学会編『仏教の歴史と文化』同朋舎出版、一九八〇年十二月
向井隆健「不空三蔵の文殊菩薩信仰」（『大正大学研究紀要』第七十号）一九八五年二月
上田純一「平安期諸国文殊会の成立と展開について」日本歴史学会『日本歴史』一九八七年十二月
細川涼一「叡尊・忍性の慈善救済」『中世の律宗寺院と民衆』吉川弘文館、一九八七年十二月
宮城洋一郎「叡尊の文殊信仰について」『印度学仏教学研究』第三十六巻第一号、一九八七年十二月
内田啓一「西大寺叡尊及び西大寺流の文殊信仰とその造像」『美術史研究』第二十六号、一九八八年十二月
荒木計子「奝然将来〝五台山文殊〟と「延暦寺文殊楼」及び「文殊会」」（昭和女子大学近代文化研究所『学苑』第六七四号、一九九六年三月号
佐伯快勝「叡尊・忍性と現代――師弟の文殊信仰をめぐって」『大法輪』第六十八巻第九号、二〇〇一年九月
斉藤円真「寂照をめぐって」村中祐生編（『天台学報』第四十四号）天台学会、二〇〇二年十一月
平田寛「講演録　解脱何日――叡尊と文殊信仰」『鹿園雑集』第五号、二〇〇三年三月
堀池春峰「南都仏教と文殊信仰」『南都仏教史の研究下〔諸寺篇〕』法蔵館、二〇〇四年三月
薗部幹生「寂照説話の視点から――宇治拾遺物語編者の意識」『駒沢短大国文』第三十四号、二〇〇四年三月
小島裕子「五台山文殊を謡う歌――『梁塵秘抄』より、嵯峨清涼寺奝然の五尊文殊請来を問う――」真鍋俊照編『仏教美術と歴史文化』法蔵館、二〇〇五年十月
巫佩蓉「文殊菩薩与両界曼荼羅――末法時代的文殊信仰」『美術史研究集刊』二〇〇六年第二十期
児玉信「民俗芸能の獅子芸」『観世』第七十五巻第三号、檜書店、二〇〇八年三月
手島崇裕「入宋僧寂照の飛鉢説話再考」『仏教文学』第三十三号、二〇〇九年三月
手島崇裕「日本――北宋の仏教交渉と摂関期仏教の展開――入宋僧寂照の度縁から――」『史学雑誌』第一一九巻第七号、二〇一〇年七月

上川通夫「寂照入宋と摂関期仏教の転換」久保智康編『東アジアをめぐる金属工芸――中世・国際交流の新視点』〈アジア遊学一三四〉勉誠出版、二〇一〇年七月
上川道夫『日本中世仏教と東アジア世界』塙書房、二〇一二年二月

研究書

和島芳男『叡尊・忍性』吉川弘文館、一九五九年八月
鎌田茂雄『中国華厳思想史の研究』東京大学出版会、一九六五年三月
木宮之彦『入宋僧奝然の研究』鹿島出版会、一九八三年六月
小野勝年『入唐求法行歴抄の研究　智証大師円珍篇　上』法蔵館、一九八二年五月
佐伯有清『慈覚大師伝の研究』（寛平入道親王真寂初撰、源英明補正「慈覚大師伝」）吉川弘文館、一九八六年五月（源英明撰「慈覚大師伝」）
手島崇裕『平安時代の対外関係と仏教』校倉書房、二〇一四年九月
金子啓明『日本の美術三一四　文殊菩薩像』至文堂、一九九二年七月
孫暁崗『文殊菩薩図像学研究』甘粛人民美術出版社、二〇〇六年六月
新編森克己著作集編集委員会編『増補　入宋文化交流の諸問題』（新編 森克己著作集第四巻）勉誠出版、二〇一一年一月
郝祥満『奝然与宋初的中日仏法交流』商務印書館、二〇一二年六月

第四章　中国の説話と詩文に見る「童子」と「翁」の形象

原資料

塩谷温訳註『国訳漢文大成　文学部第十二巻　晋唐小説』国民文庫刊行会、一九二一年六月
佐成謙太郎『謡曲大観』第二巻、明治書院、一九三〇年十二月（「石橋」）
王全等点校『文選』上海古籍出版、一九六〇年四月
横道万里雄・表章校注『謡曲集　下』（日本古典文学大系四十一）岩波書店、一九六三年二月（「石橋」）
小川環樹・都留春雄・入谷仙介選訳『王維詩集』岩波文庫、一九七二年十月

早川光三郎『蒙求　下』（新釈漢文大系五十九）明治書院、一九七三年十月
汪紹楹校注『捜神記』中華書局、一九七九年九月
『志賀』伊東正義『謡曲集　中』（新潮古典集成）新潮社、一九八六年三月
黄暉撰『論衡校釈』中華書局、一九九〇年二月
伊東正義・黒田彰編著『和漢朗詠集古注集成　第二巻下』大学堂書店、一九九四年一月
陳鉄民『王維集校注』中華書局、一九九七年八月
小山弘志・佐藤健一郎校注訳『謡曲集②』（新編日本古典文学全集五十九）小学館、一九九八年一月（「石橋」）
王根林『漢魏六朝筆記小説大観』上海古籍出版社、一九九九年十二月
中島長文「『任昉述異記』校本」『東方学報』第七三冊、二〇〇一年三月
陳貽焮主編『増訂注釈全唐詩』文化芸術出版社、二〇〇一年五月
楊文生編著『王維詩集箋注』四川人民出版社、二〇〇二年十二月
胡守為校釈『神仙伝校釈』中華書局、二〇一〇年九月
李劍国『唐前志怪小説輯釈（修訂本）』上海古籍出版社、二〇一一年十月
張国風会校『太平広記会校　二』北京燕山出版社、二〇一一年十一月

研究論文

柳瀬千穂「作品研究〈石橋〉試論――趣向と構成について」『観世』（特集・石橋）第七四巻第十二号、二〇〇七年十二月

研究書

大室幹雄『囲碁の民俗学』せりか書房、一九七七年五月
佐竹昭広『酒呑童子異聞』平凡社、一九七七年十月
三谷邦明・小峯和明編『中世の知と学――〈注釈〉を読む』森話社、一九九七年十二月
二階堂善弘『封神演義の世界――中国の戦う神々――』大修館書店、一九九八年十月
赤井益久『中国山水詩の景観』新公論社、二〇一〇年三月
渡辺英喜『自然詩人　王維の世界』明治書院、二〇一〇年十一月

川合康三『桃源郷　中国の楽園思想』講談社、二〇一三年九月

第五章　中世日本における「童子」と「翁」の形象――聖なるものの象徴として

原資料

佐成謙太郎『謡曲大観　第二巻』明治書院、一九三〇年十二月（「石橋」）
佐成謙太郎『謡曲大観　第四巻』明治書院、一九三一年二月（「菊慈童」）
横道万里雄・表章校注『謡曲集　下』（日本古典文学大系四十一）岩波書店、一九六三年二月（「石橋」）
黒板勝美編『日本後紀　続日本後紀　日本文徳実録』（新訂増補国史大系第三巻）吉川弘文館、一九六六年八月
世阿弥『風姿花伝』表章・加藤周一校注『世阿弥　禅竹』（日本思想大系二十四）岩波書店、一九七四年四月
王利器『風俗通義校注』中華書局、一九八一年一月
岡見正雄校注『太平記（二）』角川文庫、一九八二年四月
黄暉撰『論衡校釈』中華書局、一九九〇年二月
小山弘志・佐藤健一郎校注・訳『謡曲集①』（新編日本古典文学全集五十八）小学館、一九九七年五月（「翁」）
小山弘志・佐藤健一郎校注・訳『謡曲集②』（新編日本古典文学全集五十九）小学館、一九九八年二月（「石橋」）
片桐洋一『古今和歌集全評釈（下）』講談社、一九九八年二月
石洪運点校『荊州記九種　襄陽四略』湖北人民出版社、一九九九年九月

研究論文

天野文雄「獅子の能と獅子舞」『観世』第四十八巻第四号、一九八一年四月
山折哲雄「翁と童子――その身体論的時空――」『思想』第六九八号、一九八二年八月
田辺美和子「中世の「童子」について」『年報中世史研究』第九号、中世史研究会、一九八四年五月
中野千鶴「護法童子と堂童子」『仏教史研究』第二十七巻第一号、一九八四年十月
中野千鶴「童形と聖性」『月刊百科』二七一号、平凡社、一九八五年二月
鎌田東二「翁と童の存在論」『悠久』第三十七号、一九八九年四月
阿部泰郎「神秘の霊童――児物語と霊山の縁起をめぐりて」『湯屋の皇后』名古屋大学出版会、一九九八年七月

辻晶子「児灌頂の基礎的考察――儀軌の紹介と整理――」『人間文化研究科年報』第二十七号、奈良女子大学大学院人間文化研究科、二〇一二年三月
安藤礼二「翁の発生芸能論と権力論の交点」『現代思想』第四十二巻第七号、二〇一四年五月

研究書

黒田日出男『境界の中世　象徴の中世』東京大学出版会、一九八六年九月
鎌田東二『翁童論』新曜社、一九八八年五月
黒田日出男『〔絵巻〕子どもの登場中世社会の子ども像』河出書房新社、一九八九年七月
山折哲雄『神から翁へ』青土社、一九八九年八月
山折哲雄『神と翁の民俗学』講談社学術文庫、一九九一年十月
鎌田東二編『翁童信仰』（民衆宗教史叢書第二十七巻）雄山閣、一九九三年五月
折口信夫全集刊行会編『折口信夫全集二古代研究（民俗学篇一）』中央公論社、一九九五年三月
中村喬『中国の年中行事』平凡社、一九九八年一月
阿部泰郎『湯屋の皇后』名古屋大学出版会、一九九八年七月
金賢旭『翁の生成――渡来文化と中世の神々――』思文閣出版、二〇〇八年十二月

第六章　境界としての橋――彼岸と此岸の架け橋

原資料

近藤喜博編『神道集　東洋文庫本』角川書店、一九五九年十二月（「橋姫明神事」）
西尾光一校注『撰集抄』岩波文庫、一九七〇年一月
河村秀根・益根編著　小島憲之補注『書紀集解　三』臨川書店、一九七四年九月
西郷信綱『古事記注釈第一巻』平凡社、一九七五年一月
青木和夫・石母田正・小林芳則・佐伯有清注『古事記』（日本思想大系一）岩波書店、一九八二年二月
小島憲之・直木孝次郎・西宮一民・蔵中進・毛利正守校注・訳『日本書紀①』（新編日本古典文学全集二）小学館、一九八四年四月

松尾葦江校注『源平盛衰記　二』（中世の文学）三弥井書店、一九九三年五月
山口佳紀・神野志隆光校注・訳『古事記』（新編日本古典文学全集一）小学館、一九九七年六月
植垣節也校注・訳『丹後国風土記』『風土記』（新編日本古典文学全集五）小学館、一九九七年十月
小山弘志・佐藤健一郎校注・訳『謡曲集②』（新編日本古典文学全集五十九）小学館、一九九八年二月（「石橋」）
馬渕和夫・国東文麿・稲垣泰一校注・訳『今昔物語集②』（新編日本古典文学全集三十六）小学館、二〇〇〇年五月
馬渕和夫・国東文麿・稲垣泰一校注・訳『今昔物語集④』（新編日本古典文学全集三十八）小学館、二〇〇二年六月
中村啓信訳注『新版古事記現代語訳付き』角川文庫、二〇〇九年九月

研究論文

杉村弘「信濃の民俗芸能の民族音楽的研究―二―主として雨宮の御神事と坂白の太々神楽について」『信州大学教育学部紀要』第二十七号、一九七二年十一月
天野文雄「獅子の能と獅子舞」『観世』第四十八巻第四号、檜出版、一九八一年四月
佐野賢司「橋の象徴性――比較民俗学的一素描――」竹田旦編『民俗学の進展と課題』国書刊行会、一九九〇年十一月
周星「橋の民俗――漢民族の橋の事例を中心に――」『比較民俗研究』第八号、一九九三年九月
鈴木正宗「橋をめぐる神事――雨宮の祭りを中心に」『悠久』（特集神の橋）六十七号、一九九六年十一月
柳田国男「橋姫」『一目小僧』（柳田国男全集七）筑摩書房、一九九八年十一月

研究書

長野県教育委員会編『雨宮の御神事』（長野県無形文化財調査報告書第二集）長野県教育委員会、一九六五年三月
服部幸雄・富田鉄之助・広末保編『新版歌舞伎事典』平凡社、一九八三年十一月
網野善彦・大西広・佐竹昭広編『天の橋　地の橋　いまは昔むかしは今二』福音館書店、一九九一年一月
神作光一編『歌学書被注語索引』新典社、一九九一年七月
平林章仁『橋と遊びの文化史』白水社、一九九四年七月
三浦基弘・岡本義喬『橋の文化誌』雄山閣出版、一九九八年六月
斎藤忠『中国天台山諸寺の研究――日本僧侶の足跡を訪ねて』第一書房、一九九八年十二月

川田忠樹『橋と日本文化　増補版』大巧社、一九九九年六月
大林太良『銀河の道　虹の架け橋』小学館、一九九九年七月
保田與重郎『改版日本の橋』（保田与重郎文庫一）新学社、二〇〇一年七月
山口昌男『文化と両義性』岩波現代文庫、二〇〇一年七月
小峯和明『今昔物語集の世界』岩波ジュニア新書、二〇〇二年八月
三隅治雄・大島暁雄・吉田純子編『中部地方の民俗芸能三』（日本の民俗芸能調査報告書集成十）海路書院、二〇〇五年十一月
小林幹男『祈りの芸能　信濃の獅子舞と神楽』信濃毎日新聞社、二〇〇六年八月
服部幸雄『宿神論――日本芸能民信仰の研究』岩波書店、二〇〇九年一月
山中玲子「能の舞台と演出・演技」服部幸雄監修『日本の伝統芸能講座　舞踊・演劇』淡交社、二〇〇九年二月
相田洋『橋と異人　境界の中国中世史』研文出版、二〇〇九年九月
渡辺保『能ナビ　誰も教えてくれなかった能の見方』マガジンハウス、二〇一〇年四月
小松和彦編『妖怪学の基礎知識』（角川選書四八七）角川学芸出版、二〇一一年四月
小松和彦『妖怪文化入門』角川ソフィア文庫、角川学芸出版、二〇一二年六月

第七章　獅子の舞

原資料

正宗敦夫『信西古楽図』（日本古典全集第二回）日本古典全集刊行会、一九二七年十二月
表章校註『世阿弥　中楽談義』岩波文庫、一九六〇年四月
林屋辰三郎・植木行宣他校注『古代中世芸術論』（日本思想大系二十三）岩波書店、一九七三年十月
劉節等点校『旧唐書』中華書局、一九七五年五月
石田穣二訳注『新版枕草子　下巻』角川文庫、一九八〇年四月
小島憲之・直木孝次郎・西宮一民・蔵中進・毛利正守『日本書紀②』（新編日本古典文学全集三）小学館、一九九六年十月

山中裕・秋山虔・池田尚隆校注・訳『栄花物語③』（新編日本古典文学全集三十三）小学館、一九九八年三月

研究論文

児玉信「民俗芸能の獅子芸」『観世』第七十五巻第三号、檜書店、二〇〇八年三月
村尚也「『石橋』近世・現代に架け渡す橋」『観世』（特集・石橋）第七十五巻第三号、二〇〇八年三月

研究書

三宅杭一『曲趣の解釈と謡ひ方』秀英社、一九五七年五月
三宅杭一『謡い方百五十番』秀英社、一九七一年十月
寺尾善雄『新装新版中国文化伝来事典』河出書房新社、一九八二年二月
本田安次『日本の伝統芸能　巻一神楽Ⅰ』錦正社、一九九三年五月
本田安次『日本の伝統芸能　巻十風流Ⅰ』錦正社、一九九三年九月
三宅襄『観世流謡い方講座（続編）』檜書店、一九九五年八月
増田正造『能百十番』平凡社、一九九六年十二月
喬継堂・任明・朱瑞平等编『中国歳時節令辞典』中国社会科学出版社、一九九八年五月
李英儒『春節文化』山西古籍出版社、二〇〇三年一月
羅斌、朱梅『舞龍舞獅』中国文聯出版社、二〇〇九年一月
古野清人『獅子の民俗』「民俗双書三十二」岩崎美術社、一九六八年七月

第八章　獅子と牡丹

原資料

（唐）不空訳『仏説仁王若波羅密経』（高楠順次郎他編『大正新脩大蔵経第八巻　般若部四』）大正一切経刊行会、一九二四年八月
『花道古書集成　第一期第一巻』（『仙伝抄』『専応口伝』）大日本華道会、一九三〇年五月
『花道古書集成　第一期第二巻』（『立花秘伝抄』）大日本華道会、一九三一年七月
王全等点校『全唐詩』中華書局、一九六〇年四月

黒板勝美編『交替式・弘仁式　延喜式』（新訂増補国史大系第二十六巻）吉川弘文館、一九六五年三月
川口久雄校注『菅家文草　菅家後集』（日本古典文学大系七十二）岩波書店、一九六六年十月
京都大学文学部国語国文学研究室編『諸本集成倭名類聚鈔（本文篇）』（増訂版）臨川書店、一九六八年七月
和漢三才図会刊行委員会編『和漢三才図会（下）』東京美術、一九七〇年三月
加藤要校注『花壇地錦抄　草花絵前集』（東洋文庫二八八）平凡社、一九七六年四月
文化庁監修『文化財講座　日本の美術七彫刻（鎌倉）』第一法規出版、一九七七年二月
萩谷朴校注『枕草子　上』（新潮古典集成）新潮社、一九七七年四月
久曽神昇編『日本歌学大系　別巻四』風間書房、一九八〇年四月
川瀬一馬監修『金沢文庫本白氏文集（一）』勉誠社、一九八三年十月
（後秦）鳩摩羅什訳『梵網経』（高楠順次郎他編『大正新脩大蔵経第二十四巻　律部三』）大蔵出版、一九八九年六月
川村晃生・柏木由夫・工藤重矩校注『金葉和歌集　詞花和歌集』（新日本古典文学大系九）岩波書店、一九八九年九月
新編国歌大観編集委員会編『新編国歌大観　第八巻　私家集編』角川書店、一九九〇年四月
本間洋一『本朝無題詩全注釈一』新典社、一九九二年三月
（宋）高承撰『事物紀原』『事物紀原　実賓録　書叙指南』（四庫類書叢刊）上海古籍出版社、一九九二年四月
梶原正昭・山下宏明校注『平家物語　下』（新日本古典文学大系四十五）一九九三年十月
菊地靖彦・木村正中・伊牟田経久校中・訳『土佐日記・蜻蛉日記』（新編日本古典文学全集十三）小学館、一九九五年九月
詹鍈主編『李白全集校注彙釈集評』百花文艺出版社、一九九六年十二月
山中裕・秋山虔・池田尚隆校注訳『栄花物語②』（新編日本古典文学全集三十二）小学館、一九九七年一月
陳鉄民校注『王維集校注』中華書局、一九九七年八月
植垣節也校注・訳『出雲風土記』（新編日本古典文学全集五）小学館、一九九七年十月
松尾聰・永井和子校注・訳『枕草子』（新編日本古典文学全集十八）小学館、一九九七年十一月
小山弘志・佐藤健一郎校注・訳『謡曲集②』（新編日本古典文学全集五十九）小学館、一九九八年二月

財団法人冷泉家時雨亭文庫編『冷泉家時雨亭叢書　明月記四』朝日新聞社、二〇〇〇年八月
謝思煒撰『白居易集校注』中華書局、二〇〇六年七月
岡村繁『白氏文集　二下』（新釈漢文大系一一七）明治書院、二〇〇七年七月
川合康三訳注『白楽天詩選（上）』岩波文庫、二〇一一年七月

研究論文

藤岡穣「解脱房貞慶と興福寺の鎌倉復興」『学叢』（京都国立博物館）第二十四号、二〇〇二年五月

研究書

石田幹之助『長安の春』（東洋文庫九一）平凡社、一九六七年五月
陳寅恪『元白詩箋證稿』上海古籍出版社、一九七八年三月
西山松之助『花――美への行動と日本文化』（NHKブックス三二八）日本放送出版協会、一九七八年十月
横山重・松本隆信編『室町物語大成　第十二　ふん―みし』角川書店、一九八三年二月
森蘊『「作庭記」の世界』日本放送出版協会、一九八六年三月
平田喜信・身崎寿『和歌植物表現辞典』東京堂出版、一九九四年六月
牧野富太郎『原色牧野植物大図鑑』北隆館、一九九七年三月
丹羽基二『家紋の由来と美』南雲堂、一九九九年五月
中国牡丹全書編纂委員会編『中国牡丹全書（上）（下）』中国科学技術出版社、二〇〇二年三月
江川一栄・芝沢成広・青木宣明編『ボタン・シャクヤクNHK趣未の園芸――よくわかる栽培十二か月』NHK出版、二〇〇四年四月
中村裕一『中国古代の年中行事　第一巻　春』汲古書院、二〇〇九年一月
松田修『古典植物辞典』講談社、二〇〇九年八月
石田佳也・上野友愛・丹羽恵理子編『不滅のシンボル鳳凰と獅子』サントリー美術館、二〇一一年六月
路成文『詠物文学与時代精神之関系研究：以唐宋牡丹審美文化与文学為為案』暨南大学出版社、二〇一一年十二月
黄永川『中国挿花史研究』西冷印社出版社、二〇一二年九月
陸炎『歴代牡丹詩詞名篇鑑賞』上海書店出版社、二〇一七年一月

終章

研究書

花田凌雲『謡曲に現れたる仏教』興教書院、一九三八年十二月

香西精『能謡新考——世阿弥に照らす——』檜書店、一九七二年十月

初出一覧

論文

二〇一四年三月「五台山文殊菩薩信仰——謡曲『石橋』の一考察」

日中文学文化研究学会『日中文学文化研究』第三号

二〇一四年十月「『石橋』ワキ寂照法師の人物像——時空を超えた史実と説話の接点」

国際文化表現学会『国際文化表現研究』(第十号学会創立十周年記念号)

二〇一四年三月「橋の文化的意味——聖と俗の架け橋」

日本大学国際関係学部国際関係研究所『国際関係研究』第三十五巻第一号

二〇一五年五月「謡曲『石橋』から探る聖なる象徴としての「童子」と「老翁」」

国際文化表現学会『国際文化表現研究』第十一号

二〇一五年五月「日本における牡丹の文化的受容——謡曲『石橋』を中心にして」

日本語教育と日本学国際シンポジウム　中国日語教学研究会上海分会年会

『日語教育与日本学研究——大学日語教育研究国際研究会論文集(二〇一四)』

二〇一五年十月「日本における牡丹と獅子文化の形成と謡曲『石橋』」

日本大学国際関係学部国際関係研究所『国際関係研究』第三十六巻第一号

二〇一五年十一月「神事としての獅子舞」

明治聖徳記念学会「明治聖徳記念学紀要」復刊第五十二号

あとがき

本書においては、謡曲『石橋』の作品世界の背景となっている日本と中国の文化の諸領域に焦点を当て、仏教、歴史、文学など様々な文献資料の解読とともにゆかりの社寺や遺跡など実地踏査も交えて、研究をまとめました。『石橋』は、歌舞伎の獅子物演目へと受け継がれた作品です。人生初の歌舞伎鑑賞は、昭和六十一年六月の歌舞伎座での十七代目中村勘三郎と五代目中村勘九郎による「連獅子」でした。歌舞伎座の上演記録を確めたところ、名役者と評された中村親子の「連獅子」はこれ以降には上演されていません。とても貴重な観劇体験でした。この時の連獅子の生命力漲る力強い毛振りの所作に圧倒された感動は、今でも鮮明に思い出すことができます。

筆者自身、六歳の手習いで父方の祖母と日本舞踊の稽古を始め、十歳で花柳流の師匠に師事してからは、「手習子」「朝妻船」「京鹿子娘道成寺」「藤娘」「本朝廿四孝――狐火の段――」「猩々」「流星」の本舞台を経験してきました。日本舞踊の舞台では、自ら演じる機会の無かった獅子物演目を研究で取り組み、学位を頂けたことは人生のご縁だと感じております。

このように日本の伝統芸能に幼少期から触れ、稽古を重ねてきた反動と私立の中学高等学校でキリスト教系教育を受けた影響もあり、西洋世界への憧れが強くなり、大学では哲学科に進学し、西洋哲学を専攻しました。なかでも実存哲学の祖キルケゴールの真理を追究する真摯な姿勢に強く惹かれるものがありました。大学院修了後は、智慧を愛し、考える楽しみと素晴らしさを伝えることのできる「哲学」の授業を通して、教壇に立つ日々を過ごしてきました。

二〇〇七年に、石浜弘道日本大学理工学部教授から『芸術と宗教――キリスト教的視点より――』の第Ⅲ章として、キルケゴールの実存思想について執筆する機会を与えられました。私は、現代社会に生きる若者たちに単独者として、また、キリスト者として生きることが真実だと伝えることに疑問を抱くようになり、それまでの人生のアンチテーゼに向き合うことになったのです。

二〇〇八年二月に、インド美術史を専門としている河眞姫済州大学教授にインド旅行に招待していただきました。インド各地を巡りながら、河先生から、ヒンドゥー美術と仏教聖地の歴史を教えてもらいました。そして、旅の途中では自分の研究テーマを見つけて向き合うようにとの助言をいただきました。

そして自分自身がそのために生きたいと思えることを見つめ直し悩んだ末に、日本人として生まれ育った自分に相応しいテーマとして、「日本の伝統芸能について研究したい」と考えるようになりました。

勉強の新たな場を探すなかで、聖心女子大学大学院にて、恩師加藤好光教授と出会い、今につながる研究生活が始まりました。指導が始まってすぐに加藤教授は、研究室の本棚より勉誠出版から書籍化された博士論文数冊を取り出して、私に見せてくださいました。研究が完成した時のことをイメージすることが大事だとまずお示しくださったのです。そして、加藤先生は、「あなたがこの研究テーマに取り組まなければ、次に興味を持った人が現れない可能性もあり、この分野の研究は、残されないかもしれない。」と、研究に対する使命感を教えてくださいました。あの時の研究書と同じく勉誠出版から出版できるようにお取りはからいを下さいました日本大学の藤澤全先生には、心より感謝しております。

加藤先生のご指導のもと、研究テーマを「謡曲『石橋』の研究」と決めてからは、『華厳経入法界品』の善財童子が文殊菩薩の諭しにより求道の旅に出、知者たちと次々に出会ったように、多くの方々と出会い教えを受けて、研究を深めてゆくことができました。

文殊菩薩像を拝観するために、京都や奈良の寺院を巡り、御開帳なども調べて自分の目で見ることで、多くのことを学ぶことができました。

獅子の念珠（著者撮影）

そして、幸運にも恩師として指導を賜わることのできました日本大学国際関係学部の小田切文洋教授の『渡宋した天台僧達——日中文化交流史一斑』を図書館で偶然手に取り出会うことができたことは、人生の宝物です。小田切先生の大学院のゼミに参加し、多くの文献資料を知ることができ、歴史と文化にわたる詳細な指導と尽きせぬ研究の楽しみを教えていただきました。中国での研究発表の機会も得ることができ、論文を完成することができました。

文殊菩薩信仰の調査のために、大阪府貝塚市の孝恩寺の貴重な仏像（重文）を参拝したことがきっかけとなり仏教研究の幅が広がりました。孝恩寺住職であり、佛教大学の田中典彦教授には、大正大学大学院での特別講義を受講させていただく機会を与えて頂きました。さらに田中先生より、元種智院大学学長の故頼富本宏教授をご紹介していただきました。密教学の大家の頼富先生には、多くの文殊菩薩関係資料を頂き、中国遼寧省の仏塔調査旅行にも参加させて下さいました。この旅行では、同行の仏教研究家・仏像カメラマンの中敦志氏（バーミヤン遺跡確認者）との新たなご縁が生まれました。

中国山西省の五台山への現地調査旅行には、郷里山梨の町内の皆さまが参加協力して下さったので、調査を実現することができました。文殊菩薩様の化現があるという、奇跡を信じていた五台山で、二人の若いラマ教の僧侶から話しかけられました。通訳をしてくださった方によると、五台山のお寺を案内したいとのことでした。こちらの事情を伝えると背の高い僧侶が左手首から念珠をはずして、私に渡してくださいました。黒いオニキスの石で文殊菩薩の騎乗する獅子の彫りものがあるものでした。この念珠を文殊菩薩様からの贈り物だと信じ、『石橋』の研究を進めて参りました。

安倍文殊院など、関西地方への文殊菩薩像調査の旅行でも、両親や郷里の皆さまに支えられましたことを深く感謝致しております。甲州市の文殊院の祭りでは、護摩焚きの火の上を住職のお導きによって渡らせていただき、お陰で健康を得るという文殊菩薩とのご縁も経験することができました。

まだまだ研究の道は続いており、これからも多くの知者、智慧の持ち主と出会えることが楽しみです。

以上、本研究をなすにいたった経緯であります。聖心女子大学大学院にて加藤好光先生のもとで研究させていただきましたこと、数々のご指導を賜りましたことは、生涯忘れません。本当にありがとうございました。

小田切文洋先生はじめお世話になりました多くの方々に対して、改めて感謝の思いであります。

能舞台の写真掲載を快くお引き受けしてくださった能楽師の皆さま、能楽カメラマンの牛窓雅之氏にもこの場をかりて御礼申し上げます。

勉誠出版社の堀郁夫氏、武内可夏子氏のご芳情とあわせ、重ねて御礼申し上げます。

平成三十年五月

雨宮久美

著者略歴

雨宮 久美（あめみや くみ）

日本大学大学院文学研究科（哲学専攻）博士前期課程修了、聖心女子大学大学院人文学研究科博士後期課程修了。博士（文学）。日本文化論・日本思想史専攻。

日本大学講師（国際関係学部・理工学部・生物資源科学部で「哲学」「思想史」「美術宗教論」など担任）。

日本舞踊花柳流名取（花柳彩久）、華道日本古流会頭（雨宮一菁）。

華道教室「楽早庵」主催。他に各地域の社会活動に参加。

謡曲《ようきょく》『石橋《しゃっきょう》』の総合《そうごう》的《てき》研究《けんきゅう》

著者　雨宮久美

発行者　池嶋洋次

発行所　勉誠出版㈱

〒101-0051 東京都千代田区神田神保町三－一〇－二

電話　〇三－五二一五－九〇二一㈹

平成三十年五月八日　初版発行

印刷・製本　太平印刷社

ISBN978-4-585-29161-9　C3095

索 引

事項索引

【あ】

【か】

【さ】

書名索引

【さ】

人名索引

【は】

【ま】

【や】

【ら】

【わ】